Heidrun Harms · Gaby Dreischulte

Musik erleben und gestalten mit alten Menschen

Zum vorliegenden Buch gibt es eine begleitende Musik-CD. Eine Übersicht der darauf befindlichen Musiktitel finden Sie auf den Seiten 280 und 281. Im Buch sind alle Stellen mit 📼 gekennzeichnet, an denen auf Titel verwiesen wird, die auf der CD enthalten sind.

Wenn Sie das Buch bereits gekauft haben, können Sie die CD extra nachbestellen:
Titel: Harms, Musik erleben (CD apart)
ISBN: 3-437-45047-6
Bestelladresse: Urban & Fischer Verlag
Karlstr. 45
80333 München

Heidrun Harms   Gaby Dreischulte

Musik erleben und gestalten
mit alten Menschen

2. Auflage

URBAN & FISCHER   München · Jena

Die Autorinnen

Heidrun Harms wurde 1957 in Frankfurt am Main geboren und studierte Musik und Mathematik für das Lehramt an Grund- und Hauptschule. Nach dem Staatsexamen und einer kurzen Lehrtätigkeit widmete sie sich zunächst ihrer Familie. 1987 übernahm sie in einem Wohnheim für geistig Behinderte die Aufgabe, mit einer Gruppe regelmäßig zu musizieren. Seit 1989 unterrichtet sie das Fach „Singen und Musizieren" an der staatlich anerkannten Fachschule für Altenpflege des Berufsfortbildungswerkes (bfw) in Karlsruhe. Seit 1990 leitet sie zusätzlich die Musikaktivierung mit körperlich und geistig eingeschränkten Personen im städtischen Alten- und Pflegeheim Klosterweg in Karlsruhe.

Adresse: Heidrun Harms, Hans-Thoma-Str. 10, 76327 Berghausen

Gaby Dreischulte wurde 1962 in Haselünne (Emsland) geboren. Sie studierte Psychologie an der Universität Hamburg mit den Schwerpunkten Beratung und Therapie. Neben dem Studium war sie in der ambulanten Betreuung vor allem psychisch kranker alter Menschen tätig. Seit Beendigung des Studiums (1988) arbeitete sie als Dozentin bei der Gesellschaft für gerontologische berufliche Weiterbildung (IGW) in Brühl. Sie unterrichtet die Fächer „Aktivierung" und „Gerontopsychatrie" und führt während der Praxisphasen der Weiterbildung regelmäßig Reflexionen durch.

Adresse: Gaby Dreischulte, Am krausen Baum 6, 50321 Brühl

Die Deutsche Bibliothek – CIP-Einheitsaufnahme
Ein Titeldatensatz für diese Publikation ist bei der Deutschen Bibliothek erhältlich.

1. Auflage 1995
2. Auflage 1998 im Gustav Fischer Verlag
Nachdruck 2004

© Urban & Fischer Verlag · München · Jena
Das Werk einschließlich aller seiner Teile ist urheberrechtlich geschützt. Jede Verwertung außerhalb der engen Grenzen des Urheberrechtsgesetzes ist ohne Zustimmung des Verlages unzulässig und strafbar. Das gilt insbesondere für Vervielfältigungen, Übersetzungen, Mikroverfilmungen und die Einspeicherung und Verarbeitung in elektronischen Systemen.
Gesetzt in der 10/12 p Sabon auf Linotype System 4
Gedruckt auf 100 g/m² PRAXIMATT
Umschlaggestaltung: prepress/ulm, Ulm
Satz und Druck: Laupp & Göbel, Nehren
Einband: Großbuchbinderei Thalhofer, Schönaich

Zur Entstehung des Buches

Als wir unsere Lehrtätigkeit im Altenbereich begannen, waren wir auf diese Arbeit durch unsere Grundausbildung wenig vorbereitet. Zwar verfügten wir über pädagogische, psychologische und musikalische Fachkenntnisse, jedoch wußten wir über die Situation alter Menschen im Heim zunächst wenig.

Deshalb waren wir daran interessiert, uns in dieses Gebiet einzuarbeiten. Bei der Beschäftigung mit entsprechender Fachliteratur mußten wir allerdings feststellen, daß es zwar viele Abhandlungen über Krankheiten im Alter, jedoch wenig Literatur zur psychosozialen Betreuung pflegebedürftiger alter Menschen gibt. So waren wir am Anfang weitgehend auf eigene Ideen, Vorstellungen und auf Rückmeldungen angewiesen, die von den Heimbewohnern und unseren Schülern u. Schülerinnen kamen. Dabei blieben uns auch Fehlschläge nicht erspart, da wir teilweise falsche Erwartungen an die alten Menschen hatten, zu viel erreichen wollten und nicht ausreichend auf die Situation und die Bedürfnisse vorbereitet waren.

Als wir uns 1990 auf einer Fortbildung zufällig begegneten, vereinbarten wir regelmäßige Treffen, um uns über unsere Arbeit auszutauschen. Gemeinsam entwickelten wir zahlreiche Ideen und diskutierten viel darüber, wie was am besten umzusetzen sei. Dabei war es uns wichtig, Übungen und Inhalte zu finden, die den Interessen, Fähigkeiten und Bedürfnissen – vor allem pflegebedürftiger – alter Menschen entsprechen. Dieser gemeinsame Austausch sowie die praktische Erfahrung hat unsere Arbeit sehr bereichert.

Da die Teilnehmer der Kurse großes Interesse an musikalischen Angeboten zeigten und ständig nach schriftlichen Anleitungen fragten, erstellten wir ein unterrichtsbegleitendes Skript. Nachdem dieser „Buch-Ersatz" von unseren Schülern u. Schülerinnen gut angenommen wurde, beschlossen wir, das Skript in ein Lehrbuch umzuarbeiten, um es einem größeren Personenkreis zur Verfügung zu stellen. Zusätzlich sollte eine buchbegleitende Musikkassette erscheinen, die es den Lesern u. Leserinnen erleichtern soll, die praktischen Vorschläge auch umzusetzen.

Außer uns haben noch weitere Personen an der Entstehung des Buches und der Begleitkassette mitgewirkt. Ein herzliches Dankeschön an:

Gert Wildenmann: Da er die Heimbewohner von seiner Pflegetätigkeit her kannte, fühlten sie sich durch seine Anwesenheit nicht gestört. So konnten zahlreiche ausdrucksvolle Fotos entstehen, die dem Betrachter einen realistischen Einblick in die praktische Arbeit geben.

Sabine Dilly: Nach intensivem Studium verschiedener Abbildungen (Fotos, Skizzen, usw.) und mit gutem Gespür für die Körperhaltung alter Menschen hat Sabine Dilly unsere praktischen Bewegungsvorschläge illustriert.

Zur Entstehung des Buches

Thomas Kroll: Er hat zahlreiche Lieder auf der buchbegleitenden Kassette für uns im Tonstudio gesungen. Ohne ihn wären viele Aufnahmen nur halb so schön geworden.

Hans-Joachim Plum: Neben vielen einfachen Musikstücken, die er für die Musikkassette einspielen mußte, konnte er wenigstens bei der *„Kleinen Konditorei"* seine pianistischen Fähigkeiten zum besten geben.

Rudi Jock und der BOK-Big-Band: Rudi Jock und seine Big-Band haben uns den Life Mitschnitt einer Musikprobe für die buchbegleitende Musikkassette geschenkt.

Edith Borgmann: Sie hat uns für die 2. Auflage des Buches neue Tanzvorschläge zur Verfügung gestellt.

Marianne Nagel: Sie hat die 2. Auflage um einen weiteren Sitztanz erweitert.

Ralf Felder und Wolfgang Mertens: Unsere musikalischen Eigenproduktionen sind in ihrem Tonstudio in Köln entstanden. Sie haben es geschafft, mit uns Laien in lockerer und gemütlicher Atmosphäre schöne Aufnahmen zu machen. Bei *„Portsmouth"* hat Ralf Felder sogar selbst mitproduziert und alle Percussionteile für uns eingespielt.

Thomas Schäfer: Er war sofort bereit, dem Verlag verschiedene Layoutvorschläge nach unseren Vorstellungen zur Verfügung zu stellen.

Johannes Kloke: Er hat mit viel Sorgfalt Korrektur gelesen und mit dazu beigetragen, daß das Buch auch für Laien verständlich wird.

Auch bei **Herrn von Breitenbuch und Herrn Hackenberg** vom Gustav Fischer Verlag sowie bei **Herrn Dieter Balsies**, der den Auftrag für die Produktion der Kassette übernahm, bedanken wir uns für die kooperative Zusammenarbeit.

Nicht zuletzt gilt unser besonderer Dank all jenen Personen, die dieses Buch ermöglicht und uns in unserem Vorhaben gestärkt und unterstützt haben:

So möchte ich, Gaby Dreischulte, mich bei all den Teilnehmern und Teilnehmerinnen der zahlreichen Weiterbildungskurse der IGW Brühl für ihre engagierte und kritische Mitarbeit bedanken, da viele der in diesem Buch dargestellten Erkenntnisse daraus entstanden sind.

Ich, Heidrun Harms, möchte mich ganz besonders bei den pflegebedürftigen alten Menschen bedanken, die zu mir in die Musikaktivierung gekommen sind und immer wieder gezeigt haben, wie wichtig meine Arbeit ist.

Auch ein herzliches Dankeschön der Heimleitung des Alten- und Pflegeheims Klosterweg, und Waltraud Jebautzke, die mir viel Vertrauen entgegengebracht und mich bei meinen Ideen und musikalischen Versuchen im Heim immer unterstützt haben.

Vielen Dank auch meinen Freundinnen Gabi, Ute und Cora für die häufige Kinderbetreuung. Besonders danke ich meiner Familie für ihr Verständnis, wenn ich mal wieder keine Zeit für sie hatte und am Buch arbeiten mußte.

Leitfaden durch das Buch

Zur inhaltlichen Gestaltung

Die folgende Abbildung zeigt, welche Musikinhalte in diesem Buch vermittelt werden.

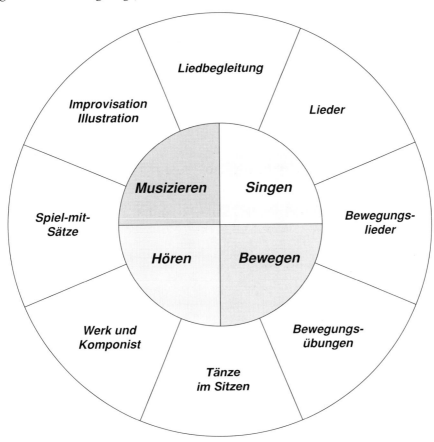

Im **Innenkreis** stehen die vier verschiedenen Musikbereiche, die in **Teil A, B, C, D** näher ausgeführt werden. Jeder Teil ist dabei nach dem gleichen Prinzip aufgebaut, d.h. enthält Informationen zu folgenden Punkten:

– Bedeutung, Wirkungen
– Auswahl der Musik u.a.
– Allgemeine Grundsätze des Leiterinnenverhaltens
– Einführung und Anleitung verschiedener Formen und Möglichkeiten
– Praktische Vorschläge.

Diese Inhalte werden in den **Kapiteln I, II, III, IV, V** beschrieben.

Daraus ergibt sich, daß jedes Kapitel unabhängig von den anderen gelesen werden kann und in sich eine Einheit bildet. Dabei ließen sich Wiederholungen nicht immer vermeiden, da es bereichsübergreifende Aspekte gibt, z.B. bei der Angabe der Wirkungen sowie des Leiterinnenverhaltens. Für die Leser, die sich für alle Kapitel interessieren, haben die Wiederholungen den Nebeneffekt, daß sich diese wichtigen Informationen besser einprägen.

Aus dem **Außenkreis** geht hervor, daß sich die verschiedenen Möglichkeiten des Einsatzes von Musik nicht immer eindeutig einem bestimmten Musikbereich zuordnen lassen, und es daher zu Überschneidungen kommt. So haben z.B. Bewegungslieder sowohl etwas mit Singen, als auch mit Bewegung zu tun. Die Leser können anhand der Abbildung genau erkennen, welche Möglichkeiten sie haben, wenn sie Musik in einer Bewegungs- oder Singgruppe anbieten wollen.

In **Teil E „Stundenplanungen"** fließen alle Einzelbereiche zu einem Ganzen zusammen. Die Stundenvorschläge sind so aufgebaut, daß sie Übungen aus den verschiedenen Musikbereichen enthalten. Natürlich ist es auch denkbar, eine Stunde nur mit Singen oder Musizieren zu gestalten, abwechslungsreicher wird sie allerdings dann, wenn verschiedene Bereiche eingebaut sind. Außerdem ist es so am ehesten möglich, die unterschiedlichen Fähigkeiten und Interessen der Teilnehmer anzusprechen.

Die angegebenen praktischen Vorschläge lassen sich nicht nur im Rahmen einer **Gruppe** anwenden, sondern sind teilweise auch in der **Einzelbetreuung** durchführbar. So können auch solche Personen erreicht werden, die aus welchen Gründen auch immer, nicht an der Musikstunde teilnehmen wollen bzw. können.

Inhalt

Zur Entstehung des Buches	V
Leitfaden durch das Buch	VII
Formale Hinweise	XIV
Einführung	1

Teil A: Singen

I. Bedeutung des Singens für alte Menschen 5
1. Allgemeine Überlegungen 5
2. Wie wirkt gemeinsames Singen auf alte Menschen? 7

II. Auswahl von Liedern 11
1. Was ist bei der Liedauswahl zu beachten? 11
2. Zusammenstellung von Liedern (Liederliste) 14

III. Allgemeine Grundsätze des Leiterinnenverhaltens beim Singen . . . 19
1. Hemmungen einzelner Teilnehmer abbauen 19
2. Positives hervorheben und Kritik vermeiden 19
3. Gelegenheit zum Gespräch geben 20
4. Tonangabe 20
5. Einsatz 21

**IV. Einführung und Anleitung verschiedener Liedformen
und deren Ausgestaltungsmöglichkeiten** 22
1. Einstimmige Lieder 22
2. Mehrstimmige Lieder 24
3. Wechselgesang 24
4. Instrumentalbegleitung 28
5. Bewegungslieder 37
6. Erfinden von neuen Liedtexten 40

V. Ausgearbeitete praktische Vorschläge 42
1. Lieder 42
(1) *Heho, spann den Wagen an* 42
(2) *Mensch sing mit* 44
(3) *Ja, mein Schatz ist wunderschön* 46
(4) *Bald gras ich am Neckar* 48

2. Bewegungslieder 48
(1) Mein Hut der hat drei Ecken 49
(2) Ein kleiner Matrose 50
(3) Das Wandern ist des Müllers Lust 52
(4) Gymnastiklied 54
(5) Es klappert die Mühle am rauschenden Bach 56
(6) Muß i denn zum Städtele naus 58

Teil B: Musizieren

I. Bedeutung des Musizierens für alte Menschen 61
  1. Allgemeine Überlegungen 61
  2. Wie wirkt Musizieren auf alte Menschen? 62

II. Auswahl von geeigneten Instrumenten und Hörbeispielen . . . 67
  1. Auswahl der Instrumente 67
  2. Auswahl der Hörbeispiele 75

III. Allgemeine Grundsätze des Leiterinnenverhaltens beim Musizieren 76
  1. Teilnehmer mit Instrumenten langsam vertraut machen 76
  2. Niemandem ein Instrument aufzwingen 77
  3. Bei Instrumentenausgabe auf Fähigkeiten der Teilnehmer achten . 77
  4. Immer auch auf Wünsche der Teilnehmer eingehen 79
  5. Mit Handhabung der Instrumente vertraut machen 80

IV. Verschiedene Möglichkeiten des Musizierens 83
  1. Wichtige Vorinformationen 83
  2. Freie Instrumentalbegleitung zur Musik 88
  3. Gebundene Instrumentalbegleitung nach einem Musizierplan zur Musik . . . 91
  4. Illustration 97

V. Ausgearbeitete praktische Vorschläge 101
  1. Spiele und Übungen 101
(1) Instrumente unter der Decke 102
(2) Drei-Ringe-Spiel 103
(3) Drei-Farben-Spiel 104
(4) Rhythmisieren von Namen (Kennenlernspiel) 106
(5) Versteckspiel 107
(6) Weitergeben 108

  2. Musiziersätze 109
(1) Paprika Lady 109
(2) Gewittertanz 110
(3) Portsmouth 112
(4) Jingle Bells 113
(5) Und die Musik spielt dazu 114

(6) In einer kleinen Konditorei 116
(7) Radetzkymarsch 118
(8) Marsch aus Petersburg 120
(9) Good bye my Lady Love 122
(10) Annenpolka 124
3. Illustrationen 126
(1) Allzu eifrig 127
(2) Der Funke 128
(3) Der Stein 130
(4) Die Bremer Stadtmusikanten 132

Teil C: Musik und Bewegung

I. Bedeutung der Bewegung zur Musik für alte Menschen 137
1. Allgemeine Überlegungen 137
2. Wie wirkt Musik mit Bewegung auf alte Menschen? 138

II. Auswahl von Bewegungen und Musikbeispielen 143
1. Welche Musikbeispiele eignen sich für Körperbewegungen? 143
2. Welche Bewegungen sind geeignet? 144
3. Was ist bei bestimmten Krankheitsbildern zu berücksichtigen? 146

III. Einführung und Anleitung verschiedener Bewegungsformen zur Musik . . 148
1. Gymnastik zur Musik 148
2. Tanz 157
3. Freies Bewegen zur Musik (Improvisation) 161

IV. Allgemeine Grundsätze des Leiterinnenverhaltens 167
1. Bewegungen den Möglichkeiten der Teilnehmer anpassen 167
2. Alle Teilnehmer miteinbeziehen 168
3. Nicht Perfektion, sondern Freude an der Bewegung ist das Ziel . . . 169
4. Entscheidungsfähigkeit, Eigenständigkeit und Kreativität fördern . . 170
5. Gute Vorbereitung der Anleiterin 170

V. Ausgearbeitete praktische Vorschläge 171
1. Spiele und Übungen zur Bewegung mit Musik 171
(1) Drei-Farben-Bewegungsspiel 171
(2) Weitergeben 172
(3) Instrumentewandern 173
(4) Instrumente-Bewegungsspiel 173
(5) Bewegungskette zur Musik 174
(6) Fliegende Ballons 175
(7) Stop-Spiel 176
(8) Namen-Bewegungsspiel 177

Inhalt

2. Gymnastik nach Musik 177
(1) Gymnastik für Schultern, Arme und Beine (Radetzkymarsch) 177
(2) Gymnastik für Hand- und Fußgelenke (Lili Marleen) 179
(3) Gymnastik mit Zauberschnur (Schneewalzer) 180
(4) Gymnastik mit Pappollen, einfacher Sitztanz (Good-bye Jonny) 182
(5) Gymnastik mit dem Ball (Und die Musik spielt dazu) 184

3. Tänze im Sitzen 186
(1) Jingle Bells 186
(2) Mexikanischer Walzer (mit und ohne Tücher) 187
(3) Good bye my Lady Love (Sitzcharleston) 188
(4) Portsmouth 190
(5) In einer kleinen Konditorei (Sitztango) 191
(6) Boot auf dem Meer (Sitzsirtaki) 192
(7) Ein Freund, ein guter Freund (Marsch im Sitzen) 193
(8) Der Tag vergeht (Sitzrumba) 194
(9) Und die Musik spielt dazu 196
(10) Annenpolka (Tüchertanz) 197

Teil D: Musikhören

I. Bedeutung des Musikhörens für alte Menschen 199
1. Allgemeine Überlegungen 199
2. Wie wirkt bewußtes Musikhören auf alte Menschen? 200

II. Auswahl von Hörbeispielen 204

III. Allgemeine Grundsätze des Leiterinnenverhaltens beim Musikhören 207
1. Lautstärke auf Teilnehmer abstimmen 207
2. Kurze Ausschnitte vorspielen und diese häufiger wiederholen 207
3. Kleine Höraufgaben stellen 208
4. Wünsche der Teilnehmer berücksichtigen 208
5. Hintergrundmusik auf Teilnehmer und Anlaß abstimmen 209

IV. Einführung und Anleitung zum Musikhören 210
1. Unterhaltungsmusik 210
2. Klassische Musik 212

V. Praktische Vorschläge zu ausgewählten Hörbeispielen 216
1. Hörbeispiele 216
(1) Der fröhliche Landmann von R. Schumann 216
(2) Gefangenenchor aus Nabucco von G. Verdi 217
(3) Triumphmarsch aus Aida von G. Verdi 218
(4) Brandenburgisches Konzert Nr. 2, Satz 3 von J. S. Bach 219
(5) Die Moldau aus dem Zyklus Mein Vaterland von Fr. Smetana 220
(6) Feuerwerksmusik (Rejouissance) von G. F. Händel 222

(7) Was schön'res ... aus Dreimäderlhaus von H. Berté nach F. Schubert 223
(8) Streichquartett opus 76, Nr. 3 von J. Haydn 224
(9) Holzschuhtanz aus Zar und Zimmermann von A. Lortzing 226
(10) Musikalische Schlittenfahrt von L. Mozart 227
(11) Marsch aus Der Nußknacker von P. Tschaikowsky 228
2. Informationen und Anekdoten zu verschiedenen Komponisten 229
(1) G. F. Händel 230
(2) J. S. Bach 232
(3) L. Mozart 234
(4) P. I. Tschaikowsky 236
(5) G. Verdi 238
(6) R. Schumann 240
(7) F. Schubert 242
(8) A. Lortzing 244
(9) J. Strauß (Vater u. Sohn) 246
(10) F. Smetana 248
(11) J. Haydn 250

Teil E: Stundenbilder

I. Planung und Vorbereitung von Gruppenstunden mit Musik 253
1. Zielplanung 253
2. Absprachen 254
3. Organisatorische Rahmenbedingungen 256
4. Verlaufsplanung 258
II. Praktische Vorschläge für Gruppenstunden mit Musik 264
1. Hinweise zur Anwendung 264
2. Stundenbilder 266
(1) Stundenplanung: Instrumente 266
(2) Stundenplanung: Märchen 268
(3) Stundenplanung: Märsche 270
(4) Stundenplanung: Winter/Advent 272
(5) Stundenplanung: Bewegung mit Musik 274
(6) Stundenplanung: Walzer/¾-Takt 276
(7) Stundenplanung: Franz Schubert 278

Musikbeispiele auf der buchbegleitenden Kassette 280

Literaturliste 282

Formale Hinweise

Da in der Altenarbeit hauptsächlich Frauen tätig sind, haben wir die **weibliche Form der Anrede** gewählt, wenn es um die anleitende Person geht. Die männlichen Anleiter sollen sich natürlich genauso angesprochen fühlen.

Wenn von den alten Menschen die Rede ist, die an den Musikstunden teilnehmen, benutzen wir die gewöhnliche Form der Anrede, nämlich „Teilnehmer".

Da die Wörter „Anleiterin" und „Teilnehmer" so häufig vorkommen, haben wir sie – vor allem bei den methodischen Hinweisen – mit *„L"* (für Anleiterin) und *„TN"* (für Teilnehmer) abgekürzt.

Manchmal wird von uns die „Ich-Form", manchmal die „Wir-Form" verwendet. Die *„Ich-Form"* kommt immer dann vor, wenn konkrete Erfahrungen aus Musikaktivierungsstunden mit alten Menschen geschildert werden. Damit ist dann Frau Harms gemeint, die alle praktischen Vorschläge in der Praxis erprobt hat.

Von *„Wir"* ist die Rede, wenn es um Erfahrungen geht, die uns die Teilnehmer der Aus- und Weiterbildung aus ihrer Praxistätigkeit berichtet haben.

Die meisten Musiktitel zu den praktischen Beispielen, die im Buch verwendet werden, sind auf der buchbegleitenden Musik-CD zu finden. Um dies zu kennzeichnen, haben wir diese Titel mit dem Symbol versehen. Bei den wenigen anderen Titeln ist eine Quelle angegeben.

Einführung

Immer stärker wurde in den letzten Jahren in der stationären Altenhilfe erkannt, daß die rein körperliche Betreuung der pflegebedürftigen alten Menschen oft nicht ausreicht. Viele Heimbewohner fühlen sich einsam und isoliert und leiden darunter, keiner sinnvollen Tätigkeit mehr nachgehen zu können. In der Folge treten häufig psychische Probleme, wie z. B. Depressionen auf, die den ohnehin schon desolaten körperlichen Zustand noch weiter verschlechtern.

Um diesen Kreislauf zu durchbrechen, sollte versucht werden, alten Menschen wieder mehr Lebensqualität zu ermöglichen. **Ihr Alltag muß Akzente bekommen**, Termine, auf die sie sich schon im voraus freuen können. So lassen sich in vielen Alten- und Pflegeheimen Gruppenangebote ganz unterschiedlicher Art finden. Sie reichen von hauswirtschaftlichen Tätigkeiten, wie Kochen, Backen über körperlich/geistige Trainingsgruppen wie Gymnastik und Gedächtnistraining bis hin zu kreativem Gestalten in Form von Basteln, Handarbeiten und Seidenmalerei.

In der praktischen Arbeit mußten jedoch viele engagierte Gruppenleiter die Erfahrung machen, daß die damit verfolgten **Ziele oft zu hochgesteckt** waren. Körperliche und geistige Fähigkeiten zu verbessern, Kreativität zu entfalten sowie neue Interessen zu wecken, ist bei körperlich und geistig eingeschränkten Menschen nur bedingt möglich. Es wurde viel experimentiert, weil wenig theoretisches Wissen und wenig praktische Erfahrungen im Bereich der psychosozialen Betreuung alter Menschen zur Verfügung standen. Dabei haben sich vor allem die Aktivitäten durchgesetzt, die an Erfahrungen und Erinnerungen alter Menschen anknüpfen und keine zu hohen geistigen und körperlichen Anforderungen stellen.

Dieses Buch soll aufzeigen, daß das **Erleben und Gestalten mit Musik** diesen Kriterien entspricht und darüberhinaus ein sehr wirkungsvolles und ganzheitliches Angebot für alte Menschen – nicht nur im Alten- und Pflegeheim – darstellt. Während lange Zeit musikalische Angebote in der Altenarbeit weitgehend vernachlässigt wurden, wird in heutiger Zeit die Bedeutung des Einsatzes von Musik immer stärker erkannt. Dies zeigen nicht nur die zunehmenden Veröffentlichungen in diesem Bereich (siehe Literaturliste), sondern auch die Erfahrungen, die mit Musik gemacht wurden. So zählt z. B. das Singen oft zu den beliebtesten und meistbesuchten Aktivierungsangeboten im Altenheim.

Ein wesentlicher Grund liegt in der biographischen Bedeutung und Verankerung von Liedern und Melodien. Da es früher wenig technische Musikmedien gab, waren alte Menschen noch mehr auf das eigene Singen und Musizieren angewiesen als heute. Melodien lösen **Erinnerungen** aus, und manch' ein(e) Gruppenleiter(in) ist überrascht darüber, wenn ein stark dementiell erkrankter alter Mensch plötzlich sämtliche Strophen eines Liedes fehlerfrei singen kann.

Einführung

Beim Volksliedersingen

Das **Singen** mit alten Menschen stellt nur _eine_ Möglichkeit des Einsatzes von Musik im Altenheim dar. Weitere Bereiche, die bisher nur wenig in Bezug auf pflegebedürftige Personen in Literatur und Praxis berücksichtigt wurden, sind:

- **_Musik und Bewegung (Tanzen)_**
- **_Musizieren mit Rhythmus- und Melodieinstrumenten_**
- **_Musikhören_**.

Vorschläge hierzu werden in diesem Buch theoretisch und praktisch ausführlich dargestellt.

Einführung

Die wesentliche **Bedeutung** dieser Bereiche besteht darin, daß Musik die Gefühle im Menschen anspricht und weitgehend unabhänigig von körperlichen und geistigen Einschränkungen erlebt werden kann. Besonders vorteilhaft ist dabei auch, daß mit Musik Ausdrucks- und Kommunikationsmöglichkeiten geschaffen werden, die nonverbal sind. Außerdem hat richtig ausgewählte Musik *starken* Aufforderungscharakter und kann selbst auch bei passiven Bewohnern motivierend wirken.

Trotz dieser positiven und vielfältigen Wirkungen von Musik schrecken viele Berufsgruppen in der Altenarbeit davor zurück, musikalische Angebote zu machen. „Ich kann nicht singen" oder „Ich bin unmusikalisch" bekommen wir immer wieder zu hören. Die Frage, woher diese oft unbegründeten Ängste gegenüber Singen und Musizieren kommen, soll an dieser Stelle nicht weiter vertieft werden. Einen Grund für das oft gestörte Verhältnis zum Musikmachen und Singen sehen wir jedoch in den uns in Perfektion zur Verfügung stehende Musikmedien. So entsteht leicht das Vorurteil, daß jede Musik, die ohne technischen Aufwand produziert wird, nur minderwertig sein kann. Vergessen wird dabei die Freude am eigenen Ausdruck und am gemeinsamen Tun.

Doch unser Buch wendet sich vor allem an **musikalische Laien**, an alle Personen, die mit alten Menschen leben, sie betreuen oder pflegen. Die oben genannten Ziele und Wirkungen zeigen, daß es nicht darum geht, möglichst gute Leistungen im Singen, Tanzen oder Musizieren zu erzielen. Vielmehr sollte der Einsatz von Musik immer als *Hilfsmittel* verstanden werden, um wichtige Bedürfnisse alter Menschen z.B. nach Ausdruck, Bewegung, Kommunikation und Selbstbestätigung zu erfüllen. Dafür sind Einfühlungsvermögen sowie die Bereitschaft, sich auf unterschiedliche Menschen und Beziehungen einzulassen, zunächst die wichtigsten Voraussetzungen.

Mit diesem Buch wollen wir die nötigen Kenntnisse vermitteln, die erforderlich sind, um musikalische Angebote erfolgreich durchführen zu können. Neben der Erläuterung der Ziele und Wirkungen werden zahlreiche **Formen und Möglichkeiten** des musikalischen Erlebens und Gestaltens mit Musik vorgestellt, die alle in der praktischen Arbeit mit alten Menschen erprobt sind. Um diese verstehen und umsetzen zu können, sind weder Notenkenntnisse, noch das Beherrschen eines Instrumentes notwendig. Vielmehr ist es wichtig, sich über das „Wie" Gedanken zu machen, da oft mit erheblichen Einschränkungen der Teilnehmer zu rechnen ist. Unser Buch enthält deshalb eine Fülle von **Hinweisen** zur methodisch/didaktischen **Anleitung** und Durchführung, die auf unseren Erfahrungen in der Praxis beruhen.

Wir möchten betonen, daß unsere musikalischen Vorschläge in erster Linie **unterhaltenden Charakter** haben und sich an den **Wünschen und Vorlieben älterer Menschen orientieren**. Je nach Art der Anleitung können sie dabei auch therapeutisch wirken. Wir haben jedoch bewußt auf solche Übungen verzichtet, die dazu dienen, gezielt seelische Vorgänge und Konflikte aufzudecken. Dies ist Aufgabe der Musiktherapie und sollte von Personen angeleitet werden, die eine fundierte psychotherapeutische Ausbildung besitzen.

Einführung

Allen musik- und gruppeninteressierten Personen möchten wir daher Mut machen, sich auf ein musikalisches Erleben und Gestalten mit alten Menschen einzulassen. Musik kann überall und mit den verschiedensten Menschen in einer gemischten Gruppe stattfinden, ohne daß sich jemand aufgrund seiner Behinderung ausgeschlossen fühlen muß. Machen Sie es sich und den alten Menschen einfach, indem Sie zunächst mit bereits Bekanntem und Vertrautem anfangen. So kann z.B. eine Sing- oder Bewegungsrunde oder Bastelgruppe, in der gemeinsam Musikinstrumente hergestellt werden, bereits der Anfang sein, um nach und nach neue musikalische Möglichkeiten auszuprobieren. Vielleicht springt der Funke über, so daß auch in ihrem Haus Gruppenstunden mit Musik zu einem festen Bestandteil der Betreuung werden.

Wir hoffen, Ihnen mit diesem Buch das richtige Rüstzeug in die Hand zu geben und wünschen Ihnen viel Erfolg.

Teil A: Singen

I. Die Bedeutung des Singens für alte Menschen

1. Allgemeine Überlegungen

> *„Gesang und Liebe im schönen Verein, sie erhalten dem Leben den Jugendschein"*
> (Fr. Schiller)

> *„Ein lustig' Lied macht ein fröhlich' Gemüt"*
> (Sprichwort)

> *„Singe, wem Gesang gegeben"*
> (L. Uhland)

In diesen Zitaten wird einerseits zum Singen motiviert und andererseits darauf hingewiesen, daß Lieder die Stimmung beeinflussen und „jugendliche" Lebensfreude erhalten können.

Die **Stimme** ist ein körpereigenes und individuelles Ausdrucksinstrument. Wir benutzen sie, um uns mit anderen zu verständigen. Jeder Mensch hat, sofern keine krankhafte Veränderung der Stimmbänder vorliegt, auch die Möglichkeit zu singen. Wie gut oder wie schlecht wir singen, hängt davon ab, inwieweit Töne richtig gehört und wiedergegeben werden. Häufiges Singen verbessert die Singstimme. Durch entsprechendes Training wird das Stimmvolumen vergrößert, der Tonraum erweitert und Tonsicherheit geschaffen.

Im Alterungsprozeß verändert sich auch die Stimme. Ohne entsprechende Übung verliert sie an Volumen und wird zum Teil zittrig, doch die Fähigkeit zu Singen bleibt grundsätzlich erhalten. Alte Menschen äußern häufig: „Ja, früher konnte ich gut singen, aber heute ist meine Stimme nicht mehr schön."

Dies ist wohl für manchen älteren Menschen eine traurige Erkenntnis, doch kann er dennoch Spaß am Singen haben. Die Freude am Singen kann bei alten Menschen leicht geweckt werden und sollte unbedingt höher gewertet werden als die Qualität des Gesanges.

Bedeutung (Singen)

Die **Einstellung zum Singen** hängt für jeden Menschen von seinen persönlichen Singerfahrungen ab. Gute und schlechte Erinnerungen, die an den eigenen Gesang geknüpft sind, prägen deshalb die Lust zu singen. Insbesondere bei jüngeren Personen sind häufig Abneigung und auch Hemmungen bezüglich dem eigenen Singen anzutreffen, obwohl die Singstimme seit frühester Kindheit benutzt wird. Bereits Babys erproben ihr Stimmvolumen und gestalten mit ersten Silben eine Art Singsang. Dabei spielt die Freude am eigenen Ausdruck eine wichtige Rolle. Kinder singen mit sichtlicher Freude zu jeder Gelegenheit. Sie erfinden eigene Lieder mit Texten, die ihr Spiel untermalen und können so ihre Gefühle und Empfindungen ausdrücken. Manche Eltern fühlen sich durch diesen kindlichen Gesang gestört und verleiden ihren Kindern die Freude am Singen durch unüberlegte Äußerungen, wie „Höre, auf, mir tun schon die Ohren weh!" oder „Du singst ja scheußlich!".

Ebenso trüben Erlebnisse im früheren Musikunterricht der Schulzeit die Freude am Singen. Beim „Vorsingen" vor der Klasse, oft noch mit Notengebung, bekamen selbst singgeübte Kinder leicht einen „Kloß in den Hals". Nach solchen schlechten Erfahrungen ist es kaum verwunderlich, wenn bei der Aufforderung zum Singen der eine oder andere sich mit den Worten: „Ich kann nicht singen" zurückzieht.

Radio, Schallplatten, Musikkassetten und CDs bieten heute vollkommene Klänge, die sich jeder jederzeit ins Wohnzimmer holen kann. Der eigene Gesang ohne tontechnische Mittel wird deshalb neben diesem perfekten Musikangebot als sehr dürftig empfunden. Dies ist möglicherweise ein weiterer Grund dafür, warum viele jüngere Altenpfleger ihrem eigenen Gesang skeptisch gegenüberstehen und Schwierigkeiten haben, mit alten Menschen Lieder anzustimmen. Dennoch sollten Anleitungen nicht davor zurückschrecken, alten Menschen Gelegenheit zum Singen zu geben.

Bei der **älteren Generation** ist trotz vielleicht auch negativer Singerlebnisse aus Kindheit und Schulzeit viel seltener ein Abwehrverhalten gegenüber dem Singen anzutreffen. Vielleicht liegt diese im allgemeinen positivere Einstellung zum Singen daran, daß früher einfach häufiger und selbstverständlicher gesungen wurde als heute. Da kaum jemand ein Radio oder einen Schallplattenapparat besaß, sang und musizierte man selbst. Es wurde zu unterschiedlichen Gelegenheiten gesungen, z.B. auf Festen und in der Freizeit (zur Unterhaltung), bei der Arbeit (um die Stimmung bei der Arbeit zu heben), beim Militär (um das Gemeinschaftsgefühl zu stärken), beim Wandern (zur Unterstützung des Laufens und zur Unterhaltung). Die Vielfalt vorhandener alter Volkslieder zu verschiedenen Anlässen bestätigt dies.

2. Wie wirkt gemeinsames Singen auf alte Menschen?

a) Psychische Wirkungen

Häufig kommen die Gruppenteilnehmer in gedrückter Stimmung zur Musikaktivierung. Nach der Aufforderung Lieder auszuwählen, werden zunächst vorwiegend besinnliche Lieder wie „Am Brunnen vor dem Tore", „Ade zur guten Nacht" und „Kein schöner Land" ausgesucht. Solche Wünsche sind unbedingt zu respektieren, denn sie entsprechen der momentanen Stimmung der Teilnehmer. Werden dann auch fröhlichere Lieder angestimmt, ist zu beobachten, wie schnell sich die Stimmung mit den fröhlichen und beschwingten Liedern hebt.

Singen beeinflußt die **Stimmung**. Besinnliche Lieder können melancholisch bis traurige oder auch wohlig-angenehme Gefühle erzeugen und angespannte, nervöse Personen beruhigen. Fröhliche, beschwingte Lieder wirken aufmunternd und lösen Körperbewegungen aus. Voraussetzung hierfür ist jedoch, daß sich die Teilnehmer auf die Lieder einlassen. Es liegt oftmals in der Hand der Anleiterin, wie sie es versteht, durch gezielte Liedauswahl und behutsames Vorgehen, die Stimmung in der Gruppe zu heben (siehe auch Liederliste, S. 15 ff.). Schön ist es zu erleben, wenn am Ende der Stunde die Teilnehmer fröhlich, die gerade gesungene Melodie noch summend, zurück auf ihre Stationen gebracht werden.

Es geht jedoch nicht darum, die Stimmung zu verändern. Die Bedeutung des Singens kann z.B. auch darin liegen, die momentanen Gefühle, das heißt auch die weniger erfreulichen, auszudrücken. Viele Menschen neigen dazu, sich vor Traurigkeit, Angst und Schmerz zu verschließen. Über das Singen eines entsprechenden Liedes erhalten sie die Möglichkeit, dieses indirekt auszudrücken. So lassen sich auch „Schmerz und Kummer von der Seele singen" (Trauergesänge).

Die Möglichkeit, sich durch Singen auszudrücken und Freude zu erleben, kann von manchen Teilnehmern nicht sofort genutzt werden, da zunächst vorhandene **Hemmungen** nur langsam abgebaut werden können.

So hat z. B. Frau F., eine zurückhaltende, stille Frau, große Hemmungen zu singen, da sie davon überzeugt ist, „nicht gut singen zu können". Jedesmal, wenn die Gruppe Volkslieder singt, singt sie zunächst nicht und beginnt erst dann mitzusingen, wenn der Gruppengesang lauter wird. Sie kennt von vielen Volksliedern die Texte sämtlicher Strophen auswendig, ebenso von alten Schlagern und muß uns oft weiterhelfen. Dies macht sie allerdings nur verbal, singt aber sofort wieder mit, wenn der Gruppenklang ihre Stimme übertönt.

Dies zeigt, daß lauter Gruppengesang auch gehemmten Menschen helfen kann mitzusingen, da sie ihre vermeintlichen Schwächen in der Gruppe versteckt fühlen.

Auch das **Selbstwertgefühl** kann durch das Erkennen noch vorhandener Fähigkeiten und Fertigkeiten gestärkt werden.

> *Ein älterer Herr, der eines Tages neu in die musikalische Aktivierungsgruppe kam, beteiligte sich zunächst nicht am gemeinsamen Gesang mit den Worten: „Ich kann nicht singen". Nach kurzer Zeit vergaß er völlig seine anfänglichen Vorbehalte und sang laut und deutlich mit. Als wir dann sogar in zwei Gruppen den Kanon „Froh zu sein, bedarf es wenig" sicher sangen, sagte er mit stolzem Gesichtsausdruck, daß er gar nicht gewußt habe, was er alles noch kann. Das gemeinsame Singen habe ihm eine große Freude bereitet.*

Vielen älteren Menschen ist gar nicht mehr bewußt, welche musikalischen Fähigkeiten sie noch besitzen. Durch ihr fremdbestimmtes Leben im Heim erfahren sie kaum noch Selbstbestätigung. Nur zu deutlich haben sie ihren eigenen körperlichen Verfall vor Augen und spüren, daß sie ohne Hilfe anderer nicht mehr auskommen. Dieses Bewußtsein führt zunehmend zu negativer Selbsteinschätzung, die sich oft auf alle körperlichen Bereiche überträgt. Viele im Heim lebende alte Menschen trauen sich nichts mehr zu und sind völlig überrascht, wenn ihnen vorhandene Fähigkeiten bewußt werden. Singen bietet da eine relativ leichte Möglichkeit der Selbstbestätigung.

Häufig ist zu beobachten, daß alte Menschen sämtliche Strophen eines Liedes sicher wiedergeben können, obwohl sie im Alltag eher die Erfahrung machen, daß ihr Gedächtnis nachläßt. Volkslieder haben, ähnlich Gedichten, einen hohen **Erinnerungswert**, da der Text an eine Melodie gebunden ist, die besser als Worte im Gedächtnis gespeichert werden kann. Außerdem wurden Volkslieder früher oft gesungen und sind somit Teil des Alt-Gedächtnisses. Selbst demente Teilnehmer können sich deshalb daran erinnern und sind stolz über ihre noch vorhandenen Fähigkeiten.

Diese Erinnerung kann auch eine Brücke zu wichtigen biographischen Ereignissen schlagen, über die sich alte Menschen gerne austauschen.

Singen kann **praktische Lebenshilfe** sein. Manche Menschen singen in Angstsituationen (z.B. im dunklen Keller, im Wald, etc.) und stärken sich damit psychisch selbst. In Berichten aus Gefangenenlagern und von Schiffsuntergängen wurde immer wieder erwähnt, daß Menschen im Angesicht des Todes miteinander Lieder anstimmten. So sangen die Menschen auf dem untergehenden Schiff „Titanic", als keine Rettung mehr möglich war, das Lied *„Näher mein Gott zu dir"*.

b) Soziale Wirkungen

Viele ältere Menschen haben früher Musikvereinen angehört oder in Chören gesungen. An diese häufig erlebte positive musikalische Gruppenerfahrung läßt sich leicht wieder anknüpfen.

Auch heute noch hat Singen für alte Menschen eine wichtige soziale Bedeutung. Die Gruppenmitglieder erfreuen sich am gemeinsamen Gesang, der natürlich viel voller klingt als eine Einzelstimme.

Singen bietet außerdem die Möglichkeit zur **Kommunikation**. Ein Problem im Heimalltag besteht darin, daß alte Menschen häufig keinen Kontakt zueinander haben. Viele leben völlig isoliert und sind nur mit sich und ihrer Situation beschäftigt. In der Musikaktivierung ist immer wieder zu beobachten, daß die Teilnehmer sich spontan mit ihren Sitznachbarn unterhalten. Da wird erzählt von früheren Erlebnissen im Chor oder Verein, oder wo und wann ein Lied früher gesungen wurde. Die Anleiterin sollte dies nicht unterbinden, sondern im Gegenteil den Teilnehmern Gelegenheit zum Gespräch geben (siehe auch S. 20). So ist es sinnvoll, Lieder zu bestimmten Themen zusammenzustellen und dann über die verschiedenen Liedtexte oder Themen zu sprechen (siehe Liederliste S. 15 ff.).

c) Körperliche Wirkungen

Manche Lieder (Schunkellieder, Wanderlieder) lösen durch ihre fröhliche Stimmung und besonderen Rhythmus spontan **Bewegungen** aus, wie z. B. Klatschen, Klopfen mit den Fingern oder den Füßen. Dabei werden häufig Bewegungseinschränkungen vorübergehend vergessen. Es fällt den Teilnehmern leichter, intensivere und schnellere Bewegungen auszuführen als sonst (siehe auch Teil C „Musik und Bewegung"). Durch gezielte Bewegungslieder wie „*Das Wandern ist des Müllers Lust*" wird der Drang, eine Bewegung zum Lied auszuführen, aufgegriffen und verstärkt.

Da zwei Tätigkeiten – Singen und Bewegen – gleichzeitig ausgeführt werden müssen, sind Bewegungslieder auch als **Konzentrations- und Koordinationsübung** einzusetzen. Nicht nur Melodie und Text des Liedes müssen richtig wiedergegeben werden, sondern zusätzlich auch entsprechende Bewegungen ausgeführt werden. Die Teilnehmer fühlen sich immer stark herausgefordert, möglichst alles richtig zu machen.

Außerdem verbessert häufiges Singen **Atmung und Stimme**. Viele alte Menschen atmen zu flach, wodurch die Lungen zu wenig durchlüftet werden. Bewegungseinschränkungen, insbesondere Bettlägrigkeit begünstigen die flache Atmung. Es entsteht leicht die Gefahr einer Lungenentzündung. Beim Singen wird automatisch viel tiefer eingeatmet und langsam singend ausgeatmet. Ist noch für frische Raumluft gesorgt, kann Singen ein gutes Atemtraining für alte Menschen sein.

Wie bereits erwähnt, wird die Stimme im Alter rauher und krächzender. Dies wird durch weniges Sprechen noch verstärkt. Viele räuspern sich deshalb, bevor sie zu sprechen beginnen. Häufiges Singen verbessert die Stimme und macht sie geschmeidiger, sie klingt schöner und voller.

Ebenso **kann** Singen bei Bewegungsübungen die **Angst vor Schmerzen** nehmen, z.B. nach Operationen oder bei rehabilitativen Übungen. Schmerzen werden wohl nicht durch das Singen gemildert, der Patient wird aber von den Schmerzempfindungen abgelenkt. Ein Wanderlied zu mühsamen Gehversuchen wirkt oft Wunder und verbessert vor allem die Stimmung.

Auch ungeliebte notwendige Tätigkeiten können leichter fallen, wenn dazu gesungen wird, z.B. Anziehen, Waschen, Kämmen etc.

Singen kann auch hilfreich sein **bei Sprachstörungen**. Personen, die bedingt durch einen Schlaganfall beim Sprechen erheblich beeinträchtigt sind (motorische Aphasie), fällt es oft leichter zu singen. Die Fähigkeit, sich singend auszudrücken, sollte deshalb bei Sprachgestörten genutzt werden, da sie so die Möglichkeit erhalten – wenngleich auf ungewöhnliche Weise – sich anderen mitzuteilen. Außerdem wirkt diese Ausdrucksfähigkeit auch motivierend und spornt im rehabilitativen Bereich zu weiteren Sprechübungen an.

II. Auswahl von Liedern

1. Was ist bei der Liedauswahl zu beachten?

Die oben angegebenen Wirkungen können nur erreicht werden, wenn bei der Auswahl der Lieder die **Lust** zu singen, die momentane **Stimmung** und der individuelle **Geschmack** der Teilnehmer berücksichtigt werden. Wie bereits auf S. 6 aufgeführt, ist die Lust zu Singen bei alten Menschen in der Regel recht groß. Sollten dennoch mehrere Teilnehmer oder gar die ganze Gruppe ein gemeinsames Singen ablehnen, kann die Anleiterin zunächst andere Musikinhalte zur Aktivierung auswählen (siehe Teile B, C und D).

a) Stimmungsgehalt

Die momentane Stimmung der Teilnehmer ist oft von Erlebnissen im Heimalltag oder von der individuellen körperlichen und seelischen Verfassung an diesem Tag geprägt. So spielt es eine Rolle, ob auf der Station eine Person verstorben ist, ein herbeigewünschter Besuch abgesagt hat oder aufgrund großer Hitze im Sommer viele Personen sich einfach schlecht fühlen. Wenn die Anleiterin die Gruppenteilnehmer kennt, wird sie schnell merken, ob es einem Teilnehmer nicht gut geht oder die Gruppenstimmung gedrückt ist. Hier wäre es unpassend, als erstes Lied *„Beim Kronwirt da ist heute Jubel und Tanz"* anzustimmen und sich krampfhaft zu bemühen, gute Laune zu verbreiten. Vielmehr sollte die Anleiterin hier ein Lied auswählen, das der Gruppenstimmung entspricht. So müssen die Teilnehmer ihre Stimmung nicht unterdrücken, sondern fühlen sich ernst genommen und erhalten eine Ausdrucksmöglichkeit, die vielleicht leichter ist als das Darüberreden. Gerade tabuisierte Themen wie Trauer und Tod, die im Leben alter Menschen eine besondere Bedeutung haben, können so mit einem Liederwunsch indirekt angesprochen werden (z.B. *„Im schönsten Wiesengrunde"*).

Grundsätzlich sollte bei der Planung von Singstunden jedoch darauf geachtet werden, daß nicht nur ausschließlich besinnliche oder traurige Lieder ausgewählt werden. Die Teilnehmer könnten so leicht in eine melancholische, depressive Stimmung geraten, die von den Pflegekräften – besonders in großen Gruppen – nicht so leicht aufgefangen werden kann.

Auch sollten besonders krasse Stimmungsgegensätze hintereinander vermieden werden. Der Genuß am Ausdruck wird erreicht, indem sich die Sänger in das Lied hineinfühlen und die entsprechende Stimmung wiedergeben. Zu große Stimmungswechsel können nicht gut nachvollzogen werden. Die Teilnehmer verlieren dann entweder die Lust weiterzusingen oder wünschen sich Lieder, in deren Stimmung sie sich noch befinden.

Wichtig bei der Liedauswahl ist deshalb eine ausgewogene Mischung und der Grundsatz, die Teilnehmer dort abzuholen (Stimmung), wo sie sich befinden.

Auswahl (Singen)

b) Bekanntheitsgrad

Was bekannt ist, ist vertraut, schafft Sicherheit und hilft so, eventuelle Singhemmungen abzubauen. Zu Beginn der Singstunde sollten deshalb zunächst nur bekannte Lieder gesungen werden. Können die Lieder spontan mitgesungen werden, empfinden dies die Teilnehmer als Erfolgserlebnis. Manche Gruppenmitglieder wissen noch die 5. und 6. Strophe eines altbekannten Liedes auswendig und helfen den übrigen Teilnehmern, sich wieder daran zu erinnern. Erst wenn ausgibig bekanntes Liedgut gesungen wurde, kann die Anleiterin versuchen, mit der Gruppe auch neue unbekannte Lieder einzuüben.

c) Geschmack

Der persönliche Liedgeschmack wird im Laufe des Lebens gebildet und ist stark geprägt durch persönliche Erfahrungen. Eine Rolle spielt dabei, in welcher Kultur und Region die Person aufgewachsen ist. So wurden auf einer Alm in Bayern andere Lieder gesungen als an der Küste Schleswig Holsteins. Regionale Unterschiede bezüglich der Herkunft der Teilnehmer sind deshalb bei der Liedauswahl zu berücksichtigen. Lieder aus der Heimat sind bei alten Menschen sehr beliebt, da sie oft eine emotionale Bedeutung für sie haben.

In Alten- und Pflegeheimen leben häufig Personen aus unterschiedlichsten Landesteilen zusammen, die mit regional unterschiedlichem Liedgut aufgewachsen sind. Durch entsprechendes Verhalten die Anleiterin sollte gegenseitiges Interesse an regionalen Besonderheiten geweckt werden. So kann angeregt werden, daß Teilnehmer Lieder aus ihrer Heimat vorsingen und, da diese häufig im Dialekt gesungen werden, den Liedinhalt erzählen.

> *So sang eines Tages ein älterer Mann aus dem früheren Sudetenland ein altes böhmisches Volkslied vor, und die Gruppe versuchte spontan die Refrainteile mitzusingen. Der alte Mann freute sich sehr darüber, daß sein Lied so angenommen wurde.*

Es kann Spaß machen, beispielsweise in Süddeutschland norddeutsche Lieder wie „*Dat du min Leevsten büst*" oder Seemannslieder auf Plattdeutsch zu singen und umgekehrt einfache Jodelversuche mit „*I bin a Steirer Bua*" in norddeutschen Altenheimen zu versuchen.

d) Liedarten

Der Umgang mit heute alten Menschen zeigt, daß einige Liedarten allgemein beliebter sind und andere eher abgelehnt werden.

So ist davon auszugehen, daß das **Volksliedgut**, mit kleinen regionalen Unterschieden, alten Menschen wohlvertraut ist und von ihnen entsprechend gerne gesungen wird. Auch nicht bekannte deutschsprachige Volkslieder werden gerne angenommen. Volkslieder in fremder Sprache hingegen werden eher abgelehnt. Einige Seemannslieder aus dem norddeutschen Raum beinhalten englische Wörter, z.B. „*De Hamburger Veermaster*" („*Blow boys blow to Californio*"), doch ist der Bekanntheitsgrad dieser Lieder so hoch, daß auch ältere Menschen sie zumindest mitsummen.

In 20 Jahren dürfte sich der Liedgeschmack der dann alten Menschen von dem der heutigen in diesem Punkt entscheidend geändert haben. Den jetzt 50jährigen ist das Singen in englischer Sprache vertrauter. Ebenso werden dann neuere Volkslieder wie „*Im Frühtau zu Berge*", „*Wenn die bunten Fahnen wehen*", „*Ein Mann der sich Kolumbus nannt*" etc. beliebter sein als ältere Volkslieder, wie z.B. „*Ännchen von Tharau*" u.ä., (siehe Liederliste S. 15 ff.).

Manche Anleiterin wählt gerne **Kinderlieder** zum gemeinsamen Singen aus, da diese Lieder jeder aus seiner Kindheit kennt. Kommt der Wunsch, Kinderlieder zu singen, von seiten der Teilnehmer, ist dies auch in Ordnung. Doch sollte die Anleiterin diese kindlichen Lieder alten Menschen nicht unbedingt von sich aus vorschlagen, da sie sich dann wie „Kinder" behandelt fühlen könnten. Ein Erwachsenenchor würde auch nicht auf die Idee kommen, zur eigenen Unterhaltung Kinderlieder anzustimmen. Etwas anderes ist es, wenn beispielsweise eine Kindergruppe das Heim besucht und die Bewohner für und mit den Kindern etwas singen möchten.

Anspruchsvolle **Kunstlieder** oder **Opernarien** sind in der Regel für den Gruppengesang ungeeignet. Bis auf wenige Ausnahmen, wie z.B. „*Auf in den Kampf*" (aus *Carmen*) oder „*Der Gefangenenchor*" (aus *Nabucco*), sind sie den meisten Heimbewohnern nicht bekannt genug. Außerdem sind sie zum Einüben viel zu schwierig und können allenfalls mitgesummt werden. Eine größere Bedeutung haben diese Liedarten beim Hören von Musik (siehe dazu Teil D, „Musikhören", S. 197 ff.).

Allgemein bekannter und leichter mitsingbar sind Melodien aus **Operetten**, wie z.B. „*Was kann der Sigismund dafür, daß er so schön ist*" (aus *Das weiße Rössl*) oder „*Schenkt man sich Rosen in Tirol*" (aus *Der Vogelhändler*).

Ebenso erfreuen sich ältere Menschen an **alten Schlagern** aus ihrer Jugendzeit. Doch spielen auch diese Lieder beim Musikhören, insbesondere beim Musikquiz, eine größere Rolle als beim Singen. Zum Mitsummen und Refrain-Mitsingen sind alte Schlager sehr beliebt, doch zum gemeinsamen Singen – ohne entsprechende Musikbegleitung – sind sie in der Regel zu schwierig.

Zu erwähnen sind noch **religiöse Lieder**. Die Bekanntheit dieser Lieder ist von der religiösen Erziehung sowie von entsprechend häufigen Kirchenbesuchen abhängig. Wir haben die Erfahrung gemacht, daß religiöse Lieder in der Regel gerne gesungen und häufig von den Bewohnern auch gewünscht werden. Unverzichtbar sind diese Lieder auch bei kirchlichen Festen, insbesondere Weihnachtslieder in der Advents- und Weihnachtszeit.

Auswahl (Singen)

Der Liedgeschmack der Gruppenmitglieder läßt sich am besten im Gespräch mit den Teilnehmern und durch Anstimmen verschiedener Lieder feststellen.

e) Sonstiges

Gemeinsames Singen in der Gruppe sollte möglichst **abwechslungsreich** gestaltet werden. Werden immer wieder die gleichen Lieder gesungen, wird es für alle schnell langweilig. Bei der Vielfalt vorhandener bekannter Volkslieder ist es auch nicht schwer, immer wieder andere Lieder auszuwählen. Werden in einer Gruppe Lieder gesammelt, kommt häufig eine beachtliche Anzahl von allgemein bekannten Liedern zusammen.

Bei der Liedauswahl können Jahreszeit, Tageszeit und besondere Feste berücksichtigt werden. Ebenso können Lieder zu bestimmten Themen zunächst erraten und dann gesungen werden.

Bei der Liedauswahl ist es in jedem Fall wichtig, die **Teilnehmer mitbestimmen** zu lassen. So erhält die Anleiterin eine Orientierung darüber, welche Lieder die Gruppe gerne singt. Wenn nicht gerade ein besonderes Thema vorgesehen ist, sollten die Teilnehmer ruhig selbst bestimmen, was gesungen wird. Kommen zu wenige – oder immer die gleichen – Liedvorschläge, können Liederbücher möglichst in Großdruckschrift verteilt werden. Beim Blättern werden die Teilnehmer sicher auf einige Lieder stoßen, die sie kennen, ihnen aber nur nicht eingefallen sind.

2. Zusammenstellung von Liedern (Liederliste)

Trotz vorangegangener Überlegungen zum Musikgeschmack älterer Menschen dürften einige Leser Schwierigkeiten haben, geeignete Lieder für eine „Musikstunde im Altenheim" zusammenzustellen. Die Vielfalt vorhandener Liederbücher erleichtert die Auswahl nicht gerade. Viele – insbesondere jüngere Betreuer – kennen die meisten Volkslieder gar nicht, weder inhaltlich noch bezüglich ihres Stimmungscharakters. Aus diesem Grunde wurde im folgenden eine **Liederliste** erstellt, die – bis auf wenige regionale Abweichungen – die **bekanntesten** und erfahrungsgemäß **beliebtesten Volkslieder** enthält.

Sie soll dem Leser einen Überblick verschaffen und Hilfe bieten bei der Zusammenstellung von Liedern. Die Liste ist keineswegs vollständig und kann auch ein gutes Liederbuch nicht ersetzen. Doch kann sie hilfreich sein bei der Zusammenstellung von Liedern zu bestimmten **Themen** (z.B. Liebe, Pflanzen, Wandern etc.) und Anhaltspunkte bieten für die Auswahl von Liedern mit unterschiedlichem **Stimmungsgehalt**.

Im **ersten** und umfangreicheren **Teil** der Liederliste sind die allgemein **bekannten** Lieder alphabetisch aufgelistet. Da aber erfahrungsgemäß alte Menschen auch Freude

Liederliste

an neuen Liedern haben können, werden im **zweiten Teil** der Liederliste auch einige **unbekanntere** Lieder vorgeschlagen. Sie wurden alle mit Heimbewohnern gesungen, sind leicht zu erlernen, haben eingängige Melodien und klare Rhythmen. Einige dieser Lieder sind nur regional, andere eher jüngeren Personen bekannt. Dies ist unter Liedtiteln jeweils vermerkt.

Die Liederliste bietet viele Möglichkeiten für Ratespiele (Musikquiz). So können zu einem bestimmten Thema (z.B. „Liebe") verschiedene Liedmelodien vorgesummt werden, die dann von den Teilnehmern erraten werden. Oder die Leiterin gibt ein Thema vor (z.B. „Namen") und die Teilnehmer sammeln hierzu Lieder und singen sie gemeinsam.

Liederliste

Bekannte Lieder

Titel	Takt	Thema/Inhalt	Charakter
Abendstille (Kanon)	3/4	Tageszeit (Abend)	besinnlich, ruhig
Aber heidschi bum beidschi (aus Tirol)	6/8	Tageszeit (Abend)	besinnlich, ruhig
Ade zur guten Nacht (um 1850)	4/4	Tageszeit (Abend)	aufmunternd
Alle Jahre wieder (um 1842)	4/4	Weihnachten	aufmunternd
Alle Vögel sind schon da (aus Schlesien)	4/4	Tiere (Vögel)	aufmunternd
Am Brunnen vor dem Tore (F. Schubert), S. 34f.	3/4	Pflanze (Lindenbaum)	besinnlich
Ännchen von Tharau (1827)	3/4	Name (Ännchen)	besinnlich
Auf, auf zum fröhlichen Jagen (Kärnten)	4/4	Jagd	aufmunternd
Auf der Mauer, Konzentration (Wörter weglassen)	2/4	Tier (Wanze)	fröhlich
Auf de schwäbsche Eisebahne (Schwaben)	2/4	Eisenbahn, Städte	fröhlich, bewegt
Auf du junger Wandersmann (1855)	4/4	Wandern	aufmunternd
Bald gras ich am Neckar (um 1830), S. 48	3/4	Liebe, Fluß	beschwingt
Bruder Jakob (Kanon)	4/4	Tageszeit (Morgen)	ruhig
Das Wandern ist des Müllers Lust Bewegungslied, S. 52f.	2/4	Wandern	regt zur Bewegung an
Der Mai ist gekommen (1843) Bewegungslied: Ein kleiner Matrose, S. 50	3/4	Jahreszeit (Frühling)	besinnlich
Die Gedanken sind frei (Anf. 19. Jahrh.)	3/4	Freiheit, Geschichte	aufmunternd
Du, du liegst mir im Herzen (um 1820)	3/8	Liebe	besinnlich

Liederliste

Titel	Takt	Thema/Inhalt	Charakter
Eine Seefahrt die ist lustig	4/4	Meer, Seefahrt	lustig, regt zur Bewegung an
Ein Jäger aus Kurpfalz	2/2	Jagd	regt zur Bewegung an
Es, es, es und es	4/4	Wandern, Abschied	aufmunternd
Es klappert die Mühle (Anf. 19. Jahrh.) Bewegungslied, S. 56 f.	6/8	Mühle, Bach	aufmunternd
Es ist ein Ros entsprungen	4/4	Weihnachten	besinnlich
Es war ein König in Thule (Goethe/Zelter)	3/4	König	besinnlich
Freut euch des Lebens (1793)	6/8	Leben, Pflanze (Rose, Veilchen)	besinnlich
Froh zu sein bedarf es wenig (Kanon)	4/4	Freude	fröhlich
Großer Gott wir loben dich	3/4	Gottes Lob	besinnlich
Grün, grün, grün sind alle meine Kleider	2/4	Farben (Grün, weiß …)	aufmunternd
Guten Abend, gute Nacht (J. Brahms)	3/4	Tageszeit (Abend)	besinnlich, ruhig
Guter Mond, du gehst so stille (um 1780)	4/4	Tageszeit (Abend)	besinnlich
Hab' mein Wage vollgelade (Holland)	3/4	Alt/jung	aufmunternd
Heißa Kathreinerle (Elsaß)	3/4	Name (Kathrein)	fröhlich, beschwingt
Hoch auf dem gelben Wagen, S. 30 f.	4/4	Reise	fröhlich
Horch' was kommt (Baden, Schwaben)	2/4	Liebe und Leid	fröhlich, bewegt
Ich ging emol spaziere (Hessen)	4/4	Scherzlied um Liebe	fröhlich, bewegt
Im Märzen der Bauer (Mähren)	3/4	Jahreszeit (Frühling)	aufmunternd
Im schönsten Wiesengrunde	4/4	Heimat	besinnlich
In Mutters Stübele (Schwarzwald)	3/4	Kindheit	aufmunternd
Jetzt fahrn' wir übern See (1884) Konzentration (Wort weglassen)	2/4	Hopfenpflückerlied, See, Boot, Ruder	fröhlich, bewegt
Jetzt gang i ans Brünnele (Schwaben)	3/4	Liebe und Leid	besinnlich-aufmunternd
Jetzt trink mer noch a Flascherl Wein	2/4	Geselligkeit	zur Bewegung anregend
Kein schöner Land	3/4	Heimat	besinnlich
Komm lieber Mai und mache (W. A. Mozart)	6/8	Jahreszeit (Frühling)	besinnlich
Laßt doch der Jugend ihren Lauf (1855)	3/4	Jugend	fröhlich
Lustig ist das Zigeunerleben, Wechselgesang, S. 27	6/8	Zigeuner, Armut	fröhlich, regt zur Bewegung an
Macht hoch die Tür	6/4	Advent	besinnlich
Mädle ruck, ruck, ruck (Schwaben)	4/4	Liebe	fröhlich, flott
Mein Hut der hat drei Ecken, Konzentration (Wörter weglassen), Bewegungslied, S. 49	6/8	Scherzlied um Hut	beschwingt

16

Liederliste

Titel	Takt	Thema/Inhalt	Charakter
Mein Vater war ein Wandersmann	4/4	Wandern	fröhlich, regt zur Bewegung an
Muß i denn (Schwaben), Bewegungslied, S. 58 f.	4/8	Wandern, Abschied, Liebe	fröhlich, regt zur Bewegung an
Nun ade, du mein lieb Heimatland (1851)	2/4	Wandern, Abschied	regt zur Bewegung an
Nun will der Lenz uns grüßen	4/4	Jahreszeit (Frühling)	aufmunternd
Nun wollen wir singen das Abendlied	3/4	Tageszeit (Abend)	besinnlich, ruhig
O du fröhliche	4/4	Weihnachten	besinnlich
O du lieber Augustin	3/4	Name (Augustin)	fröhlich
O Tannenbaum	3/4	Weihnachten	besinnlich
Rosenstock Holderblüh (Schwaben)	3/4	Liebe, Pflanze (Rosenstock)	beschwingt
Sabinchen war ein Frauenzimmer (Berlin)	6/8	Moritat über Liebe, Name (Sabinchen)	erzählend
Sah ein Knab' ein Röslein stehn (Goethe)	6/8	Pflanze (Röslein)	besinnlich
Schön ist die Welt, Liedbegleitung S. 36 f.	2/4	Reisen/Wandern	fröhlich
Schwarzbraun ist die Haselnuß	4/4	Farbe (schwarzbraun)	fröhlich, flott
Stille Nacht	6/8	Weihnachten	besinnlich
Süßer die Glocken (Thüringen)	6/8	Weihnachten	besinnlich
Tief im Böhmerwald (Böhmen)	3/4	Heimat	beschwingt
Trink, trink, Brüderlein trink	3/4	Geselligkeit	beschwingt
Üb' immer Treu und Redlichkeit (Mozart)	4/4	Lebenserfahrung	aufmunternd
Und jetzt gang i an Peters Brünnele	3/4	Scherz, Unsinn	aufmunternd
Viel Glück und viel Segen (Kanon)	3/4	Geburtstag	besinnlich
Wahre Freundschaft soll nicht wanken	4/4	Freundschaft	besinnlich
Wem Gott will rechte Gunst erweisen (1853)	4/4	Wandern	regt zur Bewegung an
Wenn alle Brünnlein fließen (Schwaben)	2/4	Liebe	aufmunternd
Wenn ich ein Vöglein wär	4/4	Tiere (Vöglein), Liebe	besinnlich
Wenn der Topp aber nun ein Loch hat Wechselgesang, S. 25	3/4	Scherzlied, Name (Liese, Heinrich)	aufmunternd
Wer recht mit Freuden wandern will	4/4	Wandern	aufmunternd
Winter ade	3/4	Jahreszeiten (Winter)	besinnlich
Wir winden dir den Jungfernkranz	4/4	Liebe, Heirat	aufmunternd
Wohlauf die Luft geht frisch und rein (1861)	4/4	Wandern	fröhlich
Wohlauf in Gottes schöne Welt	4/4	Wandern, Abschied	fröhlich, bewegt

Liederliste

Titel	Takt	Thema/Inhalt	Charakter
Wo mag denn nur mein Christian sein	4/4	Name (Christian)	aufmunternd, spaßig
Zwischen Berg und tiefem, tiefem Tal	3/4	Tiere (Hasen)	aufmunternd

Unbekannte Lieder

Titel	Takt	Thema/Inhalt	Charakter
Bunt sind schon die Wälder (1799)	6/8	Jahreszeit (Herbst)	besinnlich
Dat du min Leevsten büst (Norddeutschland), regional bekannt	3/4	Liebe	aufmunternd
Drunten in der grünen Au, Konzentration (immer länger werdende Wiederholungen)	3/4	Pflanze (Birnbaum), Tier (Vogel)	fröhlich
Ein kleiner Matrose 🔊, Bewegungslied, S. 50	3/4	Beruf (Matrose), Liebe	besinnlich
Ein Mann der sich Kolumbus nannt oder auf die gleiche Melodie *Ich bin der Doktor Eisenbart*, Jüngeren Personen bekannt	2/4	Entdeckung Amerikas, merkwürdige Heilmethoden, beides sind Scherzlieder	fröhlich
Gymnastiklied 🔊, Bewegungslied, Liederarbeitung, Wechselgesang, S. 54 f.	3/4	Gymnastik	beschwingt
Heho spann den Wagen an (Kanon), Jüngeren Personen bekannt, Liederarbeitung, Kanon, harmonische Begleitung S. 42 f.	4/4	Jahreszeit (Herbst)	besinnlich
I bin a Steirer Bua (Steiermark), regional bekannt	3/4	Heimat	fröhlich, bewegt
Ja mein Schatz ist wunderschön 🔊, Liederarbeitung, Wechselgesang, Liedbegleitung S. 46	2/4	Liebe, Scherz	fröhlich
Lachend kommt der Sommer (Kanon) Jüngeren Personen bekannt	2/2	Jahreszeit (Sommer)	aufmunternd
Mensch sing mit 🔊, Liederarbeitung, Liedbegleitung S. 44	4/4	Freude am Singen	fröhlich
Wie schön, daß du geboren bist (von Rolf Zuckowsky)	4/4	Geburtstag	fröhlich

III. Allgemeine Grundsätze des Leiterinnenverhaltens beim Singen

1. Hemmungen einzelner Teilnehmer abbauen

„Singen kann ich nicht mehr" oder „Meine Stimme taugt nichts mehr". Solche und ähnliche Äußerungen höre ich immer wieder von alten Menschen, insbesondere wenn sie neu in die Musikaktivierung kommen. Im Schutz des Gruppengesangs werden Singhemmungen aber oft schnell abgebaut. Aufmunternde Worte wie „Wir können hier alle nicht perfekt singen, aber es macht uns trotzdem Spaß. Vielleicht haben Sie ja auch Lust mitzusingen" können zum Mitsingen motivieren. Gezwungen werden sollte allerdings niemand. Es besteht ja auch die Möglichkeit, nur dem Gesang der Gruppe zuzuhören oder mit Rhythmusinstrumenten z.B. die Refrainteile zu begleiten. Wichtig ist, daß die Anleiterin für eine lockere und entspannte Atmosphäre sorgt und sich selbst am Gesang beteiligt.

Leistungsdruck sollte vermieden werden, damit keine Überforderung entsteht und jeder sich mit seinen individuellen Möglichkeiten ohne Scheu am Gruppengesang beteiligen kann. Falls aber eine Steigerung des Leistungsniveaus von seiten einiger Gruppenmitglieder gefordert wird, sollte sich die Anleiterin überlegen, ob es nicht ratsam wäre, diesen Personen – mit vielleicht noch anderen Interessenten – zusätzlich eine gesonderte Chorstunde anzubieten. Erfolgserlebnisse beim Singen bauen Hemmungen ab.

> *So nehme ich Lieder, die sicher gesungen werden, häufig auf Tonband auf und spiele sie der Gruppe vor. Viele Teilnehmer sind immer wieder überrascht, „wie schön der Gesang" klingt und freuen sich über das gelungene Ergebnis.*

2. Positives hervorheben und Kritik vermeiden

Jeder noch so kleine Erfolg sollte positiv hervorgehoben werden. Dies motiviert die Teilnehmer weiterzumachen und auch Schwierigeres zu versuchen. Selbst wenn der Gesang sehr dürftig ausfällt, sollte die Anleiterin keine Kritik daran üben. Insbesondere Einzelkritik ist zu unterlassen. Gerade zu Beginn des Singens sind die Teilnehmer noch unsicher und zurückhaltend. Ihre Stimmen sind noch nicht geschmeidig, und die Atmung ist zu flach. Beim zweiten und dritten Lied wird sich der Gesang langsam bessern, aber nur, wenn die Anleiterin die Sänger zum Weitersingen aufmuntert. Worte wie: „Das war schon ganz gut, aber jetzt probieren wir alle noch ein bißchen lauter zu

Leiterinnenverhalten (Singen)

singen", spornen eher an als die Kritik: „Das war aber viel zu leise, bitte singen Sie jetzt lauter".

Eine witzige Bemerkung zwischendurch wie: *„Wir sind fast schon so gut wie die Fischerchöre, jetzt müssen wir aufpassen, sonst machen wir ihnen Konkurrenz"* lockert die Atmosphäre auf und schafft eine fröhliche Stimmung, von der sich auch gehemmte und zurückhaltende Personen gerne anstecken lassen.

Die Anleiterin sollte durch ihr Verhalten der Gruppe deutlich machen, daß es beim Singen nicht auf Perfektion ankommt, sondern darauf, daß alle Freude am gemeinsamen Gesang haben.

3. Gelegenheit zum Gespräch geben

Beim Singen mit alten Menschen sollte es nicht nur darum gehen, möglichst viele Lieder zu singen. Wichtig ist auch, daß die Anleiterin zwischendurch immer wieder Gelegenheit zum Gespräch gibt. Auch Teilnehmer, die nicht gerne singen, können sich an diesen Gesprächen beteiligen und sich somit in die Gruppe einbringen.

Gerade alte, bekannte Lieder stellen eine direkte Verbindung zu früheren Zeitabschnitten her, die wiederum mit bestimmten Erlebnissen und Gefühlen verbunden sind. Da früher viel häufiger gesungen wurde, können so Erinnerungen an Arbeit, Schule, Elternhaus, Kirche u.ä. wieder lebendig werden. Alte Menschen haben oft ein großes Bedürfnis, diese Erinnerungen zu erzählen und sich mit anderen darüber auszutauschen. Dabei können sowohl lustige, angenehme Erinnerungen als auch traurige Gefühle beim Singen oder Anhören eines Liedes geweckt werden. Allerdings wird der betroffene Teilnehmer nicht in jedem Fall in der Gruppe darüber sprechen wollen. Die Offenheit der Teilnehmer hängt vor allem davon ab, wie groß die Gruppe ist, und wie vertraut die Teilnehmer miteinander sind. Gegebenenfalls sollte die Anleiterin einzelnen Personen nach der Stunde in der Vertrautheit eines Zweiergespräches die Möglichkeit geben, auch belastende Gefühle anzusprechen.

4. Tonangabe

„Man fängt das Lied zu hoch nicht an, damit man's zu Ende singen kann". Dieses Zitat von Wilhelm Busch macht deutlich, warum die richtige Tonangabe beim gemeinsamen Gesang wichtig ist. Zu tief sollte der Ton auch nicht angegeben werden, da unsere Stimme nicht unendlich in die Tiefe reicht. Anleiterinnen, die Noten lesen können und ein Melodieinstrument zur Hand haben, können die Tonangabe aus den Liederbüchern mit Notenschrift entnehmen. Doch haben wir festgestellt, daß in vielen Liederbüchern die Lieder viel zu hoch gesetzt und eher auf Kinderstimmen abgestimmt sind.

Leiterinnenverhalten (Singen)

Die einfachste Möglichkeit ist für die Anleiterin, wenn sie zunächst das Lied leise vor sich hinsummt oder -singt und damit die Tonhöhe ausprobiert. Wichtig ist in jedem Fall, auch die Gruppe zu befragen, ob ihr die Tonhöhe angenehm ist. Ist die erste Strophe eines Liedes dennoch zu hoch oder tief ausgefallen, kann man das ja in den nächsten Strophen korrigieren.

5. Einsatz

Möchte eine Gruppe gemeinsam singen, ist es in der Praxis oft so, daß eine Person zu singen beginnt und alle übrigen Teilnehmer nach und nach einfallen. Damit kann man sich natürlich begnügen. Soll aber erreicht werden, daß alle gleichzeitig zu singen anfangen, ist es nötig, daß eine Person den „Einsatz" gibt. Jeder Gruppenteilnehmer kann diese Aufgabe übernehmen, sofern er sich dazu in der Lage fühlt. Der Einsatzgebende sollte von allen Sängern gut gesehen werden.
Der Liedeinsatz erfolgt nun in drei Schritten:

1. Tonangabe: Damit alle Sänger mit dem gleichen Ton anfangen, ist es wichtig, den gemeinsamen Anfangston anzugeben. (Um sicher zu gehen, daß alle den richtigen Ton aufgenommen haben, kann die Gruppe den Ton zunächst ansummen, bevor das Lied gesungen wird.)

2. Blickkontakt: Jetzt muß sich die Anleiterin vergewissern, daß alle Sänger sie anschauen, gegebenenfalls hebt sie eine Hand.

3. Luftholen und, falls möglich, durch eine unterstützende Handbewegung (siehe unten) das Lied **anstimmen**: „Tief Luftholen" müssen die Sänger, bevor sie zu singen anfangen. Wird dies etwas übertrieben von der Anleiterin vorgegeben, holen automatisch alle Sänger auch Luft und sind somit rechtzeitig zum Singen bereit. Wichtig ist, daß die Anleiterin deutlich mitsingt oder aber den Liedtext mit den Lippen mitformt.

4. Einsatz (Handbewegung):
Die Anleiterin hebt eine oder beide Hände für alle Teilnehmer sichtbar. Zum Zeichen des Einsatzes wird ein kleiner Bogen in der Luft beschrieben, der auf einem klaren Punkt endet (siehe Abb.). Die „Handbewegung" ist nicht unbedingt nötig, aber hilfreich.

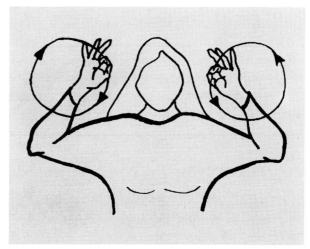

IV. Einführung und Anleitung verschiedener Liedformen und deren Ausgestaltungsmöglichkeiten

1. Einstimmige Lieder

Die einfachste und bekannteste Art, gemeinsam zu singen, ist der **einstimmige Gruppengesang**. Jeder in der Gruppe singt die gleiche Melodie zur gleichen Zeit. Sind die Lieder allen Teilnehmern bekannt, kann sofort ein einstimmiger Gesang entstehen.

Ist ein gewünschtes **Lied** einigen oder allen Teilnehmern **unbekannt**, muß sich die Anleiterin überlegen, auf welche methodische Weise sie das Lied mit der Gesamtgruppe erarbeitet.

Im folgenden sind verschiedene methodische Formen der Anleitung angegeben, die je nach Lied alternativ ausgewählt werden können. Voraussetzung bei der Liederarbeitung ist in jedem Fall, daß die Anleiterin selbst das Lied sicher beherrscht.

a) Liederarbeitung durch abschnittweises Vor- und Nachsingen

Diese Liederarbeitungsform ist sehr einfach und eignet sich für alle Lieder, deren Text, Melodie und Rhythmus leicht sind. Es genügt, wenn die Anleiterin einen Liedabschnitt vorsingt und die Gruppe ihn so lange wiederholt, bis sie ihn sicher singen kann. Das Lied sollte niemals auf einmal, sondern abschnittweise auf diese einfache Art eingeübt werden. Für die Anleiterin ist es manchmal schwierig, in der Mitte des Liedes die entsprechende Melodie anzustimmen. Dieses Problem kann sie lösen, indem sie immer wieder das Lied von vorne singen läßt und dann jeweils ein Stückchen weitersingt. Eine andere Möglichkeit ist, bis zur gewünschten Liedstelle still (innerlich) oder ganz leise zu singen, um dann den entsprechenden Melodieanschluß der Gruppe laut und deutlich vorsingen zu können.

b) Liederarbeitung durch rhythmisches Sprechen des Liedtextes Stück für Stück

Diese Methode ist bei allen Liedern angebracht, deren Text schwierig ist bzw. besonders hervorgehoben werden sollte oder deren Liedrhythmus besondere Schwierigkeiten bereitet.

Die Anleiterin spricht dabei den Text abschnittweise rhythmisch vor, und die Gruppe wiederholt entsprechend. So wird auf recht einfache Weise der Liedtext im Liedrhythmus eingeprägt. Mit Rhythmusinstrumenten oder durch Klatschen kann das rhythmische Sprechen noch unterstützt werden. Die Melodie kann dann sofort mit Text eingeübt werden, je nach Schwierigkeitsgrad des Liedes ganz oder auch abschnittweise.

Anleitung verschiedener Liedformen

Empfehlenswert ist, insbesondere bei alten Menschen, deren Konzentrations- und Gedächtnisfähigkeit nachgelassen hat, jede Liedphase zunächst mit rhythmischem Sprechen und anschließendem Singen des Textes zur Melodie einzuüben. Für die Anleiterin können dabei wieder die gleichen Probleme entstehen wie beim phasenweisen Vor- und Nachsingeverfahren (s.o.).

c) Liederarbeitung durch Singen der Liedmelodie auf Silben

Diese dritte gängige Methode, ein neues Lied zu erarbeiten, ist geeignet bei Liedern, deren Melodieverlauf große Sprünge oder sonstige schwierige Melodieabschnitte enthält. Hierbei ist es sinnvoll, zunächst die Liedmelodie ohne den Text zu erlernen, indem einfache Silben, wie „la", „lo", „na" usw. auf die Melodie gesungen werden. Die Vokale „A", „O" sind günstig, dagegen „I" und „E" ungünstig.

Wird die Melodie abschnittweise mit Silben eingeübt, ist es sinnvoll, nach jedem Liedabschnitt auch gleich die Melodie auf den Liedtext singen zu lassen, da Melodien ohne Worte schwieriger einzuprägen sind. Die monotonen Silben bieten keine Gedächtnishilfe. Für die Anleiterin entsteht hierbei auch wieder das Problem, den richtigen Einstieg in die Liedmitte zu finden. Sie kann dies auf die gleiche Weise wie beim abschnittweisen Vor- und Nachsingeverfahren (s.o.) lösen.
Die Liedmelodie im ganzen auf Silben einer Gruppe beizubringen, ist nur sinnvoll, wenn das Lied sehr kurz ist.

d) Liederarbeitung mit verschiedenen Methoden

Es ist auch möglich, verschiedene Liederarbeitungsformen zu kombinieren. So können schwierige Passagen vorweg auf Silben gesungen und anschließend das ganze Lied im einfachen Vor- und Nachsingeverfahren erarbeitet werden.

Motivierend für die Gruppe ist, wenn die meist einfacheren Refrainteile zuerst eingeübt werden und die Anleiterin als Vorsänger die Strophen im Wechselgesang mit der Gruppe singt. Auf diese Weise können die Teilnehmer Gelerntes (Refrain) gleich anwenden und festigen und bekommen so auch schon die Strophenmelodie ins Ohr.

Wenn die Sänger das neue Lied einigermaßen beherrschen, sollte die Anleiterin die Gruppe auch einmal alleine singen lassen, damit sie eventuelle Fehler besser heraushören und korrigieren kann. Zur Unterstützung der Teilnehmer kann sie den Text mit den Lippen mitformen.

2. Mehrstimmige Lieder

Zweistimmiger Gesang erfolgt manchmal spontan in einer Singgruppe. Meist wird dabei eine Ober- oder Unterstimme zur Melodie gesungen. Manche Menschen verfügen über dieses Talent, zu einer bekannten Melodie eine zweite Stimme dazuzusingen.

> *Einmal sprach mich nach der Musikaktivierungsstunde ein Mann an, ob ich evt. zweistimmig mit ihm singen könnte. Zu einem alten Lied aus seiner Heimat (Böhmen) kannte er noch die zweite Stimme. Nach einigem Üben schafften wir den zweistimmigen Gesang und konnten ihn der Gruppe vortragen. Wir ernteten großen Beifall, worüber der alte Mann stolz und gerührt war. Seither versucht er, auch zu anderen Volksliedern spontan eine zweite Stimme dazuzusingen. Der Gruppe gefällt dieser zweistimmige Gesang sehr. Auch andere Teilnehmer singen jetzt im Schutz des lauten Gruppengesangs manchmal beherzt eine zweite Stimme, meist zu Refrainteilen von bekannten, schwungvollen Liedern.*

Der **mehrstimmige Gruppengesang** klingt gegenüber einstimmigem Gesang viel voller und interessanter, doch ist dies nur mit einem größeren stimmsicheren Chor sinnvoll. Ein solcher Chor bildet in Alten- und Pflegeheimen eher die Ausnahme.

Es ist für alte Menschen, die nie gewohnt waren, mehrstimmig zu singen, sehr schwierig, eine neue Melodie (2. Stimme) zu erlernen und dann noch gegen eine von der anderen Gruppe gesungene wohlvertraute Hauptmelodie zu singen. Die Sänger der anderen Stimmen rutschen leicht wieder in die bekannte Melodie ab.

Auch die richtige Anleitung von mehrstimmigem Gesang ist schwierig und setzt neben sicheren Notenkenntnissen auch Chorleitererfahrung voraus.

Beides kann nicht auf wenigen Seiten in diesem Buch vermittelt werden, deshalb soll an dieser Stelle darauf verzichtet werden.

3. Wechselgesang

Viele Lieder eignen sich gut zur sängerischen Ausgestaltung, einmal durch den **Wechselgesang zwischen zwei gleich großen Gruppen**, oder den **Wechsel von Vorsänger und Gesamtgruppe**. Diese recht einfachen Ausgestaltungsmöglichkeiten sind beliebt, denn der Klangeffekt macht den einstimmigen Gesang interessant.

Die Anforderungen an die Aufmerksamkeit beim Singen sind dabei größer, da die richtigen Einsätze eingehalten werden müssen.

Ausgestaltungsmöglichkeiten von Liedern

a) Wechselgesang zwischen zwei gleichgroßen Gruppen

Lieder, die sich durch ihren Textgehalt zum Wechselgesang zwischen zwei gleich großen Sängergruppen eignen sind z.B.:

– *Wenn der Topp aber nun ein Loch hat,*
– *Ja, mein Schatz ist wunderschön* 📼, siehe S. 46
– *I ging emol spazieren.*

In der Regel ist Wechselgesang recht einfach und kann bei **bekannten Liedern** sogar ohne besonderes Üben erfolgen. Der Anleiter muß lediglich darauf achten, daß die zweite Gruppe nicht zu spät einsetzt, und der Wechsel zügig durchgeführt wird.

Liedbeispiel für den Wechselgesang zwischen zwei gleich großen Gruppen:

Wenn der Topp aber nun ein Loch hat (Volkslied um 1740)

Gruppe 1

1. Wenn der Topp aber nun ein Loch hat, lieber Heinrich, lieber Heinrich.
2. Womit soll ich's aber zustoppn', lieber Heinrich, ...
3. Wenn das Stroh aber nun zu lang ist, lieber ...
4. Womit soll ich's aber abhau'n lieber ...
5. Wenn das Beil aber nun zu stumpf ist, ...
6. Womit soll ich's aber scharf mach'n, lieber ...
7. Wenn der Stein aber nun zu trock'n ist, ...
8. Womit soll ich'n aber naß mach'n, lieber...
9. Womit soll ich denn das Wasser holen, ...
10. Wenn der Topp aber nun'n Loch hat, ...

Gruppe 2

Stopf es zu, liebe, liebe Liese, liebe Liese stopf es zu.
Mit Stroh, liebe, liebe Liese, liebe Liese mit Stroh.
Hau es ab, liebe, liebe Liese, liebe Liese hau es ab.
Mit dem Beil, liebe, liebe Liese, liebe Liese mit dem Beil.
Mach es scharf, liebe, liebe Liese, liebe Liese mach ...
Mit dem Stein, liebe, liebe Liese, liebe Liese mit dem Stein.
Mach ihn naß, liebe, liebe Liese, liebe Liese mach ihn naß.
Mit dem Wasser, liebe, liebe Liese, liebe Liese ...
Mit dem Topp liebe, liebe Liese, liebe Liese mit dem Topp.
Laß es sein, dumme, dumme Liese, dumme Liese laß es sein.

Ist das Lied den Sängern unbekannt, kann die Liederarbeitung zunächst mit der ganzen Gruppe erfolgen. Anschließend wird der Wechselgesang mit verteilten Rollen geübt.

Es ist ebenso möglich, die Sänger von vornherein in zwei gleich große Gruppen zu teilen und mit beiden Gruppen die Liedteile getrennt zu üben.

Wenn der Wechselgesang in der ersten Strophe gut klappt, können die weiteren Strophen (evt. nach kurzem rhythmischen Sprechen des Textes) spontan im Wechsel gesungen werden.

b) Wechselgesang zwischen Vorsänger und Gesamtgruppe

Alle Lieder, die einen Refrainteil haben, können gut mit einem Wechselgesang zwischen Vorsänger und Gesamtgruppe ausgestaltet werden. Die Strophen werden dann von dem Vorsänger vorgetragen und der Refrain von der ganzen Gruppe gesungen. Hierzu eignen sich fast alle Lieder, deren Refrain sich von den Strophenteilen abhebt, z.B.:

– *Auf de schwäbsche Eisebahne,*
– *Mein Vater war ein Wandersmann,*
– *Ein Jäger aus Kurpfalz,*
– *Lustig ist das Zigeunerleben.*

Es ist nicht zu erwarten, daß sich in jeder Sängergruppe ein „Vorsänger" findet, denn diese Aufgabe erfordert ein gewisses Maß an Selbstsicherheit, auch bezüglich der eigenen Stimme. Die Angst vor dem „Vorsingen" kann man abschwächen, indem anstelle von nur einer Person zwei oder drei Personen zusammen singen können, also eine Kleingruppe die Rolle des Vorsängers übernimmt.

Bei bekannten Liedern fällt es den Vorsängern leichter, die Strophenteile vorzutragen.

Ist das Lied den Sängern **unbekannt**, kann die Anleiterin zunächst den Refrain mit der Gesamtgruppe einüben (siehe Kap. IV.1. „Liederarbeitung" S. 22 ff.) und selbst die Strophenteile singen. Auf diese Weise wird der Refrain durch ständige Wiederholung gut geübt und die Gruppe bekommt bereits die Melodie der Strophen ins Ohr.

Dann singen alle Sänger die Strophen, denn so fühlen sich die „Vorsänger" beim Einüben sicherer, und die übrigen Sänger langweilen sich nicht.

Wird das Lied dann von allen Sängern sicher beherrscht, können die Strophenteile von den Vorsängern alleine gesungen werden. Die Gesamtgruppe setzt nur beim Refrain ein.

Weitere Strophen können meist gleich vom Blatt gesungen werden. Wenn nötig, läßt die Anleiterin die Texte zunächst rhythmisch sprechen, bevor sie gesungen werden.

Ausgestaltungsmöglichkeiten von Liedern

Liedbeispiel für den Wechselgesang zwischen Vorsänger und Gesamtgruppe:

Lustig ist das Zigeunerleben (Volkstümlich aus dem Elsaß)

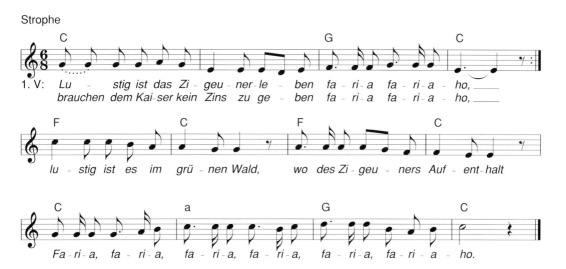

2. Vorsänger:
Sollt' uns einmal der Hunger plagen, faria, fariaho,
gehn wir uns ein Hirschlein jagen, faria, fariaho.
Hirschlein nimm dich wohl in acht, wenn des Jägers Büchse kracht.
2. Refrain: Faria, …

3. Vorsänger:
Sollt' uns einmal der Durst sehr quälen, faria, fariaho,
gehn wir hin zur Wasserquelle, faria, fariaho.
Trinken Wasser wie Moselwein, meinen, es dürfte Champagner sein.
3. Refrain: Faria, …

4. Vorsänger:
Wenn wir auch kein Federbett haben, faria, fariaho,
tun wir uns ein Loch ausgraben, faria, fariaho,
legen Moos und Reisig rein, das soll uns ein Federbett sein.
4. Refrain: Faria, …

(Bei diesem Lied kann die Gesamtgruppe auch bei „faria, fariaho" in den Strophenteilen mit einstimmen.)

Ausgestaltungsmöglichkeiten von Liedern

4. Instrumentalbegleitung

Eine abwechslungsreiche Ausgestaltung von Liedern kann auch mit Instrumenten zum Gesang erfolgen. Es wird hierbei unterschieden zwischen

– der einfachen **rhythmischen Liedbegleitung (a)** und
– der ausdrucksvolleren, aber auch schwierigeren **harmonischen Liedbegleitung (b)**.

Auf die melodische Liedbegleitung wird nicht näher eingegangen, da nur selten jemand im Alten- und Pflegeheim ein Melodieinstrument wie Klavier, Mundharmonika, Flöte, Akkordeon oder ähnliches so beherrscht, daß er Liedmelodien sicher begleiten kann. Sollte dennoch ein Melodieinstrument vorhanden sein, welches ein Teilnehmer oder die Anleiterin spielen kann, wird die Singgruppe davon profitieren, denn eine gute Melodiebegleitung hilft auch unsicheren Sängern kräftig mitzusingen.

In meiner Praxis hatte ich nur einmal für wenige Wochen einen älteren Herrn aus der Rehabilitationsabteilung in der Gruppe, der mit seinem Akkordeon unseren Gesang begleitete und uns allen viel Freude bereitete. Er hat auch oft auf der Station mit seinem Instrument die Mitbewohner unterhalten. Inzwischen hat er das Pflegeheim verlassen und ist wieder in seine alte Wohnung zurückgekehrt, aber die Gruppe erinnert sich immer noch gerne an ihn.

Liedbegleitung life

Ausgestaltungsmöglichkeiten von Liedern

Neu erlernt werden kann ein Melodieinstrument in wenigen Stunden nicht. Auch die einfach zu handhabenden Orffschen Melodieinstrumente wie *Xylophon* oder *Metallophon* setzen zu viel Koordinations- und Konzentrationsfähigkeit für ungeübte Spieler voraus, um im Tempo des Gesanges eine Liedmelodie zu begleiten.

Im folgenden werden deshalb nur Möglichkeiten der rhythmischen und harmonischen Liedbegleitung aufgeführt und zu entsprechende Vorschläge für ein Instrument gegeben.

Eine vollständige Auflistung von Instrumenten, die sich zum Musizieren mit alten Menschen eignen, sind ab S. 69 ff. aufgeführt. Einfache Vorschläge zum Instrumentenbau sind ab S. 70 ff. zu finden.

a) Rhythmische Liedbegleitung

Zur rhythmischen Liedbegleitung eignen sich vorwiegend rhythmisch betonte Lieder mit fröhlich-beschwingtem Charakter, z.B. Wanderlieder, Jagdlieder und Scherzlieder.

Mit der rhythmischen Instrumentalbegleitung wird der Rhythmus des Liedes verstärkt und hervorgehoben.

Besinnliche und getragene Lieder wie „*Am Brunnen vor dem Tore*" und „*Abendstille*" sollten nicht rhythmisch begleitet werden, da der ruhige Liedcharakter dadurch gestört würde.

Zur rhythmischen Liedbegleitung eignen sich alle – nicht zu lauten – Rhythmusinstrumente wie Hölzer, Rasseln, Schellen etc.

Da der Gesang nicht überdeckt werden darf, sollten erstens nicht zu viele Rhythmusinstrumente eingesetzt werden und zweitens das Musiziertempo jeweils von der Lautstärke der Instrumente abhängig gemacht werden.

So können beispielsweise:

Rasseln   = im schnellen Tempo,
Hölzer   = im mittleren Tempo und
Trommeln = im langsamen Tempo begleiten.

Die Anleiterin sollte bei der Instrumentenauswahl unbedingt darauf achten, daß die Instrumente auch zum Lied passen.

Es gibt verschiedene Möglichkeiten von rhythmischer Liedbegleitung, die im folgenden am Beispiel des Liedes „*Hoch auf dem gelben Wagen*" verdeutlicht werden. Da Notenkenntnisse des Lesers nicht vorausgesetzt werden können, werden die rhythmischen Begleitvorschläge nicht mit herkömmlichen Notenwerten, sondern mit Symbolen und leichtverständlichen Zeichen versehen. Nähere Zeichenerklärungen sind in Teil B „Musizieren", S. 86 ff. aufgeführt.

Ausgestaltungsmöglichkeiten von Liedern

Liedbeispiel für eine rhythmische Begleitung:

Hoch auf dem gelben Wagen (Text: R, Baumbach, Melodie: H. Höhne)

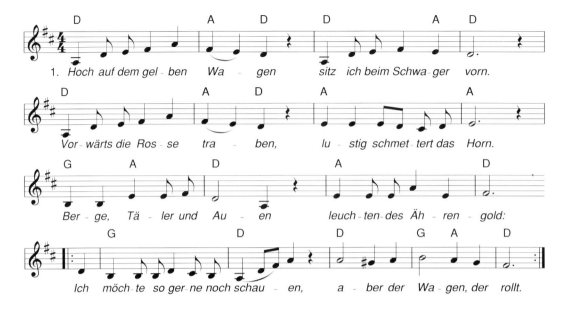

(1) Möglichkeiten rhythmischer Liedbegleitung

– **Begleitung im Liedrhythmus:**

Diese Begleitart fällt den Musikern (Sängern) in der Regel leicht, da sie im gleichen Rhythmus Singen und Musizieren. Auf jeden gesungenen Ton erfolgt ein rhythmischer „Schlag". Dies kann bei vielen Liedern sehr unruhig wirken, insbesondere bei Liedern mit schnellem Wechsel von kurzen und langen Tönen. Auch bei flotten Liedern „klappert" dann die Begleitung oft hinter dem Gesang her. Personen, die Lieder nur im Liedrhythmus begleiten können, sollten mit leisen Instrumenten – am besten *Hölzern oder Rasseln* – musizieren.

Beispiel: Begleitung im **Liedrhythmus**:

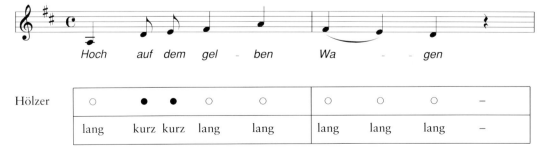

Ausgestaltungsmöglichkeiten von Liedern

– Begleitung im Grundschlag:

Diese Begleitart setzt mehr Konzentration und Rhythmusgefühl voraus, als die Begleitung im Liedrhythmus. Allerdings wird das Lied damit besser rhythmisch gestützt und die Begleitinstumente stören den Gesang weniger. Den Grundschlag bei einem Lied erkennt man, wenn gleichmäßig im Takt durchgezählt wird (die jeweilige Taktart ist am Anfang des Liedes notiert. Im folgenden zeigen die fettgedruckten Zahlen die Taktbetonungen an, die für die Grundschlagbegleitung verwendet werden sollten):

bei Liedern im 3/4-Takt = **1** 2 3, **1** 2 3, **1** 2 3 ...
bei Liedern im 6/8-Takt = **1** 2 3 **4** 5 6, **1** 2 3 **4** 5 6 ...
bei Liedern im 4/4-Takt = **1** 2 **3** 4, **1** 2 **3** 4 ...
bei Liedern im 2/4-Takt = **1** 2, **1** 2, **1** 2, **1** 2 ...

Bei der Begleitung im Grundschlag (doppelten/halben Grundschlag) wird **unabhängig vom Liedrhythmus** gleichmäßig im Takt mitgeklopft.

Es eignen sich alle Rhythmusinstrumente, mit denen je nach Lautstärke und Dominanz in halbem bis doppeltem Grundschlag begleitet wird.

Grundregel: Je lauter ein Instrument klingt, umso seltener sollte es bei der rhythmischen Begleitung zu hören sein!

Beispiel: Begleitung im Grundschlag:

Mögliche Begleitung:

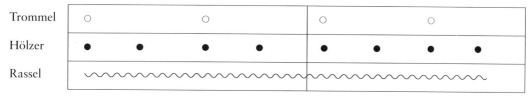

Unabhängig vom Gesang musizieren die Spieler im gleichmäßigen Taktrhythmus. Auf der Trommel werden die Taktbetonungen beim 4/4-Takt ausgeführt, d.h. es wird auf dem **1.** und **3.** Taktteil geklopft.

Solch eine Grundschlagbegleitung mit mehreren Instrumenten sollte mit einer ungeübten Gruppe vorweg in folgender Reihenfolge eingeübt werden:

– Zunächst gibt die Anleiterin dem Begleiter des Grundschlages **(Hölzer)** den Einsatz,
– dann kommt der halbe Grundschlag **(Trommel)** hinzu
– und zum Schluß der doppelte Grundschlag **(Rassel)**.

Ausgestaltungsmöglichkeiten von Liedern

Singen und Musizieren

(2) Methodische Anleitung rhythmischer Liedbegleitung

Die verschiedenen festgelegten **Begleitarten sollten immer zum Gesang geübt werden**. So passen sich Sänger und Spieler am besten einander an. Außerdem kann rechtzeitig erkannt werden, wenn z.B. zu viele Instrumente den Gesang überdecken.

- Günstig ist, zunächst mit den Rhythmusinstrumenten zu beginnen, die das mittlere Tempo des Grundschlages übernehmen **(Hölzer, Schellen)**.
- Dann können *Rasseln* mit dem doppelten Tempo hinzugenommen werden.
- Zum Schluß ist auszuprobieren, ob **Trommeln oder Becken** das halbe Tempo des Grundschlages übernehmen oder aber an besonders hervorzuhebenden Liedstellen eine Art „Tusch" geben sollen. In jedem Fall ist der Einsatz dieser Instrumente am schwierigsten, was auch bei der Auswahl der Spieler berücksichtigt werden muß.

Die rhythmische Liedbegleitung kann auch spontan nach dem Rhythmusgefühl der Spieler erfolgen. Es sollten dabei nicht mehr Personen musizieren als singen und nur wenige laute Instrumente eingesetzt werden.

Bei schwungvollen Liedern mit Refrain kann nur der Refrainteil mit Instrumenten begleitet werden. Die Strophen werden ohne Instrumentalbegleitung gesungen. So kommt der Liedtext der Strophen zur Geltung, und der ständig wiederholende Refrainteil wird rhythmisch verstärkt.

Ausgestaltungsmöglichkeiten von Liedern

b) Harmonische Liedbegleitung

Die harmonische Liedbegleitung ist schwieriger als die rhythmische Liedbegleitung und auch nur geeignet für konzentrations- und reaktionsfähige Teilnehmer. Da die begleitenden Töne harmonisch immer nur zu bestimmten Liedstellen passen und auch nur dort erklingen sollten, müssen die Musiker ganz genau auf ihren Einsatz achten. Doch bereichert diese Begleitung auch den Gesang. Durch die harmonische Stütze wird verhindert, daß die Sänger in tiefere Töne „abrutschen".

Auch die Rolle der Anleiterin ist bei dieser Begleitart schwieriger. Sie muß einmal genau wissen, wer wann spielen muß und außerdem den Spielern rechtzeitig durch Handzeichen und Blickkontakt ihre Einsätze geben.

Zur harmonischen Liedbegleitung eignen sich ganz besonders *Handchimes*[1]. Günstig sind aber auch *Klangbausteine aus Holz oder Metall* oder einzelne Töne auf *Xylophon* und *Metallophon* (siehe „Melodieinstrumente" S. 74).

Die Instrumente sollten möglichst in Alt- bis Baßlage ausgewählt werden, da der hohe Sopranklang der Stimmlage älterer Menschen nicht gut entspricht.

Die Teilnehmerin begleitet auf Handchimes ein Lied.

---

[1] *Handchimes* sind Metallröhren verschiedener Länge und Tonhöhe, an denen jeweils ein Klöppel befestigt ist. Diese Instrumente sind besonders geeignet für Personen mit Halbseitenlähmung und Koordinationsproblemen. Denn Handchimes können mit nur einer Hand gespielt werden und genaues Zielen ist nicht erforderlich, um einen klaren Ton zu erzeugen. Handchimes sind bei der Firma *Madllets*, M. und E. Lenniger, Eichenstraße 22 in 47228 Duisburg zu beziehen.

Ausgestaltungsmöglichkeiten von Liedern

(1) Möglichkeiten der harmonischen Liedbegleitung

In vielen Liederbüchern sind über den Liednoten Buchstaben notiert. Diese entsprechen dem Grundton des Akkordes (Dreiklang), der sich an der jeweiligen Liedstelle gut zur Begleitung eignet. Gitarrenspieler haben es leicht, eine solche „Gitarrenschrift" in Akkordgriffe umzusetzen. Jeder neue Buchstabe zeigt einen neuen Akkord an. Bis zum nächsten Wechsel kann dieser Akkord beliebig oft (zum Liedrhythmus passend) gespielt werden. Das heißt auch, daß wenn in einem Takt keine Akkordangabe steht, der im vorherigen Takt angegebene Akkord immer noch gilt.
Zur harmonischen Liedbegleitung mit alten Menschen eignen sich solche Lieder, die mit nur 2, höchstens 3 verschiedenen Akkorden (notierten Buchstaben) zu begleiten sind und deren Akkordwechsel nicht zu schnell erfolgen.

Es müssen nicht immer alle drei Töne des Akkordes gespielt werden. Auch wenn nur der Ton gespielt wird, dessen Buchstabe angegeben ist, entsteht ein harmonischer Klang.

Bei dem Lied *„Am Brunnen vor dem Tore"* wären dies die Töne: **C, G** und **F**.

Liedbeispiel:
Am Brunnen vor dem Tore (1822 entstanden, Text: W. Müller, Melodie: Fr. Schubert)

Ausgestaltungsmöglichkeiten von Liedern

Um den gesamten Akkord spielen zu können, muß man selbst wissen, welche weiteren Töne dazugehören. Dies kann der folgenden Aufstellung entnommen werden:

DUR	G	D	A	E	H	Fis	C	F	B	Es	As
	E	H	Fis	Cis	Gis	Dis	A	D	G	C	F
	C	G	D	A	E	H	F	B	Es	As	Des
MOLL	e	h	fis	c	g	a	d	cis	gis		
	c	g	d	as	es	f	b	a	e		
	a	e	h	f	c	d	g	fis	cis		

Auf weitere Erklärungen soll an dieser Stelle verzichtet werden, da dazu musikalische Fachkenntnisse notwendig sind.

(2) Methodische Anleitung harmonischer Liedbegleitung

Wichtigste Voraussetzung ist, den Einsatz von Melodieinstrumenten zur Harmoniebegleitung so zu planen, daß ohne Vorkenntnisse und Üben ein Musizieren möglich ist. Gerade vor Melodieinstrumenten weichen ältere Menschen oft zurück, da sie vermuten, nicht gut genug darauf spielen zu können. Die Instrumente sind ihnen außerdem fremd. Mit Einzeltönen wie *Handchimes* oder *Klangbausteinen* lassen sich leichter Hemmungen überwinden, als mit großen mehrtönigen *Xylophonen* oder *Metallophonen*. Da für eine einfache harmonische Begleitung nur Einzeltöne erforderlich sind, kann man aber auch alle übrigen Töne, die nicht genutzt werden, aus diesen Instrumenten entfernen. Wichtig ist, daß jeder Teilnehmer die Möglichkeit hat, sein Instrument zunächst einmal auszuprobieren, bevor eine angeleitete Liedbegleitung erfolgt. Gerade beim spielerischen Umgang mit dem Instrument kann die Anleiterin schon sehen, wer genügend motorische Fähigkeiten besitzt, um später ein gemeinsam gesungenes Lied zu begleiten.

Wer zum ersten Mal eine Liedbegleitung anleitet, sollte sich ein Lied aussuchen, das mit nur 2, höchstens 3 Tönen begleitet werden kann. Entsprechend sind nur 2 oder 3 Personen zum Musizieren auszuwählen, die jeweils einen Ton erhalten. Die übrigen Teilnehmer singen dann das Lied. Die Anleiterin selbst sollte mit dem Lied vertraut sein und nach Möglichkeit auswendig wissen, wann welcher Begleitton erfolgen muß. Sie hat die schwierige Aufgabe, den Spielern die richtigen Einsätze zu geben. Dies erleichtert sie sich, indem sie die Spieler möglichst nahe zusammensetzt und z.B. vor deren Füße einen Zettel legt, auf dem der jeweils gespielte Ton oder Akkordname deutlich notiert ist. So kann sie mit einem kurzen Blick erkennen, wer was spielt. Wichtig ist, daß sie den Spielern recht früh ihre Einsätze gibt, denn je nach Instrument muß z.B. noch das Anheben des Klöppels zeitlich berücksichtigt werden.

Ein Probespiel zunächst ohne Gesang ist zweckmäßig, damit sich die Spieler an ihre Einsätze gewöhnen, ohne schon das Liedtempo einhalten zu müssen.

Ausgestaltungsmöglichkeiten von Liedern

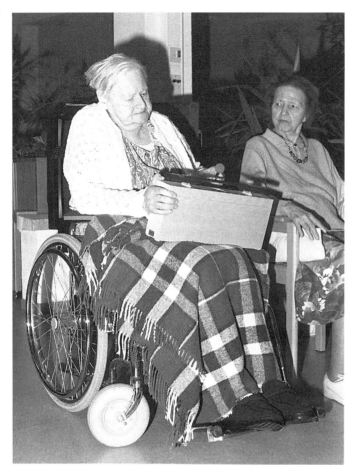

Vor der Liedbegleitung wird das Instrument zunächst ausprobiert.

An dem folgenden Liedbeispiel wird die methodische Anleitung zur harmonischen Liedbegleitung veranschaulicht.

Liedbeispiel:
Schön ist die Welt (volkstümlich)

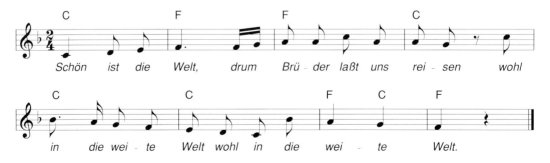

Ausgestaltungsmöglichkeiten von Liedern

Für die harmonische Begleitung werden die Einzeltöne F und C benötigt.

Entsprechend werden 2 Personen ausgewählt, die in der Lage sind, auf Zeichen der Anleiterin „ihren" Ton zu spielen (Frau X spielt den Ton F und Herr Y den Ton C).

Die **Harmonieabfolge** wäre bei obigem Lied: C F F C C C f c F

(Die kleinen Buchstaben f und c sollen dem Leser zeigen, daß die Töne schneller nacheinander erfolgen, da innerhalb des Taktes ein Harmoniewechsel erfolgt.)

Sinnvoll ist es, diese Harmonieabfolge zunächst **ohne Gesang** mit den beiden Musikern **zu üben**. Ungeübte Anleiterinnen sollten sich zu jedem Lied, das harmonisch begleitet wird, grundsätzlich die Harmonieabfolge (gegebenenfalls mit Liedtext) getrennt von den Noten notieren. Dies sollte für alle Strophen des Liedes vorgenommen werden. So kann die Anleiterin durch einen kurzen Blick auf den Text erkennen, wer an welcher Stelle seinen Einsatz benötigt.

Wichtig bei der harmonischen Liedbegleitung ist auch, daß der **Anfangston des Liedes** von den Teilnehmern in der richtigen Höhe gesungen wird (hier ist es der Ton C), da sonst Begleitung und Gesang nicht harmonieren. Deshalb sollte dieser Ton kurz angespielt werden, um den Sängern eine Orientierung zu ermöglichen. Die Anleiterin geht dann folgendermaßen vor:

– Zunächst übt sie mit den Musikern schnelles Reagieren auf die Einsätze (möglichst in der Harmonieabfolge des Liedes).
– Dann wird das Lied langsam von der Gruppe gesungen (Anfangston, s. o.) und die Anleiterin gibt den Musikern entsprechend ihre Einsätze.
– Bevor weitere Strophen gesungen werden, sollte die 1. Strophe wiederholt werden.

Nach einiger Zeit ist es – je nach Harmoniegefühl der Musiker – möglich, daß sie ihre Einsätze auch selbst schaffen.

5. Bewegungslieder

In Bewegungsliedern oder Tanzliedern werden Gesang und Körperbewegung kombiniert. Aus unserer Kindheit sind uns Tanzlieder wie *„Zeigt her eure Füße, zeigt her eure Schuh"* und *„Ringel Ringel Rose"* sicher noch in Erinnerung. Doch sollte man solche sehr kindlichen Lieder alten Menschen nicht zumuten, es sei denn, sie wünschen es ausdrücklich.

Leider gibt es bisher nur wenige geeignete Bewegungslieder für alte Menschen (siehe auch S. 49 ff.). *„Ein kleiner Matrose"* oder *„Mein Hut der hat drei Ecken"* sind erfahrungsgemäß recht beliebt. Jeder bemüht sich, alle Bewegungen zur rechten Zeit auszuführen. Gerade die Kombination von Gesang und Bewegung ergibt ein gutes

Ausgestaltungsmöglichkeiten von Liedern

„... das seh'n wir auch den Rädern ab ..." (Bewegungslied „Das Wandern ist des Müllers Lust", siehe S. 52)

Konzentrations-, Reaktions- und Koordinationstraining. Doch darf nicht übersehen werden, daß Gesang mit gleichzeitiger Körperbewegung auch anstrengend ist. Im Altenpflegebereich sollten deshalb neben Singen keine Ganzkörperbewegungen, sondern Bewegungen im Sitzen erfolgen.

a) Erfinden von Bewegungsliedern

Von einer kreativen Gruppe können auch neue *Bewegungslieder selbst erfunden werden.*
Dies ist deshalb sinnvoll, weil die erfundenen Bewegungen an den Möglichkeiten der Gruppenmitglieder orientiert sind. Besonders geeignet sind Wanderlieder, die durch ihren „Marschrhythmus" zur Körperbewegung auffordern. Wichtig ist jedoch, daß die Anleiterin sich trotzdem gründlich vorbereitet. Kreativität ist bei vielen Heimbewohnern durch ihre wenig selbstbestimmte Lebensweise nur gering vorhanden. So kann es passieren, daß aus einer Gruppe nur wenige oder gar keine Vorschläge kommen. Die Anleiterin sollte dann selbst einige Ideen parat haben, um die Gruppe weiterzubringen und helfend zu unterstützen. Möglichst jeder Vorschlag von seiten der Teilnehmer sollte jedoch aufgegriffen werden.

b) Methodische Erarbeitung von Bewegungsliedern

Bei Bewegungsliedern sind Gesang und Körperbewegung aneinander gekoppelt, das heißt zwei verschiedene Tätigkeiten werden gleichzeitig ausgeführt. Soll ein solches Lied mit einer Gruppe eingeübt werden, ist zu überlegen, ob **zunächst das Lied und danach die Bewegungen erarbeitet werden oder umgekehrt**.

Da in Bewegungsliedern der Liedtext jeweils Grundlage und gedankliche Stütze für die entsprechenden Bewegungen ist, ist es sinnvoller, zunächst das Lied einzuüben. Anschließend können nach und nach die vorgesehenen Bewegungen zum Gesang erarbeitet werden.

Bei einigen Bewegungsliedern, z.B. „Das Wandern ist des Müllers Lust", oder „Mein Hut der hat drei Ecken" sind Liedmelodie und -text im allgemeinen bekannt, so daß nur die Bewegungen geübt werden müssen.

Ist das Lied den Teilnehmern **unbekannt**, kann auch von vornherein **Bewegung und Gesang zusammen** erarbeitet werden. Dies geschieht dann abschnittsweise.
Da diese Lieder ein hohes Maß an Konzentration erfordern, dauert die Übezeit oft länger und die Liedteile müssen häufiger wiederholt werden.

Es sollten möglichst nicht mehr als **drei Bewegungen** nacheinander eingeübt werden. Wenn diese sicher durchgeführt werden, können weitere hinzugenommen werden.

Wichtig ist, daß die Anleiterin immer die Bewegungen selbst mit ausführt, denn so können sich Teilnehmer, die sich die Bewegungsabläufe nicht einprägen können, immer an ihr orientieren und mitmachen.

Viele demente Personen sind mit der Ausführung von zwei Tätigkeiten gleichzeitig völlig überfordert. Sie beschränken sich meist nur auf das Singen oder das Bewegen. Bei einigen Teilnehmern ist auch zu beobachten, daß sie wohl versuchen, beides zu machen, doch die Bewegungen erfolgen viel zu spät. Sie orientieren sich an den Bewegungen der Gruppenmitglieder und imitieren diese, wodurch eine zeitliche Verzögerung entsteht.

Die Anleiterin sollte sich nicht das Ziel setzen, daß sich alle Teilnehmer zum Gesang synchron bewegen. Dies ist in einer gemischten Gruppe mit verschiedenen Krankheitsbildern meist gar nicht möglich. Jeder soll Spaß an solchen Liedern haben und sich so einbringen, wie ihm dies körperlich und geistig möglich ist.

Ausgestaltungsmöglichkeiten von Liedern

6. Erfinden von neuen Liedtexten

Feste im Altenheim, Ehrungen besonderer Personen oder Geburtstagsfeiern können Anlaß sein, mit der Musikgruppe für die bestimmte Person oder Feier (Jubiläum, Faschingsfest) zu dichten. Besonders günstig ist es, solch ein selbstgemachtes Gedicht auf eine bekannte Melodie, möglichst mit einem eingängigen Refrain, als Programmteil vorzutragen. Bekannte Lieder mit selbsterfundenem Text bereiten den Zuhörern besondere Freude, da die Refrainteile von allen spontan mitgesungen werden können.

Selbst wenn das gemeinsame Dichten oft großen Spaß macht, kann eine solche Aufgabe nicht jeder Gruppe gestellt werden. Ebenso wie beim Erfinden von neuen Bewegungsliedern sind auch hier Kreativität des Einzelnen und Gruppensicherheit vorauszusetzen.

a) Geeignete Lieder

Günstig zum Erfinden neuer Liedtexte sind **bekannte, fröhliche Lieder**, die nicht zu lang sein dürfen und einen eingängigen Refrain haben, der möglichst nur auf Silben gesungen wird, wie z. B.:

- *Auf de schwäbsche Eisebahne*   *trulla, trulla*
- *Ein Mann, der sich Kolumbus nannt*   *Gloria, victoria, widdewiddewit*
- *Eine Seefahrt, die ist lustig*   *Hollahi*
- *Und jetzt gang i ans Brünnele*   *Holladi holleradihia*

Der Refrainteil kann bei den bekannten Liedern spontan mitgesungen werden und benötigt keinen Text. Die Strophenteile erhalten dann je nach Lied zwei bis vier neue Reime.

Z.B. kann das Lied „*Ein Mann, der sich Kolumbus nannt*" zum Jubiläum des Heimleiters einen neuen Text erhalten:

„*Ein Mann, der sich Herr Krause nannt, widdewiddewitt bum bum,*
ist allen hier im Haus bekannt, widdewiddewitt bum bum,
niemand bleibt für ihn außen vor, für alles hat er stets ein Ohr.
Gloria, victoria, widdewiddewitt bum heißaßa, …"

Oder es kann folgende Neudichtung des bekannten Liedes „*Und jetzt gang i ans Brünnele*" bei einem Fest im Altenheim vorgetragen werden:

„*Heute singen wir ein Liedchen zu dem Fest hier im Haus,*
(*Und jetzt gang i ans Brünnele und jetzt trink i an Wein*)

selbst wenns krumm oder schief klingt, ja das macht uns nichts aus.
(*und da hör i an Guggu aus der Moosbuden schrein*)

Holladi Holleria holla hollera guggu …".

Gerade dieses Lied eignet sich ganz besonders gut zum Dichten neuer Strophen. Es stammt aus der Steiermark und hat im süddeutschen Raum im Laufe der Jahre viele neue Strophen erhalten, die vor allem auch den jüngeren Menschen bekannt sind, z.B.:

„*Und der Fritz in der Schule, schrieb im Aufsatz 'ne vier,
und dann spielte sein Vater auf dem Südpol Klavier.
Holladi...*"

b) Methodische Anleitung zum Erfinden neuer Liedtexte

Wichtige Voraussetzung ist zunächst, daß alle Teilnehmer die Liedmelodie sicher beherrschen. Bevor neue Strophen gedichtet werden, ist zu überlegen, ob der Refrainteil so übernommen werden kann, wie er im Originallied gesungen wird, oder ob auch hierfür ein neuer Text gefunden werden muß.

In jedem Fall sollten neue Texte zunächst für den in der Regel leichteren Refrainteil und danach erst für die verschiedenen Strophen gedichtet werden. Hilfreich hierfür ist, den Originaltext rhythmisch zu sprechen, um den für das Dichten nötigen Sprachrhythmus zu verdeutlichen. Die neuen Texte sollten sich möglichst reimen.

Es können zwei Verse hintereinander einen Reim bilden (siehe oben). Schwieriger ist es, wenn bei einem Vierzeiler sich 1. und 3. sowie 2. und 4. Vers reimen sollen.
Ist ein neuer Text gefunden, sollte ausprobiert werden, ob er auf den Liedrhythmus paßt, denn Sprachrhythmus und Liedrhythmus müssen übereinstimmen. Ist dies nicht der Fall, kann durch Hinzufügen oder Wegstreichen von unwichtigen Satzteilen oder durch eine neue Satzstellung der Sprachrhythmus korrigiert werden.

V. Ausgearbeitete praktische Vorschläge

1. Lieder

a) Hinweise zur Anwendung

Im folgenden werden einige bekannte, aber auch unbekanntere Lieder vorgestellt, die sich erfahrungsgemäß zum Singen und Musizieren mit alten Menschen gut eignen. Es konnte aus Platzgründen nur eine kleine Auswahl getroffen werden. Selbstverständlich sind viele andere Lieder ebenso gut zum Singen wie zur musikalischen Ausgestaltung geeignet. Die Anleiterin soll zunächst mit den ausgearbeiteten Liedvorschlägen die Möglichkeit erhalten, praktische Erfahrungen zu sammeln, um anschließend selbst Lieder auszuwählen und Ausgestaltungsmöglichkeiten auszuprobieren.

Zu allen folgenden Liedern werden **Liederarbeitungsvorschläge** gegeben, da nicht immer davon auszugehen ist, daß alle Teilnehmer die Lieder sicher singen können. Außerdem werden zu jedem vorgestellten Lied **Ausgestaltungsmöglichkeiten** angeboten. Dies können je nach Lied Wechselgesang, rhythmische oder harmonische Instrumentalbegleitung sein (siehe S. 22 ff.).

b) Vorschläge zur verschiedenen Liedern

(1) Heho, spann den Wagen an (mündlich überliefert, aus England)

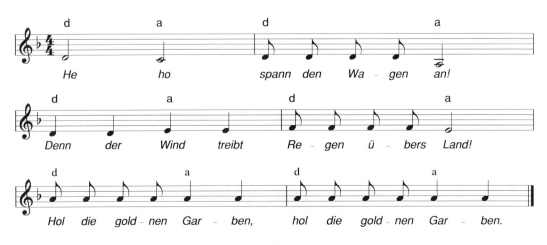

Praktische Vorschläge (Singen)

(a) Liederarbeitung

Schwierigkeitsgrad: Leicht

- Rhythmisches Sprechen des ganzen Liedes.
- Singen des Liedtextes auf Melodie (Vor- und Nachsingeverfahren, immer 2 Takte mehr, s.o.).
- Singen des ganzen Liedes.

(b) Ausgestaltungsmöglichkeiten

Rhythmische Begleitung

Eine rhythmische Begleitung ist bei diesem getragenen Herbstlied nicht sinnvoll!

Harmonische Begleitung

Schwierigkeitsgrad: Leicht

- Bei dieser einfachen Liedbegleitung können auch schwächere TN gut mitmachen.
- Das Lied ist harmonisch so aufgebaut, daß es im regelmäßigen Wechsel mit den Baßtönen D (Akkord d-moll) und A (Akkord a-moll) begleitet werden kann.
- Als Instrumente eigenen sich: Xylophon, Metallophon, Handchimes, Baßklangstäbe mit jeweils den Tönen D und A.
- Anfangston: D.

Begleitungsabfolge:

d	a	d	a
He - - - - - - - - - - - - - - - Denn der Hol die goldnen	ho Wind treibt Garben.	spann den Wagen Regen übers Hol die goldnen	an! Land! Garben!

Praktische Vorschläge (Singen)

(2) Mensch sing mit (Text und Melodie nach Clemens Bittlinger)

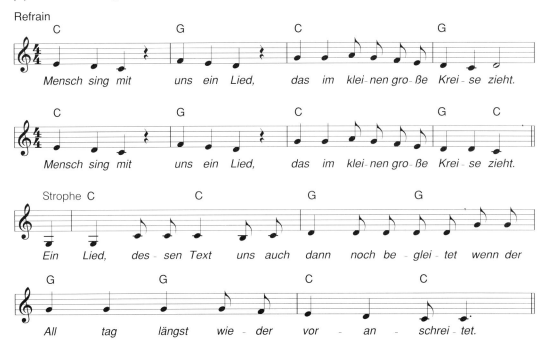

2. Wer Lieder singt, merkt, Musik befreit, alles, was uns drängt, hat auf einmal Zeit.
3. Eine kleine Melodie, die auch dann noch schön klingt, wenn jemand sie leicht daneben singt.

(a) Liederarbeitung

Schwierigkeitsgrad: Leicht

- Refrain im Nachsingeverfahren einüben. (L singt abschnittweise das Lied vor, TN singen nach).
- Strophen zunächst rhythmisch sprechen, dann den Text auf die Melodie singen.
- Nach jeder Strophe den Refrain wiederholen.
- Das ganze Lied durchsingen mit Refrain zwischen den Strophen.

(b) Ausgestaltungsmöglichkeiten

Wechselgesang

Schwierigkeitsgrad: Leicht

Das Lied eignet sich gut für den Wechselgesang zwischen Vorsänger (Kleingruppe) und Gesamtgruppe.

Die Vorsänger singen die Strophenteile, die Gesamtgruppe den Refrain.

Praktische Vorschläge (Singen)

Rhythmische Begleitung

Schwierigkeitsgrad: Leicht

Die Refrainteile werden frei mit Rhythmusinstrumenten (*Schellen*, *Rasseln* und wenigen *Hölzern*) begleitet.

Harmonische Begleitung

Schwierigkeitsgrad: Leicht

Das ganze Lied kann mit den Baßtönen **C** und **G** begleitet werden. Die Anleiterin wählt zwei geeignete Personen aus, die die Baßbegleitung ausführen können (*2 Xylophone* oder *2 Klangbausteine* C und G oder *Handchimes* C und G). Die Spieler sollten so sitzen, daß ihnen die Anleiterin gut die Einsätze geben kann.

Zunächst sollte mit dem Refrain begonnen werden, da hier nur der gleichmäßige Wechsel zwischen den Baßtönen C und G erfolgt.

Anfangston: E

Begleitabfolge zum Refrain:

C	G	C	G	
Mensch sing mit,	uns ein Lied,	das im kleinen große Kreise		zieht,
C	G	C	G	C
Mensch sing mit,	uns ein Lied,	das im kleinen große Kreise		zieht.

Da der Refrain recht einfach zu begleiten ist, können die zwei Spieler, sofern sie Blickkontakt zueinander haben, nach kurzem Üben auch ohne Einsatzgabe spielen.

Die Strophen sollten möglichst von zwei anderen Personen mit weiteren Instrumenten begleitet werden, da die Abfolge anders ist als beim Refrain. Ist dies nicht möglich, kann auch nur der Refrain harmonisch begleitet werden, während die Strophen von allen gesungen werden.

Begleitabfolge zu den Strophen:

     C   C   G   G
1. Ein Lied, dessen Text und auch dann noch begleitet,
   G   G   C   C
   wenn der Alltag längst wieder voranschreitet.

     C   C   G   G
2. Wer Lieder singt, merkt Musik befreit,
   G   G   C   C
   alles was uns drängt hat auf einmal Zeit.

     C   C   G   G
3. Eine kleine Melodie, die auch dann noch schön klingt,
    G   G   C   C
   wenn jemand sie leicht daneben singt.

Praktische Vorschläge (Singen)

(3) Ja, mein Schatz ist wunderschön (Melodie aus Finnland, dt. Text: R. Köpfer)

1. Gruppe	2. Gruppe
2. Sie ist edlem Weine gleich, leuchtend rot im Glase.	Zwar sind ihre Wänglein bleich, dafür glüht die Nase.
3. Ach ihr Auge himmelblau, läßt mich Wonne fühlen.	Sieht sie mich auch nicht genau, dafür kann sie schielen.
4. Ihrem elfengleichen Gang, huldigt fast ein jeder.	Ist ihr Fuß auch etwas lang, knapp ein halber Meter.
5. Goldne Haare, zart und lind, hat sie wie sonst keine.	Daß es aber falsche sind, weiß nur ich alleine.
6. Schöner wird sie jeden Tag, geht recht in die Breite.	Nehm' sie, wer sie nehmen mag, denn ich such' das Weite.

(a) Liederarbeitung

Schwierigkeitsgrad: Leicht bis mittelschwer

Erarbeitungsvorschlag

Sinnvoll ist der Einsatz von Liedblättern, da sehr viel Text zu singen ist.
– Rhythmisches Sprechen des Textes (möglichst gleich in zwei Gruppen).
– Singen der Melodie, zunächst nur den ersten Teil (Gruppe 1) und dann den zweiten Teil (Gruppe 2).
– Gemeinsam den Refrain mit Text im Vor- und Nachsingeverfahren einüben.
– Erste Strophe mit Refrain ganz durchsingen.

Praktische Vorschläge (Singen)

– Weitere Strophen zunächst rhythmisch sprechen und dann singen. (Falls möglich, können die Strophen auch direkt vom Blatt abgesungen werden.)

(b) Ausgestaltungsmöglichkeiten

Wechselgesang

Schwierigkeitsgrad: Leicht

Das Lied eignet sich durch den Textaufbau hervorragend zum Wechselgesang zwischen zwei Gruppen. Es ist davon auszugehen, daß alten Menschen dieses finnische Volkslied unbekannt ist. So ist in jedem Fall eine Liedererarbeitung nötig, bei der, wie oben beschrieben, bereits das Lied in zwei Gruppen eingeübt wird.

Rhythmische Begleitung

Schwierigkeitsgrad: Leicht

Hier ist es sinnvoll, nur den Refrainteil rhythmisch zu begleiten, da der Einsatz von Rhythmusinstrumenten den Text der Strophenteile eventuell überdecken würde.
Die rhythmische Begleitung kann mit *Schellenkranz, Glöckchen, Rasseln* und *Hölzern* erfolgen.

Harmonische Begleitung

Schwierigkeitsgrad: Leicht

Das Lied eignet sich sehr gut für eine harmonische Begleitung auch mit einer ungeübten Gruppe. Mit nur zwei Baßtönen (E und H) kann das ganze Lied begleitet werden.

Dies kann zum einen im Tempo der Hölzer (s.o. „Rhythmische Begleitung") ein gleichmäßiger Wechsel zwischen den Tönen E und H sein oder aber wie oben im Lied angegeben erfolgen.

Besonders leicht an diesem Lied ist, daß die harmonische Abfolge immer gleichmäßig E H E H E H usw. ist und die Spieler einen festen Rhythmus einhalten.

Bei der Begleitung ist es sinnvoll, jeweils von einer Person beide Töne im Wechsel spielen zu lassen. Vielleicht sind so viele Instrumente vorhanden, daß die beiden Baßtöne mehrmals vergeben werden können und dann die Begleitung auf zwei Weisen erfolgen kann:

Anfangston: G

e	H	e	H	e	H	e	H
e H Ja mein	e H Schatz ist	e H wunder	e H schön,	e H ich lieb	e H sie schon	e H lang -	e H ge ... usw.

(Refrain ebenso)

Praktische Vorschläge (Singen)

(4) Bald gras ich am Neckar (Text und Melodie aus Süddeutschland um 1830)

(a) Liederarbeitung

Schwierigkeitsgrad: Leicht

Es kann davon ausgegangen werden, daß dieses Lied weitgehend bekannt ist. Für Teilnehmer, die dieses Lied nicht kennen sollten, genügt es, jede Strophe zunächst rhythmisch zu sprechen und sie dann jeweils zu singen.

(b) Ausgestaltungsmöglichkeiten

Harmonische Liedbegleitung

Schwierigkeitsgrad: Leicht

– Bei dieser einfachen Liedbegleitung können auch schwächere TN gut mitmachen.
– Das Lied ist harmonisch so aufgebaut, daß es im regelmäßigen Wechsel mit den Baßtönen G (G-Dur) und C (C-Dur) begleitet werden kann.
– Als Instrumente eignen sich: Handchimes, Baßklangstäbe, Xylophon, Metallophon mit jeweils den Tönen G und C.
– Anfangston: E.

2. Bewegungslieder

a) Hinweise zur Anwendung

Im folgenden werden einige Bewegungslieder vorgestellt, die bei älteren Menschen erfahrungsgemäß beliebt sind.

Sie sind zum Teil von Pflegeheimbewohnern und Altenpflegeschülern erfunden und nach den durchschnittlichen Fähigkeiten alter Menschen ausgerichtet.

Praktische Vorschläge (Singen)

Zu den Bewegungsliedern werden jeweils methodische Vorschläge gegeben zur Erarbeitung von Lied und Bewegung. Beim Lied „*Mein Hut der hat drei Ecken*" (S. 49) ist zusätzlich eine Konzentrationsübung und beim Lied „*Gymnastiklied*" (S. 54) eine weitere Ausgestaltungsmöglichkeit durch Wechselgesang vorgeschlagen.

b) Vorschläge zu verschiedenen Bewegungsliedern

(1) Mein Hut, der hat drei Ecken (Text: volkstümlich, Verfasser unbekannt, Melodie: neapolitanische Canzonetta »O cara mamma mia«)

Bewegungsablauf

Schwierigkeitsgrad: Leicht

Drei Bewegungen werden mit Armen und Händen zum Liedtext durchgeführt:

(a) Liederarbeitung

Schwierigkeitsgrad: Leicht

Die Teilnehmer und die Anleiterin sollten auf bequemen Stühlen im Kreis sitzen und zueinander Blickkontakt haben.

Das bekannte, einfach zu singende Lied ist am besten im Vor- und Nachsingeverfahren unter Einbeziehung der Bewegungen zu erarbeiten.

(b) Konzentrationsübung:

Schwierigkeitsgrad: Je nach Konzentrationsfähigkeit leicht bis mittelschwer

Pro Lieddurchgang wird jeweils ein Wort weniger gesungen und nur die entsprechende Bewegung durchgeführt: So wird das Lied zunächst ohne das Wort „*Hut*" gesungen, dann ohne die Wörter „*Hut*" und „*drei*", und zum Schluß werden die Wörter „*Hut*", „*drei*" und „*Ecken*" weggelassen.

Praktische Vorschläge (Singen)

(2) Ein kleiner Matrose (Text: Verfasser unbekannt, Melodie: W. Lyra)
(Melodie: Der Mai ist gekommen)

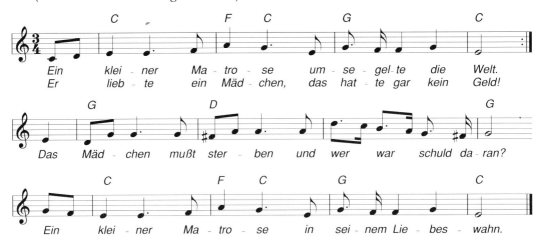

Ein kleiner Matrose umsegelte die Welt.
Er liebte ein Mädchen, das hatte gar kein Geld!
Das Mädchen mußt sterben und wer war schuld daran?
Ein kleiner Matrose in seinem Liebeswahn.

Bewegungsablauf

Schwierigkeitsgrad: Leicht bis mittelschwer
Alle erforderlichen Bewegungen werden mit Armen und Händen entsprechend zum Text ausgeführt (s. S. 51).

(a) Liederarbeitung

Schwierigkeitsgrad: Leicht bis mittelschwer

Erarbeitungsvorschlag A:

– L spricht den Text des Liedes langsam rhythmisch vor und macht die entsprechenden Bewegungen dazu.
– L erarbeitet abschnittweise das Bewegungslied über Text und Bewegung.
– L spricht den Liedtext immer schneller und die TN führen die Bewegungen entsprechend aus (spornt TN an, auch schnell alles richtig zu machen).
– Da die Liedmelodie bekannt ist, kann – wenn die Bewegungen und der neue Text sicher beherrscht werden – das Bewegungslied auch gesungen werden.
– Das Lied singen und die entsprechenden Bewegungen dazu durchführen.

Erarbeitungsvorschlag B:

– L singt einige Takte des Liedes „Ein kleiner Matrose" vor und die Gruppe soll erraten, um welche bekannte Liedmelodie es sich handelt.
– TN raten („Der Mai ist gekommen").
– Im Vor- und Nachsingeverfahren wird das ganze Lied mit den entsprechenden Bewegungen abschnittweise erarbeitet.
– Singen des ganzen Liedes und entsprechende Bewegungen ausführen.

Praktische Vorschläge (Singen)

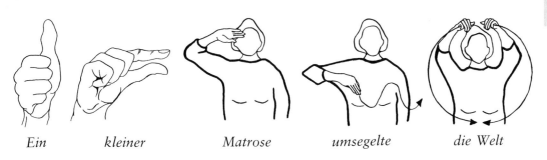

Ein   kleiner   Matrose   umsegelte   die Welt

 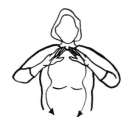 

er liebte   ein Mädchen   das hatte kein Geld

Das Mädchen   mußt sterben   und wer war schuld daran?

Ein   kleiner   Matrose   in seinem Liebeswahn

Praktische Vorschläge (Singen)

(3) Das Wandern ist des Müllers Lust (Text: W. Müller, Melodie: C. Fr. Zöllner)

Bewegungsablauf

Schwierigkeitsgrad: Mittelschwer

Die Bewegungen werden rhythmisch so ausgeführt, daß dieses Bewegungslied auch als Sitztanz bezeichnet werden kann. Sie untermalen das gesamte Lied und bleiben bis auf die jeweils erste Bewegung beim Strophenanfang in allen Strophen gleich (s. S. 51).

(a) Liederarbeitung

Da sehr viele Bewegungen ausgeführt werden, sollte eine längere Einübezeit eingeplant oder die Erarbeitung auf zwei Übetage verteilt werden. Das Volkslied „Das Wandern ist des Müllers Lust" ist in der Regel mit allen Strophen den Heimbewohnern bekannt, so daß das Einüben der Bewegungen im Vordergrund stehen sollte.

- Gemeinsames Singen der ersten Strophe (ohne Bewegung).
- TN machen Bewegungen des L nach.
- Abschnittweise ebenso alle Bewegungen einüben.
- Werden die Bewegungen zur ersten Strophe sicher beherrscht, ist es ratsam, zunächst eine Pause einzulegen und das Einüben weiterer Bewegungen zu den verschiedenen Strophen auf einen anderen Zeitpunkt zu verlegen, da die Gruppe sonst überfordert werden könnte.

Praktische Vorschläge (Singen)

Liedtext	Bewegung
1. Strophe	
Das Wandern ist des Müllers Lust	Füße marschieren auf der Stelle abwechselnd links und rechts im Rhythmus
… das Wa – an – dern 1 2 3	1 = Hände nach oben strecken 2 = Hände über dem Kopf zusammenklatschen 3 = Hände in den Schoß zurückfallen lassen
Das muß ein schlechter …	Hände im Wechsel auf Oberschenkel klopfen (doppeltes Tempo)
… das Wa – an – dern	s. o.
Das Wa a a a a andern	Angewinkelte Arme stellen Wanderbewegung dar, abwechselnd rechts und links
das Wandern, das Wandern	im Wechsel Arme nach oben strecken und in den Schoß zurückfallen lassen passend zum Liedrhythmus.
das Wa – an – dern	s.o.
2. Strophe:	
Vom Wasser haben wir's gelernt	Wasserbewegungen mit den Händen (horizontal) darstellen (siehe Abb. S. 51 bei dem Wort „umsegelte"), weiter wie erste Strophe
3. Strophe:	
Das sehn' wir auch den Rädern ab	Radbewegung mit den Händen darstellen (siehe Abb. rechts), weiter wie erste Strophe
4. Strophe:	
Die Steine selbst so schwer sie sind	Oberkörper im Wechsel nach rechts und links beugen und mit den Armen so tun, als würden schwere Steine hin und hergereicht.
5. Strophe:	
O Wandern, wandern	wie erste Strophe

Praktische Vorschläge (Singen)

(4) Gymnastiklied (Melodie: volkst. Text: Verfasser unbekannt, ergänzt von H. Harms)

Wir sind noch recht faul und sitzen müde im Kreis
doch mit der Gymnastik wird's uns dann schon heiß.

Refrain:
Nach vorne nach hinten, nach links und nach rechts,
nach oben nach unten, das ist gar nicht schlecht.
Hola di hi a, hol la di ho,
hol la di hop sa sa, hol la di ho.

2. Einer: Denn für uns'ren Kreislauf ist Gymnastik stets gut,
sie bringt uns in Schwung und schafft frisches Blut.
Alle: Nach vorne, nach hinten ...

3. Einer: Jetzt geht's uns schon besser und alle machen mit,
wir sind nicht mehr müde und fühlen uns fit.
Alle: Nach vorne, nach hinten ...

Bemerkung: Die Aufnahme des Gymnastikliedes auf der buchbegleitenden Musikkassette ist leider zu schnell, so daß ein Mitbewegen zur Musik nur bei körperlich fitten TN möglich ist.

Bewegungsablauf:

Die Strophen werden ohne Bewegungen gesungen, ebenso „Holladihia, holladiho ... usw."
Die unten aufgeführten Bewegungen werden, in allen Strophen gleich, bei „Nach vorne nach hinten ... usw."

Praktische Vorschläge (Singen)

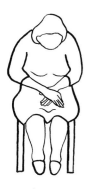  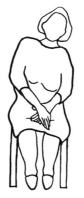 

Nach vorne   *nach hinten*   *nach links*   *und nach rechts*

 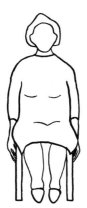 

nach oben   *nach unten*   *so machen wir's recht*

(a) Liederarbeitung

Die Teilnehmer und die Anleiterin sollten entweder auf bequemen Stühlen in Kreisform oder in Reihen sitzen.

Erarbeitungsvorschlag A

— L singt erste Strophe der Gruppe vor.
— TN machen bei *„nach vorne, nach hinten ..."* Bewegungen – die L vormacht – nach.
— Auf diese Weise singt L alle Strophen vor, und die TN singen beim Refrain mit und bewegen sich entsprechend.
— Der zweite Refrainteil *(„Holladihia ...")* kann mit Klatschen begleitet werden.

Praktische Vorschläge (Singen)

Erarbeitungsvorschlag B:

- L singt „*Nach vorne, nach hinten …*" vor und fordert TN auf, mitzusingen und Bewegungen nachzumachen.
- Wird dieser Refrainteil sicher beherrscht, kann gemeinsam „*Holladihia …*" (auf die gleiche Melodie) gesungen und geklatscht werden.
- Rhythmisches Sprechen der Strophen mit anschließendem Singen auf die Liedmelodie.

Schon während der Erarbeitungsphase können die Strophen von einer Person oder einer Kleingruppe gesungen werden, während die Gesamtgruppe nur den Refrain singt.

(b) Ausgestaltungsmöglichkeit

Wechselgesang

Schwierigkeitsgrad: Leicht

Das Lied eignet sich gut zum Wechselgesang zwischen Vorsänger oder Kleingruppe (Strophen) und Gesamtgruppe (Refrain). Die Erarbeitung erfolgt wie in „*Erarbeitungsvorschlag B*" beschrieben.

(5) Es klappert die Mühle am rauschenden Bach (um 1825, mündlich überliefert)

Praktische Vorschläge (Singen)

Der Text dieses Liedes stammt aus dem Jahre 1825 und wurde auf die Melodie des alten Volksliedes „*Es ritten drei Reiter zum Tore hinaus*" erfunden.

Bewegungsablauf:

Schwierigkeitsgrad: Leicht bis mittelschwer

Die Bewegungen zum Lied werden rhythmisch so ausgeführt, daß dieses Bewegungslied auch als Sitztanz bezeichnet werden kann.
Die angegebenen Bewegungen beziehen sich nur auf die 1. Strophe.

Liedtext	**Bewegung**
Es klappert die Mühle am rauschenden Bach,	mit der rechten und linken Hand im Wechsel auf die Oberschenkel klopfen (11 x)
klipp, klapp.	klatschen (2 x)
Bei Tag und bei Nacht ist der Müller stets wach,	mit der rechten und linken Hand im Wechsel auf die Oberschenkel klopfen (11 x)
klipp, klapp.	klatschen (2 x)
Er mahlet das Korn zu dem kräftigen Brot	Hände umeinanderdrehen
Und haben wir dieses, so hat's keine Not	Hände in die Hüften stützen und dabei schunkeln
klipp klapp, klipp klapp, klipp klapp.	klatschen (6 x)

Liederarbeitung: wie „Das Wandern ist des Müllers Lust", siehe S. 52.

Praktische Vorschläge (Singen)

(6) Muß i denn zum Städtele naus (Schwäbisches Volkslied)

Bewegungsablauf

Schwierigkeitsgrad: Mittelschwer (Koordination mit dem Partner, s. S. 57)

(a) Liederarbeitung

Schwierigkeitsgrad: Leicht bis mittelschwer

- Während die TN mit Hilfe des Pflegepersonals so im Raum plaziert werden, daß eine Gasse entsteht, singen alle das bekannte Lied „Muß i denn" (ohne entsprechende Bewegung).
- Anschließend erklärt L die Bewegung A und macht sie zum Liedtext passend vor. (Sing-unsichere Anleiter können auch den entsprechenden Liedtext rhythmisch zur Bewegung vorsprechen).
- TN machen Bewegung nach und singen dazu.
- L erklärt die Bewegung B und macht sie vor.
- TN machen beide Bewegungsteile nach und singen dazu.
- Bewegung C wird entsprechend erarbeitet.
- Durchführung des gesamten Bewegungsliedes.
 (Während der Anleitung muß sich L immer wieder vergewissern, ob alle TN die vorgemachten Bewegungen sehen können, da die Gassenform dabei manchmal hinderlich ist.)

Praktische Vorschläge (Singen)

Die Bewegungen zum Lied werden rhythmisch so ausgeführt, daß dieses Bewegungslied auch als Sitztanz bezeichnet werden kann.

Die angegebenen Bewegungen beziehen sich nur auf die 1. Liedstrophe.

Die TN sitzen in Gassenform einander gegenüber. Dabei sollten sich die gegenübersitzenden Partner die Hände reichen können.

Liedtext	**Bewegung**
	A
Muß i denn, muß i denn zum Städtele naus Städele naus	Marschierbewegung der Hände auf den Oberschenkeln im Wechsel rechts und links (dazu Fersen im Wechsel auf- und abheben)
	B
und Du	auf die Hände des Partners klatschen
mein Schatz	Hände zusammenklatschen
bleibst hier.	Hände in den Schoß fallenlassen.
	A
Wenn i komm, wenn i komm, wenn i wiederwieder komm, wiederwieder komm,	Marschierbewegung ... s.o.
	B
kehr i ein	auf die Hände des Partners klatschen
mein Schatz	Hände zusammenklatschen
bei dir.	Hände in den Schoß fallenlassen.
	C
Kann i gleich net all'weil bei Dir sein, han i doch mei Freud an dir;	Partner berühren sich an den Händen und schieben die Hände im Wechsel rechts/links vor und zurück.
	A
wenn i komm, wenn i komm, wenn i wiederwieder komm, wiederwieder komm,	Marschierbewegung ... s.o.
	B
kehr i ein	auf die Hände des Partners klatschen
mein Schatz	Hände zusammenklatschen
bei dir.	Hände in den Schoß fallenlassen

Teil B: Musizieren

I. Die Bedeutung des Musizierens für alte Menschen

1. Allgemeine Überlegungen

Musizieren, das kann ich nicht!

Singen, Musikhören und Tanzen sind Musikbereiche, die grundsätzlich jedem Menschen zugänglich sind, und in denen er im Laufe seines Lebens vielfältige Erfahrungen sammeln konnte. Anders ist dies beim Musizieren. Hier besteht oft die Vorstellung, daß das Spielen eines Instrumentes eine besondere Begabung sowie jahrelanges Üben voraussetzt, mit dem man möglichst schon in der Kindheit begonnen haben sollte. In der Generation der heute alten Menschen hatten hauptsächlich Kinder aus reichen, gut situierten Familien die finanziellen Möglichkeiten, sich ein Instrument sowie den dazu notwendigen Unterricht leisten zu können. Auch in der Schule beschränkte sich der Musikunterricht in der Regel auf das Singen, da technische Mittel wie Tonträger, Schallplatten, Instrumente u.ä. nicht zur Verfügung standen.

Dadurch waren die Menschen früher stärker darauf angewiesen, selbst Musik zu machen, um feiern und tanzen zu können. Hausmusik war füher viel stärker verbreitet als heute. So trifft man auch im Altenheim hin und wieder auf Personen, die sich in ihrer Jugend selbst ein Instrument, wie z.B. Mundharmonika, Akkordeon u.ä., beigebracht haben.

Heute ist das Erlernen eines Instrumentes nicht mehr weitgehend Privatsache oder einer bestimmten Gesellschaftsschicht vorbehalten. Öffentliche Institutionen wie Musikschule, Volkshochschule u.ä. bieten für jung und alt zahlreiche Möglichkeiten des Musizierens an. Trotzdem scheuen viele, selbst musikinteressierte Menschen den Aufwand, ein Instrument zu erlernen. So mancher fängt zunächst begeistert an, hört aber nach kurzer Zeit wieder auf, wenn er merkt, wie übungsintensiv das Erlernen von Noten und Spieltechniken ist. Auch bei alten Menschen sollte deshalb nicht unbedingt der Versuch gemacht werden, ihnen ein spieltechnisch aufwendiges Instrument beizubringen.

Bedeutung (Musizieren)

In diesem Kapitel werden daher Möglichkeiten des Musizierens aufgezeigt, bei denen jeder – auch ohne musikalische Vorkenntnisse und viel Übung – gleich mitspielen kann. Das Instrumentarium, mit dem dies möglich ist, sind in erster Linie die sogenannten Rhythmusinstrumente wie Rasseln, Schellenringe, Trommeln, Schlaghölzer u.ä. Manch ein Leser wird hier vielleicht einwenden, daß mit diesen Instrumenten doch keine Musik, sondern lediglich Geräusche und Klänge erzeugt werden, die noch dazu eher an Kindergärten erinnern. Diese Skepsis ist auch bei alten Menschen gelegentlich am Anfang anzutreffen, da ihnen Klang und Einsatzmöglichkeiten von Rhythmusinstrumenten weitgehend unvertraut sind. Doch haben sie sich erst einmal überwunden, ein Instrument in die Hand zu nehmen, und erlebt, wie schön es klingt, damit z.B. ein bekanntes Musikstück zu begleiten, ist die Begeisterung in der Regel groß.

> *Musizieren mit Rhythmusinstrumenten gehört neben dem Singen inzwischen zur beliebtesten Form des Erlebens und Gestaltens von Musik in unserer Musikgruppe.*

Warum das so ist, soll im folgenden anhand der Ziele und Wirkungen des Musizierens deutlich gemacht werden.

2. Wie wirkt Musizieren auf alte Menschen?

a) Psychische Wirkungen

Viele alte Menschen neigen dazu, ihre Gefühle und Wünsche zu unterdrücken und sich willenlos in ihr Schicksal zu fügen. Musik ist ein wirkungsvolles Mittel, um vor allem passive und antriebsarme Personen aus der Reserve zu locken. Wie im Kapitel „Musik und Bewegung" beschrieben, fangen selbst apathisch wirkende Personen beim Einspielen von rhythmischer Musik häufig an, mit dem Fuß zu wippen oder mit dem Finger zu klopfen. Dies zeigt, daß in jedem Menschen Bewegungsfähigkeit steckt, die Lust, sich rhythmisch zu bewegen und sich auszudrücken. Bei starken körperlichen Einschränkungen sind die Ausdrucksmöglichkeiten in Form von Bewegung sehr begrenzt. Hier besteht die **Möglichkeit, nicht mehr vorhandene Bewegungen auf ein Instrument zu übertragen.**

> *So beteiligt sich z.B. Frau Z., die sich infolge eines wiederholten Apoplex kaum noch bewegen kann, während der Musikstunde nur beim Musizieren. Singen mag sie nicht gerne, und Bewegungen sind aufgrund der Erkrankung kaum noch möglich. Sie hat am liebsten einen selbstgebastelten Schellenstab und beteiligt sich bei allen Musizierformen sehr eifrig. Da sie gerne Musik hört, macht ihr das Musizieren zu vorgegebener Musik besonders viel Freude.*

Wirkungen (Musizieren)

Die **Ausdrucksformen auf Instrumenten sind** oft **wirkungsvoller** als über lautlose Bewegungen. Indem die Teilnehmer sich selbst ein Instrument auswählen sowie Tempo, Lautstärke und Art des Spieles selbst gestalten, erhalten sie vielfältige Möglichkeiten, sich auszudrücken und sich anderen mitzuteilen. So können sowohl leise, zarte Klänge als auch laute, kräftige Klänge je nach augenblicklicher Stimmung erzeugt werden. Dabei werden die Gefühle und Stimmungen nicht direkt ausgedrückt, sondern indirekt über das Instrumentenspiel, was oft weniger bedrohlich ist.

> *Als ich zur Begrüßung mit der Trommel herumging und die Teilnehmer zum Draufklopfen aufforderte, begann Frau L., eine bewegungseingeschränkte und an Parkinson erkrankte Frau, plötzlich ganz laut auf der Trommel zu schlagen. Die gesamte Gruppe war sehr verblüfft darüber, wie laut die sonst so stille Frau sein konnte. Sie selbst hat sich über die Reaktion der anderen amüsiert und ihr Trommelspiel bei jeder Gelegenheit wiederholt.*

Das Musizieren auf der Trommel hat hier der sonst eher zurückhaltenden Frau ermöglicht, „gehört zu werden" und Lob und Aufmerksamkeit zu bekommen.

Auch bei dementen Personen sind Rhythmusinstrumente ein hervorragendes Medium, um sie an der Musikaktivierung zu beteiligen. Sie sind besonders leicht für Instrumente zu begeistern, da bei ihnen die Hemmungen, etwas Neues auszuprobieren, häufig nicht so groß sind wie bei geistig regen Personen. Außerdem haben Rhythmusinstrumente einen hohen Aufforderungscharakter und stellen wenig Anforderungen an geistige und motorische Funktionen. So sind demente alte Menschen durchaus in der Lage, ein vorgegebenes Musikstück rhythmisch richtig zu begleiten, da das Taktgefühl durch die Krankheit nicht beinträchtigt ist. Dabei sind oft erstaunliche Fähigkeiten feststellbar.

> *Frau K. ist stark dementiell erkrankt, dabei unruhig, steht oft auf und redet viel, was man aber vom Sinn her kaum versteht. Geht es in der Musikstunde um musikalische Begleitung, nimmt sie sofort ohne Hemmungen jedes Instrument und ist damit oft nicht zu bremsen. Sie spielt viel und sehr laut, jedoch immer im richtigen Rhythmus. Ihre Aufmerksamkeit und Konzentration ist dabei so groß, daß sie sogar auf Einsätze genau reagiert. Mit ihrer Spontaneität und Begeisterung steckt sie die anderen Teilnehmer an, die sich dann auch trauen, auf ihrem Instrument kräftig zu spielen.*

Das Musizieren auf Rhythmusinstrumenten ist nicht nur aufgrund der vielfältigen Ausdrucksmöglichkeiten so beliebt, sondern auch, weil es **Erfolgserlebnisse** ohne langes Üben ermöglicht. Da jeder Mensch mehr oder weniger ein natürliches Rhythmusgefühl

Wirkungen (Musizieren)

besitzt, gelingt es sehr schnell, ein vorgegebenes Musikstück auf Instrumenten zu begleiten. Wird dies dann noch auf Kassette aufgenommen und hinterher gemeinsam angehört, sind die Teilnehmer erstaunt darüber, wie gut alles zueinander paßt. Sie hören ihre Einsätze heraus und erleben sich als **Teil eines Orchesters.** Hier kann der Wunsch aufkommen, die musikalische Begleitung auf der Station oder auf einem Fest den Mitbewohnern zu präsentieren.

Gerade für depressive alte Menschen ist die Erfahrung eines harmonischen Zusammenspiels sowie ein vorgegebener fester Rahmen von großer Bedeutung, da sie oft unsicher sind und hohe Ansprüche an sich stellen.

> *Frau A. ist eine sehr zurückhaltende, stille Frau, die häufig depressiv verstimmt ist und sich außer an der musikalischen Aktivierung an keinem anderen Angebot im Haus beteiligt. Auch beim Singen und freien Musizieren macht sie nur sehr sporadisch und zögernd mit. Geht es jedoch um das angeleitete rhythmische Begleiten von bekannten Musikstücken, geht sie aus sich heraus, übernimmt schwierige Parts und glänzt mit richtigen Einsätzen.*

Musizieren bietet darüberhinaus die besten Möglichkeiten, die oft **unterschiedlichen Fähigkeiten und Fertigkeiten der Teilnehmer differenziert einzusetzen** und zu fördern. Schon bei der Instrumentenverteilung, aber auch bei musikalischen Begleitsätzen oder Illustrationen können durch gezielte Rollenverteilung die verschiedensten Krankheitsbilder berücksichtigt werden.

Eine weitere Wirkungsmöglichkeit des Musizierens ist die **Förderung von Kreativität und Phantasie.** Besonders bei der musikalischen Illustration von bekannten Geschichten, Märchen und Gedichten werden ältere Menschen oft sehr aktiv, wenn es darum geht, für Tiere, Naturereignisse u.ä. entsprechende Klänge auszuwählen. Hierbei sind sie nicht nur passive Empfänger von Anweisungen, sondern können selbst entscheiden und gestalten. Wir haben die Erfahrung gemacht, daß auch alte Menschen noch kreativ und schöpferisch sein können, wenn man ihnen innerhalb eines vorgegebenen Rahmens die Möglichkeit dazu gibt.

b) Soziale Wirkungen

Das Musizieren in der Gruppe ermöglicht ein **Gemeinschaftserlebnis** ganz besonderer Art. Obwohl jeder ein anderes Instrument spielt und die Instrumente auch an verschiedenen Stellen zum Einsatz kommen, entsteht trotzdem (oder gerade deshalb) ein harmonisches und interessantes Klangbild. „Wir sind ein Orchester und bilden eine harmonische Einheit" ist oft die beglückende Erfahrung, die z.B. bei Musiziersätzen (siehe S. 109 ff.) gemacht wird.

Wirkungen (Musizieren)

Dabei können – wie oben erwähnt – die verschiedenen Fähigkeiten der Teilnehmer differenziert genutzt werden. Durch geschickte methodische Anleitung kann jeder auf seine Art mitmachen und sich an der gemeinsamen Gestaltung erfreuen, ob er nun dement, körperlich stark eingeschränkt oder weitgehend geistig und körperlich gesund ist. Selbst musikalisch vorgebildete Personen fühlen sich in der Gruppe wohl, wenn man ihnen schwierigere Instrumente wie Xylophon oder Glockenspiel anbietet, auf denen sie der Gruppe Melodien vorspielen können. So bietet Musizieren die Möglichkeit einer positiven gemeinsamen Erfahrung von Personen unterschiedlichster Krankheitsbilder, wie sie im Alltag selten vorkommt.

Der Einsatz von Musikinstrumenten bietet darüber hinaus **ideale Möglichkeiten der nonverbalen Kommunikation.** Dies kommt vor allem geistig und sprachlich beeinträchtigten Personen zugute. Es gibt zahlreiche, wenig aufwendige musikalische Übungen, mit denen spielerisch Dialoge im wechselnden Einsatz zwischen Teilgruppen oder einzelnen Personen eingeübt werden können (z.B. einer gibt einen Rhythmus vor, die anderen machen ihn nach, siehe S. 101ff.). Die Teilnehmer werden dabei mit der Zeit immer lockerer und spontaner im Ausgestalten und Erfinden der verschiedensten Klänge und Kommunikationsmöglichkeiten.

Außerdem wird das **soziale Verhalten gefördert**, da nur dann ein harmonisches Klangbild entsteht, wenn man aufeinander achtet. So ist es neben dem Selbstausdruck auch wichtig, zuhören und abwarten zu können, bis man selbst wieder an der Reihe ist. Die Anleiterin sollte darauf achten, daß immer ein Wechsel zwischen solistischen Einsätzen und gemeinsamem Spiel ermöglicht wird.

Eine weitere Erfahrung des Miteinanders kann gemacht werden, wenn man es der Gruppe überläßt, selbst eine musikalische Begleitung oder Illustration zu erfinden. Hier ist das Absprechen, Aufeinandereingehen und Zuhören gefragt, wenn ein gemeinsames „Werk" entstehen soll. Um dies zu erleichtern, ist es zunächst sinnvoll, Teilgruppen zu bilden, wobei jede Teilgruppe nur einen kleinen Musizierpart erhält.

Außerdem bietet das Instrumentalspiel eine gute **Möglichkeit der Integration neuer Teilnehmer.** Während sie beim Tanzen oder Singen die Schritte bzw. das Lied kennen müssen, um mitmachen zu können, ist dies beim Musizieren ganz ohne Vorübung möglich. Wenn es der Anleiterin gelingt, die neuen Teilnehmer zum Spielen eines Instrumentes zu motivieren, können sie sich schon bald als aktive Mitglieder der Gruppe erfahren.

> *Es kam eine neue Frau in die Gruppe, die offensichtlich nicht dement war und auf mich einen recht aktiven Eindruck machte. Ich begrüßte sie, erzählte ihr kurz, was wir hier machen und konnte sie dazu motivieren, einen schwierigen Part bei der musikalischen Begleitung eines Gewittertanzes zu übernehmen (Donner). Das Zusammenspiel zwischen Blitz und Donner klappte gut, und sie bekam viel Anerkennung von den anderen Teilnehmern.*

c) Körperliche Wirkungen

Musizieren kann sicherlich nicht die Beweglichkeit der Gelenke sowie die Muskelkraft verbessern. Jedoch werden beim Spielen auf Instrumenten auch bestimmte körperliche bzw. geistige Fähigkeiten angesprochen. So ist bei einigen Instrumenten eine gezielte **Koordination** der Bewegung Voraussetzung, um z.B. mit einem Klöppel den Klangkörper richtig zu treffen. Außerdem muß bei manchen Übungen Tempo, Lautstärke und Rhythmus variiert werden, wobei die verschiedensten feinmotorischen Bewegungen flexibel eingesetzt werden müssen. Auch grobmotorische, kräftige Bewegungen können geübt werden, wenn z.B. die Trommel zum Einsatz kommt oder jemand die Dirigierbewegungen übernimmt. So können je nach Bewegungsfähigkeiten und Trainingszielen die Instrumente an die Teilnehmer verteilt werden.

Beim rhythmischen Begleiten nach Einsätzen werden zusätzlich **Aufmerksamkeit, Konzentration und Reaktionsfähigkeit** geschult. Nur wenn der Einsatz an der richtigen Stelle kommt, paßt die Begleitung zur Musik. Da alte Menschen oft verzögert reagieren, muß die Anleiterin den Einsatz rechtzeitig angeben. Mit der Zeit kann sich die Reaktionsfähigkeit jedoch verbessern, so daß die Teilnehmer selbst die Einsätze finden.

II. Auswahl von geeigneten Instrumenten und Hörbeispielen

1. Auswahl der Instrumente

Bei der kaum überschaubaren Vielzahl der im Handel erhältlichen Instrumente ist es für den Laien schwer, eine richtige Auswahl zu treffen. Die Instrumente unterscheiden sich in Aussehen, Materialbeschaffenheit, Klang sowie Handhabung und Art der Tonerzeugung. Alle Unterscheidungsmerkmale bieten Möglichkeiten der Einteilung in verschiedene Instrumentengruppen. Doch für das Musizieren mit ungeübten und teilweise bewegungseingeschränkten oder dementen älteren Menschen spielen ganz andere Auswahlkriterien eine Rolle:

- Die meisten alten Menschen hatten in ihrer Jugend nicht die Möglichkeit, ein Instrument zu spielen. Deshalb sind nur solche Instrumente auszuwählen, die **keine Vorkenntnisse oder lange Übephasen** erfordern. Außerdem sollte der Einsatz der Instrumente so erfolgen, daß keine Notenkenntnisse für die Spieler erforderlich sind.

- Viele alte Menschen sind durch körperliche und geistige Einschränkungen nicht mehr in der Lage, schwierige Spieltechniken zu erlernen. So kann z.B. ein Teilnehmer, der einseitig bewegungsunfähig ist, nicht auf einem Instrument spielen, zu dem er beide Hände benötigt. Oder ein dementiell erkrankter alter Mensch kann nicht nach einem vorgegebenen Musizierplan spielen, da er die Zeichen nicht versteht. Deshalb sollten die Instrumente vor allem danach ausgewählt werden, ob sie **leicht handhabbar** sind und trotzdem noch **vielfältig verwendet** werden können.

Im folgenden werden einige Instrumente vorgestellt, die diesen Auswahlkriterien entsprechen. Dabei wird zwischen Rhythmus- und Melodieinstrumenten unterschieden, die jeweils anders einzusetzen sind. Am Ende dieses Kapitels werden einige Vorschläge zum Selberbauen von Instrumenten gemacht.

a) Rhythmusinstrumente

Rhythmusinstrumente sind einfach einzusetzen und leicht zu handhaben. Durch einfaches Schütteln, Schlagen, Klopfen, Reiben können die unterschiedlichsten Klänge erzeugt werden. Da bei diesen Instrumenten nicht auf harmonische Zusammenklänge Rücksicht genommen werden muß, sind sie **leicht kombinierbar** und können jederzeit als Begleitung zu einer vorgegebenen Musik genutzt werden. Es gibt eine Vielfalt verschiedener Rhythmusinstrumente, die zum Teil auch selbst hergestellt werden können. Günstig ist die Verwendung unterschiedlicher Instrumentenarten (Holz, Metall, Geräusch und Fell), da vielfältige Klänge im Zusammenspiel das Gesamtbild interessanter machen.

Auswahl von Instrumenten

Es gibt verschiedene Möglichkeiten sich musikalisch auszudrücken.

Die **Anschaffungspreise** für Rhythmusinstrumente sind nicht sehr hoch (im Vergleich zu Melodieinstrumenten), ausgenommen Trommeln mit auswechselbarem Fell oder Becken. Auf folgenden Schaubildern sind einige gängige Rhythmusinstrumente abgebildet. Diese müssen jedoch nicht gleich zu Beginn vollständig vorhanden sein. Wir haben lange Zeit im Alten- und Pflegeheim lediglich mit Schlaghölzern aus zersägten Besenstielen, Kronkorkenstäben, Teesieb- und Yoghurtbecherrasseln sowie einem Schellenkranz musiziert (siehe auch S. 70 ff.). Doch sind in der Regel gekaufte Rhythmusinstrumente insbesondere vom Klang her schöner und angenehmer.

Mit Rhythmusinstrumenten können verschiedene Musizierformen durchgeführt werden:

– Rhythmische Liedbegleitung zum gemeinsamen Gesang (S. 29 ff.).
– Freie rhythmische Begleitung zu vorgegebener Musik (S. 88 ff.).
– Rhythmische Begleitung nach einem Musizierplan zu vorgegebener Musik (S. 91 ff.).
– Illustration (S. 97 ff.).

Wir unterscheiden **4 Arten von Rhythmusinstrumenten:** Holz-, Geräusch-, Metall- und Fellinstrumente:

Auswahl von Instrumenten

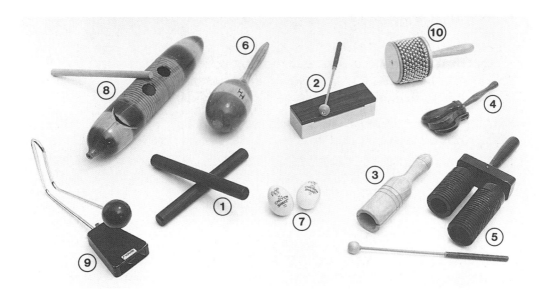

Holzinstrumente: Schlagstäbe (1), Holzblocktrommel (2), Röhrentrommel (3), Kastagnetten (4), Doppelguiro (5).
Geräuschinstrumente: Rasseln (Schütteleier) (6 u. 7), Guiro (8), Vibraslap (Eselsgebiß) (9), Cabasa (10).

Metallinstrumente: Triangel (1), Becken und Zymbeln (2), Schellenstab (3), Schellenkranz (4), Kuhglocke (5).
Fellinstrumente: Handtrommel (6), Bongos (7).

Bauanleitung Instrumente

b) Bauanleitungen für Rhythmusinstrumente

Im folgenden werden einige leicht herzustellende Rhythmusinstrumente, die sich in der Praxis bewährt haben, sowie deren Bauanleitung aufgeführt. Der Phantasie des Lesers sind im Erfinden und Herstellen anderer Instrumente keine Grenzen gesetzt. Wichtig ist, daß sie leicht zu spielen sind und ihr Klang angenehm ist.

Zur Erstellung der im folgenden vorgeschlagenen Instrumente sind mehrere und unterschiedlich schwere Arbeitsgänge notwendig. Dies ist gerade günstig für Gruppen mit gemischter Leistungsfähigkeit. Die Anleiterin muß dabei allerdings sorgfältig auswählen, wer welche Arbeiten durchführen kann bzw. wer wem gegebenenfalls helfen kann. Sie sollte grundsätzlich ein Probeexemplar selbst herstellen, um mögliche Schwierigkeiten beim späteren Instrumentenbau in der Gruppe rechtzeitig zu erkennen. Dieses Probeexemplar sollte den Teilnehmern gezeigt werden, damit sie das Endprodukt vor Augen haben und sich auch motiviert fühlen, gegebenenfalls nur einen einzelnen Arbeitsgang durchzuführen.

Diese Instrumente sind mit Pflegeheimbewohnern hergestellt worden: Handschuhe mit Glöckchen (1), Schlaghölzer (2), Kronkorkenstabsrassel (3), Teesiebrassel (4), Yoghurtbecherrassel (5), Filmdosenrassel (6), Schüttelbälle (7), Guiro (Reibeholz) (8), Trommel (9).

Instrumentenbauanleitungen:

(1) Handschuh mit Glöckchen

Material: Faust- oder Fingerhandschuhe aus Wolle, Baumwolle oder Stoff, mehrere nicht zu große Schellen oder Glöckchen (Bastelzubehör), Nadel und Faden

Bauanleitung: Die Schellen oder Glöckchen an die Spitze der Handschuhe (Fingerkuppen) annähen.

(2) Schlaghölzer

Material: Besenstiele, dicke Rundhölzer oder dicke Bambusstäbe, Säge, Sandpapier, wasserfeste Farben

Bauanleitung: Die Besenstiele in 25 – 30 cm lange Stücke zersägen, und die Sägestellen mit Sandpapier abrunden.
Die Schlaghölzer aus Bambus wären damit fertig. Besenstiele und Rundhölzer sollten möglichst bunt bemalt werden.

(3) Kronkorkenstabrassel

Material: Besenstiele, Säge, Sandpapier, 4 große Nägel (Zimmermannsnägel) pro Stabrassel, Hammer, Handbohrer, ca. 20 Kronkorken pro Stabrassel, Lackfarben oder Sprühlack, wasserfeste Farben (Plaka)

Bauanleitung: Die Besenstiele in 30 cm lange Stücke zersägen, und die Sägestellen mit Sandpapier abrunden. Mit Farbe das Holz bemalen. Die Kronkorken entweder mit Pinsel einzeln anmalen (was sehr langwierig ist) oder aber auf Zeitungspapier legen und mit Sprühlack einsprühen. In die getrockneten Kronkorken Löcher klopfen (mit Nagel und Hammer; als Unterlage kann ein altes, dickeres Holzbrett dienen). Mit dem Handbohrer 4 Löcher in die getrockneten Holzstiele vorbohren (von einer Seite im Abstand von 5 cm). Die Kronkorken auf die 4 Nägel verteilt aufstecken und die Nägel in die vorgebohrten Löcher einklopfen.

(4) Teesiebrassel

Material: 2 einfache Teesiebe aus Metall, Füllmaterial (kleinere Schrauben, Muttern, Glöckchen etc.), 2 Gummis, Wolle oder Paketklebeband (evt. etwas Schaumstoff)

Bauanleitung: Das Füllmaterial in ein Teesieb einfüllen. Das zweite Teesieb mit den Gummis so auf dem anderen Sieb befestigen, daß das Füllmaterial nicht herausfallen kann. Entweder mit einfachem Paketklebeband oder einer hübschen Wolle den Rasselstiel umwickeln. Will man den Stiel dicker und damit griffiger haben (Artrose-Patienten), muß eine Lage Schaumstoff unter dem Klebeband oder der Wolle angebracht werden.

(5) Yoghurtbecherrassel

Material: Für jede Rassel 2 gleich große Yoghurtbecher aus Plastik, helles, einfaches Klebeband (Malerbedarf, Baustoffe), wasserfeste Farben, Füllmaterial (fein gesiebter Sand)

Bauanleitung: 2 saubere Yoghurtbecher mit etwas Sand o.a. füllen und gegeneinandergestellt so mit Klebeband aneinanderkleben, daß der Inhalt nicht herausrausrieseln kann (dieser Arbeitsgang läßt sich am besten zu zweit durchführen). Rassel vollständig mit Klebeband bekleben und bunt bemalen. Die Rassel kann auch mit Papierstreifen und Kleister beklebt und im trockenen Zustand mit Plakafarbe bemalt werden.

(6) Filmdosenrassel

Material: Ein Vierkantholz (3 x 3 x 25 cm), 5 undurchsichtige Filmdosen, 5 Schrauben, Schraubenzieher, Säge, Handbohrer, Feile, Sandpapier, wasserfeste Farbe, Rasselfüllmaterial (Sand, Reis, ...)

Bauanleitung: Die Vierkanthölzer in ca. 25 cm lange Stücke zersägen. Auf einer Seite die Kanten des Holzes (ca. 10 cm) mit Feile und Sandpapier abrunden (Griff). Das Holz bemalen. Die Filmdosen öffnen und jeweils in die Mitte des Bodens ein kleines Loch bohren. Wenn die Farbe auf dem Holz getrocknet ist, Filmdosen an die nichtabgerundeten Seiten und an die Holzspitze anpassen und mit einem Stift das Loch auf dem Holz markieren. Mit dem Handbohrer die Löcher an den Bleistiftmarkierungen zunächst vorbohren. Mit Hilfe des Schraubenziehers die Filmdosen mit Schrauben am Holz befestigen. Die angeschraubten Filmdosen mit Rasselmaterial füllen und schließen.

(7) Schüttelbälle/Schütteleier

Material: Blumendraht, Zange, Plastikosterei mit vorgestanztem Loch oder Tischtennisball, Nadel und Kerze

Bauanleitung: Mit einer heißen Nadel ein kleines Loch in den Ball brennen (beim Plastikosterei ist dies nicht nötig). Draht mit Zange in kleine Stücke zerschneiden und durch das Loch in den Tennisball stecken. (Achtung: die kleinen Tischtennisbälle könnten in den Mund gesteckt werden!)

(8) Guiro (Reibeholz)

Material: Dickeres Bambusrohr, Laubsäge, dünnes Rundholz

Bauanleitung: In das Bambus kleine Einkerbungen sägen. Das Rundholz mit Feile und Sandpapier an einer Seite ca. 8 cm abflachen.

Bauanleitung Instrumente

(9) Trommel

Material: Für den Trommelkörper kann man ein Kunststoff-Kanalrohr von etwa 25–30 cm Länge und 10–15 cm Durchmesser nehmen. Die Membrane wird entweder aus einem ausgedienten Handtrommelfell oder aus einer vom Metzger in der Räucherkammer vorgetrockneten Schweinsblase oder aus einem Stück Gummi von einem Autoschlauch bzw. Gummihandschuh hergestellt. Der Durchmesser der Membrane sollte mindestens 10 cm größer als der des Rohres sein. Zur Befestigung der Membrane dient eine Schlauchschelle oder ein Teppichdoppelklebeband.

Bauanleitung: Die Schlauchschelle bzw. -klemme, die dem Durchmesser des Rohres entspricht, über die Membrane schieben und mit einem Schraubenzieher festschrauben (zusätzlich Klebstoff benutzen, Kontaktstelle zum Fell aufrauhen). Eine andere Möglichkeit besteht darin, die Membrane mit dem Teppich-Doppelklebeband zu fixieren. Zwei Personen sind für den Arbeitsgang des Bespannens notwendig.

c) Melodieinstrumente

Bei Melodieinstrumenten denkt man zunächst an klassische Instrumente, wie z.B. Klavier, Geige, Flöte oder ähnliches. Doch selten wird man das Glück haben, im Altenheim Personen zu treffen, die solche Instrumente besitzen und damit musizieren können. Das Neuerlernen eines Instrumentes ist im Alter sicher noch möglich, doch als Gruppenaktion eher ungeeignet.

In unseren Ausführungen konzentrieren wir uns deshalb auf spontanes Musizieren mit einer beliebigen Gruppe älterer Menschen. Nicht die Qualität der Instrumente steht im Vordergrund, sondern ihre flexible Einsatzfähigkeit und einfache Handhabung. Wichtig ist, daß genügend Instrumente vorhanden sind, so daß alle Gruppenmitglieder beim Musizieren mitmachen können.

Das **Spiel auf diesen Instrumenten setzt gewisse motorische Fähigkeiten voraus**, da mit einem Klöppel gezielt einzelne Töne getroffen werden müssen. Besonders Personen mit Koordinationsstörungen z.B. nach einem Schlaganfall haben hierbei Schwierigkeiten. Vorteilhaft ist es dann, wenn die Töne, die nicht zum Spiel benötigt werden, herausgenommen werden. Etwas einfacher läßt sich auf größeren Einzelklangbausteinen musizieren. Dabei sollte jedem Spieler nur ein Ton gegeben werden. Größere Klangbausteine werden mit dem Klöppel leichter getroffen als kleinere.

Ein nicht zu unterschätzendes Problem besteht auch darin, die **Instrumente richtig zu plazieren**, denn in der Regel stehen keine besonderen Instrumententische in Alten- und Pflegeheimen zur Verfügung. Kleinere Instrumente oder nicht zu große Klangbausteine können auf dem Schoß mit einer Hand festgehalten werden, während die andere Hand den Klöppel hält. Voraussetzung ist dann allerdings, daß beide Hände einsatzfähig sind. Größere Mehrtoninstrumente stelle ich meist auf Stühle vor die sitzenden Spieler. Stellt man die Instrumente auf normalhohe Tische, kann nur stehend musiziert werden, was alten Menschen nicht zuzumuten ist.

Auswahl Instrumente

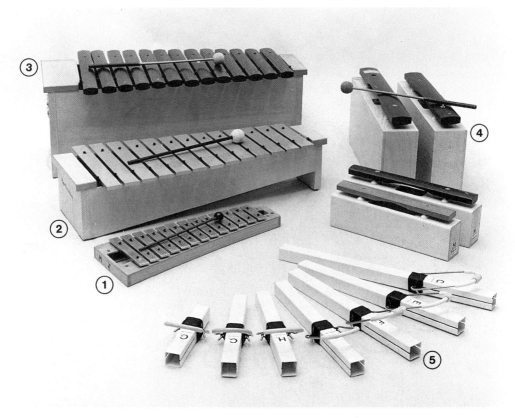

Gut zum Gruppenmusizieren eignen sich **„Orffsche Instrumente"**[1]. *Hierzu zählen u.a. Glockenspiel (1), Metallophon (2), Xylophon (3), Klangbausteine aus Holz oder Metall (4) sowie Handchimes (5).*

---

[1] Carl Orff, 1895–1982, begründete eine neue musikalische Erziehung zum rhythmischen Bewußtsein in seinem „Schulwerk" (1930–1935, Neufassung 1950–1954). Er stellte eine Reihe von leicht zu handhabenden Rhythmus- und Melodieinstrumenten zusammen, die in der musikalischen Schulerziehung eine große Rolle spielen. Die Zusammenstellung dieser Instrumente wird als Orff'sches Instrumentarium bezeichnet (Stabspiele: Xylophon, Metallophon, Glockenspiel – inzwischen erweitert durch Klangbausteine aus Holz und Metall, kleines Schlagwerk: Triangel, Cymbeln, Becken, Schellenbänder, Tamburin, Trommeln, Rasseln, Kastagnetten, Pauken).

Sehr leicht läßt sich mit den aus England stammenden *„Handchimes"*[2] in Gruppen musizieren. Die Einzeltöne werden mit nur einer Hand gespielt, ohne daß besondere Koordinationsfähigkeiten nötig sind. Zum Musizieren mit alten und körperlich stark behinderten Menschen sind diese Instrumente ideal.

Bei der **Anschaffung von Melodieinstrumenten** ist zu überlegen, ob eher mehrere Einzeltöne (Klangbausteine, Handchimes) oder ein Einzelinstrument (Xylophon, Metallophon, Glockenspiel) der Gruppe zur Verfügung gestellt werden sollte.
Für eine **harmonische Liedbegleitung** (siehe S. 33 ff.) sind Klangbausteine und Handchimes zu empfehlen, während bei **einer Illustration** (siehe S. 97 ff.) mit mehrtönigen Instrumenten auch unterschiedliche Klangeffekte (wie z.B. Gleitklänge) erzeugt werden können.

Instrumente mit höherem Klang (z.B. Glockenspiel) sind durch Materialmasse und Größe preiswerter als solche mit tieferem Klang (z.B. Baßmetallophon). Doch gerade für alte Menschen sollten – im Hinblick auf Einschränkungen der Hörfähigkeit und auch ihrer Stimmlage – eher tieferklingende Instrumente eingesetzt werden.

2. Auswahl der Hörbeispiele

Die Auswahl von geeigneten Musikbeispielen, die zum Mitmusizieren anregen, erfolgt nach ähnlichen Kriterien wie die derjenigen, die zur Körperbewegung auffordern (siehe auch Teil C: „Musik und Bewegung", S. 137 ff.).

Erlaubt ist alles, was gefällt, denn die richtige Musik ist oft schon Motivation genug, um die Teilnehmer zum Mitmusizieren anzuregen. Die Musikstücke, die die Anleiterin auswählt, sollten eingängig sein, einen klaren Rhythmus haben und einfach aufgebaut sein, d.h. mit klar erkennbaren Melodieteilen. Besonders beliebt bei alten Menschen sind bekannte Märsche und Polkas. Aber auch jede andere „mitreißende" Musik, wie z.B. Schlager, Volkstänze, Walzer, Ragtimes, sogar einige Beispiele aus der klassischen Musik kommen in Frage. Besinnliche Musik bzw. Lieder sind für die rhythmische Begleitung eher ungeeignet.

Vorschläge für Hörbeispiele, die sich zum Musizieren eignen, sind in Kapitel V ab S. 101 ff. („Ausgearbeitete praktische Vorschläge") angegeben.

---

[2] Siehe Fußnote S. 33.

III. Allgemeine Grundsätze des Leiterinnenverhaltens beim Musizieren

1. Teilnehmer mit Instrumenten langsam vertraut machen

Am schwierigsten ist es, eine neue Gruppe an das Musizieren heranzuführen. Ablehnung und Hemmungen gegenüber den Instrumenten sind zunächst groß, da die Instrumente meistens unbekannt sind. Doch sollte sich die Anleiterin davon nicht abschrecken lassen. Haben die Teilnehmer erst die Erfahrung gemacht, wieviel Spaß und Freude ihnen durch ein gemeinsames Musizieren entstehen kann, werden die anfänglichen Vorbehalte schnell vergessen sein.

Wichtig ist es, mit kleinen Schritten zu beginnen, um Hemmschwellen zu überwinden. Dabei können je nach Gruppe **unterschiedliche Möglichkeiten** gewählt werden:

a) Gemeinsames Herstellen von Rhythmusinstrumenten

Beim Singen oder auch beim Musikhören wird immer wieder beobachtet, daß einige Personen spontan mit dem Fuß den Rhythmus mitklopfen oder begeistert mitklatschen. Hier könnte der Vorschlag gemacht werden, gemeinsam einige Klangkörper selbst herzustellen, um den Rhythmus noch vielfältiger hervorheben zu können. Das gemeinsame Basteln macht den Teilnehmern oft Spaß, und jeder ist gespannt darauf, zu erfahren, wie „sein" Instrument zu der eingespielten oder gesungenen Melodie klingt. Auf diesem Weg können vorhandene Hemmungen leichter abgebaut werden, da die Anleiterin so die Instrumente den Teilnehmern nicht einfach vorgibt.
Doch ist es empfehlenswert, nach und nach auch einige Rhythmusinstrumente dazuzukaufen, da der Klang oft besser ist und das Spiel dadurch aufgewertet wird. Selbstgebaute Instrumente werden manchmal als „Kinderspielzeug" abgetan und entsprechend auch das Spielen damit als „Kinderkram" abgelehnt, vor allem von Teilnehmern, die neu in die Gruppe kommen und beim Instrumentenbau nicht mitgewirkt haben.

b) Zunächst mit Körperinstrumenten musizieren

Eine andere Möglichkeit des Einstiegs besteht darin, mit den Teilnehmern zu überlegen, wie und ob man mit dem eigenen Körper Geräusche bzw. Klänge erzeugen kann. Dies kann sein: klatschen, stampfen, mit den Fingern schnipsen, mit den Händen auf die Oberschenkel klopfen, u.ä. Lustig ist es, wenn diese Geräusche auf Kassette aufgenommen und dann von den Teilnehmern erraten werden. Anschließend kann ein bekanntes, zur Bewegung auffordernes Musikstück, z.B. *Amboßpolka* , eingespielt und die Teilnehmer aufgefordert werden, je nach Wunsch, die bereits kennengelernten Körpergeräusche dazu einzusetzen. Auf diese Weise erfahren die Teilnehmer, daß es unter-

Leiterinnenverhalten (Musizieren)

schiedliche rhythmische Begleit- und Ausdrucksmöglichkeiten gibt. Stellt man dann Rhythmusinstrumente zur Verfügung und läßt sie frei zur o.g. Musik spielen, sind Hemmungen und Ablehnung schnell vergessen, da die Teilnehmer durch den Einsatz der körpereigenen Instrumente bereits mit der rhythmischen Begleitung vertraut sind. Außerdem erzeugen die Instrumente einen noch schöneren Klangeffekt.

c) Einfache Musizierspiele

Hilfreich als Einstieg sind auch einfache Musizierspiele, wie zum Beispiel „*Weitergeben*" oder „*Versteckspiel*" (siehe S. 107). Vorweg können über das Erraten der Instrumente mit „*Unter der Decke*" (siehe S. 102) die Instrumente verteilt werden.

2. Niemandem ein Instrument aufzwingen

Vor allem neue Teilnehmer wollen oftmals zunächst nicht mitmusizieren und kein Instrument haben. Diese Ablehnung liegt darin begründet, daß die Instrumente ihnen fremd sind. Sie befürchten, einer angeblichen Erwartung der Gruppe und der Leiterin nicht entsprechen zu können.

Manchmal hilft aufmunterndes Zureden. Doch sollten Sie unbedingt auch den Wunsch akzeptieren, „zunächst mal nur zuschauen zu dürfen". Sehr schnell beginnen diese „Zuschauer" mit Füßen oder Händen zur Musik mitzuklopfen oder -wippen und lassen sich auch bald ein Instrument geben.

3. Bei Instrumentenausgabe auf Fähigkeiten der Teilnehmer achten

Die Anleiterin sollte sich vorher genau überlegen, welche Instrumente den Fähigkeiten ihrer Gruppe entsprechen. Grundsätzlich ist der Spieleinsatz der meisten Rhythmusinstrumente sehr einfach, doch hat man es in Alten- und Pflegeheimen häufig mit ganz unterschiedlichen Krankheitsbildern und Bewegungseinschränkungen zu tun. Diese sollte die Anleiterin von jedem einzelnen Teilnehmer kennen und beim Verteilen der Instrumente berücksichtigen. Nur so können Ängste und Hemmungen vor dem Musizieren überwunden werden.

Im folgenden werden einige Vorschläge und Hinweise dazu gegeben, **welche Instrumente bei welchen Krankheitsbildern möglich sind und wie ggf. die Handhabung vereinfacht werden kann**, um dennoch ein Musizieren zu ermöglichen. Dabei sollte die Anleiterin auf jeden Fall immer auch die Wünsche der Teilnehmer berücksichtigen und ihnen nicht nur ein Instrument vorgeben. Es ist manchmal erstaunlich, wie erfinderisch einige alte Menschen in der Handhabung „ihres" Instrumentes sind.

Leiterinnenverhalten (Musizieren)

> *Herr F., dessen linker Arm nach einem Schlaganfall steif ist, wollte unbedingt auf einer Viertonröhrentrommel mitmusizieren. Dieses Instrument kann nur mit einem Klöppel gespielt werden, Herr F. klemmte den Stiel der Röhrentrommel in seine steife Hand und hatte somit die gesunde Hand frei für den Klöppel. Auf diese Weise musizierte er gekonnt zur „Paprika Lady". Einige Teilnehmer waren so überrascht, daß sie mit dem Musizieren aufhörten, um Herrn F. zuzuhören.*

Folgende Empfehlungen zur Instrumentenverteilung können daher nur als grobe Richtschnur angesehen werden. Letztlich muß die Anleiterin selbst entscheiden, was einzelnen Teilnehmern zuzumuten ist und was nicht. Wichtig ist, daß jeder Freude am Musizieren hat und sich nicht überfordert fühlt.

Arthrose in den Händen: Der Teilnehmer sollte leichte und griffige Instrumente bekommen. Ist z. B. der Haltegriff eines Rhythmusinstrumentes oder eines Klöppels zu dünn, kann dieser mit Schaumstoff o. ä. umwickelt werden.

Apoplex mit Hemiplegie: Bei *schlaffer* Hemiplegie hat es wenig Sinn, ein Instrument auszugeben, das nur mit zwei Händen gespielt werden kann. Es sei denn, man stellt das Instrument so auf, daß mit nur einer Hand musiziert werden kann.

Bei *spastischer* Hemiplegie kann versucht werden, die betroffene Seite miteinzubeziehen, indem z. B. ein Schlagholz oder eine Röhrentrommel in die spastische Hand gesteckt wird. Mit der gesunden Hand kann dann darauf geklopft werden.

Parkinson: Hier ist generell die Gefahr einer Überforderung recht hoch. Da Koordinationsübungen wichtig sind, sollte der Teilnehmer ein nicht zu kleines Instrument erhalten, das er mit 2 Händen leicht spielen kann. Auch hier sind Schlaghölzer günstig.

Bei Ruhetremor sollte der Teilnehmer kein Instrument bekommen, das schon bei der kleinsten Bewegung klingt, wie Rassel, Schellen etc. Möglichst Musizierstücke auswählen mit wenigen Einsätzen und langen Musiziermöglichkeiten, da Parkinsonkranke schlecht in Bewegungen hinein- und wieder herausfinden (Start- und Stopschwierigkeit). Hilfreich sind unterstützende „Kommandos".

Höreinschränkung: In der Regel werden tiefe Töne besser gehört als hohe. Deshalb sollten Teilnehmer mit Höreinschränkung möglichst auf tiefklingenden lauten Instrumenten musizieren, z. B. Trommel und alle Holzinstrumente.

Demenz: Diese Erkrankung begegnet uns in den unterschiedlichsten Ausprägungen und Schweregraden. Generell wird das persönliche Rhythmusgefühl von dieser Erkrankung nicht beeinträchtigt, wohl aber die Reaktionsfähigkeit. Besonders beim Musizieren nach einem Musizierplan mit festen Einsätzen können deshalb leicht Probleme auftreten.

Leiterinnenverhalten (Musizieren)

Am Anfang ist bei manchen Teilnehmern persönliche Zuwendung und Hilfestellung wichtig.

Hier kann die Teilnehmerin allein weitermusizieren.

Stark dementiell erkrankte Personen sollten möglichst bei festgelegten Musizierabläufen nur auf solchen Instrumenten spielen, die keine Einsätze erfordern und außerdem nicht zu laut sind. Auf diese Weise ist es möglich, auch diese Teilnehmer in das Gruppenmusizieren miteinzubeziehen.

4. Immer auch auf Wünsche der Teilnehmer eingehen

Dinge, die man sich selbst aussucht, sind beliebter als solche, die einem aufgedrängt werden. Dies gilt auch für die Instrumentenausgabe. Sind die Teilnehmer nach einiger Zeit mit der Handhabung und den Klangeigenschaften der Instrumente vertraut, sollte man sie auf jeden Fall selbst entscheiden lassen, welches Instrument sie haben wollen. Es ist immer wieder zu beobachten, daß die Teilnehmer ihre „Lieblingsinstrumente" haben.

Ich habe die Rhythmusinstrumente meist in der Mitte des Kreises – für jeden sichtbar – auf dem Fußboden liegen. Jeder kann mir dann leicht zeigen, welches Instrument er gerne möchte. Günstig ist auch, die Instrumente in einen Wäschekorb zu legen und damit von Person zu Person zu gehen. Zielsicher suchen sich die Teilnehmer die Instrumente aus, mit denen sie bereits gute Erfahrungen gemacht haben.

Leiterinnenverhalten (Musizieren)

> *Frau P. bestand beim Musizieren stets auf „ihren" Glöckchenring. Sie ist durch eine linksseitige Hemiplegie stark bewegungseingeschränkt und kann wegen fortschreitender Versteifung nur mit großer Mühe ihren gesunden Arm bewegen. Einen einfachen und vom Gewicht her sehr leichten Schellenring kann sie gut greifen und zum Klingen bringen. Um ihr die Möglichkeit zu geben, sich bei der Begleitung eines Marsches kräftig zu beteiligen, legten wir ihr ein Backblech als Verstärker auf ihren Rollstuhltisch. Es machte ihr viel Spaß, so laute Töne zu erzeugen. Je nach Musizierstück spielt sie nun immer mit dem Glöckchenring entweder mit oder ohne Backblech.*

Nur wenn jemand sich nicht entscheiden kann oder neu in die Gruppe kommt, sollte man ihm Vorschläge machen oder andere Entscheidungshilfen bieten.

5. Mit Handhabung der Instrumente vertraut machen

Nach dem Verteilen der Instrumente sollte nie sofort eine Instrumentalbegleitung zur Musik erfolgen. Die Teilnehmer müssen erst einmal Gelegenheit bekommen, sich mit der Handhabung und den Klangeigenschaften des jeweiligen Intrumentes vertraut zu machen. Dies ist besonders am Anfang wichtig, wenn die Instrumente noch nicht so bekannt sind, ein neues Instrument eingeführt wird oder auch, wenn ein neuer Teilnehmer dazu kommt.

Wieviel Hilfestellung und Erklärung von der Anleiterin dabei nötig ist, kann sehr unterschiedlich sein. Zunächst sollte sie jedoch die Teilnehmer auffordern, selbst auszuprobieren, wie das Instrument zu „bedienen" ist und welche Klänge man damit erzeugen kann. Dies weckt Neugierde, fördert Kreativität und Selbständigkeit und ist damit die beste Möglichkeit, das Instrument genauer kennenzulernen. Wer sagt denn, daß es nur eine ganz bestimmte Form gibt, auf einem Instrument zu spielen. Aufgrund der unterschiedlichen Behinderungen bei alten Menschen sind sowieso individuelle Spieltechniken nötig. Diese sollte die Anleiterin zulassen und den Personen nicht ihre Vorstellungen aufdrängen.

> *Frau S., die zeitlich, örtlich und teilweise auch zur eigenen Person desorientiert ist, musiziert gerne mit Schlaghölzern. Sie schlägt die Instrumente parallel zusammen. Alle Korrekturversuche, aus Sorge, sie könnte sich die Finger dabei verletzen, sind mißlungen. Da sie sich bisher nie wehgetan hat und immer begeistert mitmusiziert, lasse ich sie so spielen, wie sie es möchte.*

Leiterinnenverhalten (Musizieren)

Die Teilnehmerin musiziert mit den Schlaghölzern auf eigene Art.

Manche Teilnehmer können jedoch mit der Aufforderung, frei zu experimentieren, nicht viel anfangen. Sie halten das Instrument wie einen Fremdkörper in der Hand und schauen die Anleiterin erwartungsvoll an. Hier muß auf jeden Fall erklärt und gezeigt werden, wie mit dem Instrument musiziert werden kann.

Eine gute Möglichkeit, ein „neues" Instrument kennenzulernen, besteht darin, dieses **spielerisch als nonverbale Begrüßung** einzuführen. Das geschieht z.B. mit einer Handtrommel, die die Anleiterin nach und nach jedem Teilnehmer zum Draufschlagen hinhält. Dabei sollte sie selbst zunächst durch Vormachen einige Impulse geben (z.B. mit einem Finger klopfen, mit der flachen Hand darüberstreichen, mit der Faust laut draufschlagen usw.). Bei jedem Teilnehmer kann sie je nach Einschätzung seiner körperlichen und psychischen Verfassung andere Impulse vorgeben, auf die die Teilnehmer dann antworten können. Manche wiederholen zunächst zaghaft den Vorschlag der Anleiterin, erfinden dann jedoch häufig auch eigene Formen, so daß Klopfdialoge entstehen. Hat jeder die Trommel genügend ausprobiert, kann ein Reaktionsspiel erfolgen. Dabei hält die Anleiterin kurz hintereinander verschiedenen Personen die Trommel vor, und diese müssen möglichst schnell reagieren. Ebenso kann ein größeres Melodieinstrument, wie Metallophon, von der Anleiterin bei der Begrüßung von Person zu Person getragen werden. Dabei probiert jeder Teilnehmer mit einem Klöppel die verschiedenen Klangmöglichkeiten aus (Punktklänge, Gleitklänge, hohe/tiefe Klänge, den Klöppel anders herum halten und mit dem Stiel schlagen usw.). Die Begrüßung dauert auf diese Weise wohl recht lange, aber so kann jeder das Instrument kennenlernen. Die Teilnehmer genießen außerdem die intensive Zuwendung durch die Anleiterin.

Leiterinnenverhalten (Musizieren)

Beim Herumgehen mit dem Instrument kann jeder auf seine Art ausprobieren.

Weitere Anregungen zum Kennenlernen der Instrumente sind:

- **Verschiedene Instrumentengruppen spielen lassen**
  Zuerst spielen die *Holzinstrumente* (Schlagstäbe, Holzblocktrommel u.ä.), dann die *Metallinstrumente* (Triangel, Becken u.ä.), dann die *Geräuschinstrumente* (Rasseln, Guiro u.ä.) und zuletzt die *Fellinstrumente*. Hinterher kann das Drei-Ringe-Spiel (siehe S. 103) eingeführt werden.
- **Unterschiedliches Tempo und Lautstärke ausprobieren lassen**
  Die Anleiterin spielt auf der Pauke in einem bestimmten Tempo und einer bestimmten Lautstärke. Die Teilnehmer machen dies jeweils nach. Sie spielt dann schneller, langsamer, leise, laut und die Teilnehmer folgen ihr. Auch ein Teilnehmer kann den Dirigenten spielen, während die übrigen Gruppenmitglieder als Orchester folgen.
- **Rhythmische Echoübungen**
  Die Anleiterin (später auch einzelne Teilnehmer) gibt einen bestimmten Rhythmus vor, der dann von der gesamten Gruppe mehrmals wiederholt wird. Die Anleiterin kann auch von Teilnehmer zu Teilnehmer gehen und jedem einen beliebigen Rhythmus auf den Rücken klopfen, der dann von der Person vorgemacht wird. Die Gesamtgruppe wiederholt auch hier den Rhythmus als Chor. Dies stellt allerdings schon höhere Anforderungen an die Teilnehmer. So können z.B. Hemmungen bei einzelnen Teilnehmern auftreten, den Rhythmus vorzumachen. Deshalb sollte diese Übung erst in einer fortgeschritteneren Gruppe angeleitet werden.

IV. Verschiedene Möglichkeiten des Musizierens

1. Wichtige Vorinformationen

Um die verschiedenen Möglichkeiten des Musizierens einsetzen zu können, ist es wichtig, sich zunächst mit den Klangeigenschaften und Spielmöglichkeiten der Instrumente vertraut zu machen. Dies gilt für die Anleiterin und für die Teilnehmer der musikalischen Gruppenstunden gleichermaßen.
Im folgenden werden speziell für die Anleiterin einige wichtige Hinweise und Erklärungen gegeben, die erforderlich sind, um die nachfolgenden Musizierformen verstehen und anleiten zu können.

a) Klangeigenschaften und Spielmöglichkeiten der Rhythmusinstrumente

Wie bereits erläutert, lassen sich die Instrumente in 4 verschiedene Gruppen einteilen. Jede Gruppe verfügt über andere Klangeigenschaften. Diese sollte die Anleiterin kennen, um sie passend zur Musik auswählen zu können.

Holzinstrumente
Der Klang dieser Instrumente ist kurz, nicht nachhallend, so daß man deutlich voneinander zu trennende Töne damit erzeugen kann, die auch als **„Punktklänge"** bezeichnet werden. Da sie nicht sehr dominierend sind und eine eher mittlere Tonlage haben, können Holzinstrumente gut zur ständigen Begleitung eines Musikstückes eingesetzt werden, ohne die Melodie zu stören. Bei musikalischen Illustrationen kann man Hölzer verwenden, um Gehbewegungen, Pferdegetrappel u.ä. nachzumachen.

Metallinstrumente
Diese produzieren nachhallende Klänge. Man kann einzelne Töne z.B. auf Triangel und Becken sowie durch einmaliges Schlagen eines Schellenringes erzeugen. Diese Klänge werden aufgrund ihrer nachklingenden Wirkung als **„Klinger"** bezeichnet. Schüttelt man den Schellenkranz oder -stab, entstehen mehrere Klänge gleichzeitig, die man dann **„Reibeklänge"** nennt. Da Triangel und Becken sehr nachhallend und laut sind und eine hohe Tonlage besitzen, sollte man sie nicht ständig zur Musik einsetzen, sondern gezielt zum Hervorheben eines bestimmten Melodieteils oder einzelner markanter Stellen. So sollte z.B. die Triangel nicht auf jeden betonten Taktteil, sondern z.B. auf jeden zweiten oder dritten angeschlagen werden. Mit den Schellen kann ständig begleitet werden, da der Klang nicht so durchdringend, hoch und auffallend ist. Allerdings sollten nicht zu viele Schellen auf einmal eingesetzt werden, da die Melodie des Musikstücks sonst nicht mehr hörbar ist. Bei Illustrationen können diese Instrumente zur Untermalung von Schlittengeläut (Schellen) oder zur Darstellung von Kälte, Sonne (Triangel) eingesetzt werden.

Vorinformationen (Musizieren)

Geräuschinstrumente

Mit diesen Instrumenten können – je nach Materialbeschaffenheit der Klangkörper – ganz unterschiedliche Töne erzeugt werden. Die bekanntesten Geräuschinstrumente sind die Rasseln. Sie klingen eher leise und wenig nachhallend und können daher ständig gespielt werden. Auch wenn viele Spieler Rasseln in den Händen haben, wird das Klangbild der Musik nicht gestört. Die Klänge können durch Schütteln (z.B. Rasseln) erzeugt werden, wodurch auch wieder **Reibeklänge** entstehen. Diese Instrumente können das Tempo eines Stückes sehr gut hervorheben und lassen sich auch gut zur Illustration von fließenden Bewegungen, wie Rollen, Durchsickern u.ä. einsetzen.
Es gibt aber auch laute, effektvolle Geräuschinstrumente, wie z. B. das Guiro („Fisch") oder das Eselsgebiß. Letzteres hat einen sehr speziellen, charakteristischen Klang, der an das Klappern eines Gebisses erinnert.

Fellinstrumente

Sie klingen dunkel, dumpf und können sowohl leise und sanft als auch laut und kräftig gespielt werden. Es können **Punktklänge** mit Hand und Schlägel oder **Reibeklänge** mit dem Jazzbesen erzeugt werden. Da sie eine tiefe Tonlage haben, werden sie besser gehört als hohe und eignen sich deshalb gut für schwerhörige Menschen. Als Begleitinstrument können sie, wenn sie nicht zu laut angeschlagen werden, ständig im Grundschlag eingesetzt werden. Sehr gut lassen sich die Trommeln auch als besonderen Effekt einsetzen, indem sie z.B. in einer Pause eines Musikstücks oder zur Hervorhebung ganz besonderer Stellen gespielt werden.

b) Klangeigenschaften und Spielmöglichkeiten der Melodieinstrumente

Auch hier kann zwischen Holzinstrumenten (z.B. Xylophon, Klangstäbe) und Metallinstrumenten (z.B. Metallophon, Handglocken, Glockenspiel) unterschieden werden. Die Klangeigenschaften sind ähnlich derjenigen der oben angegebenen Rhythmusinstrumente aus Holz und Metall. Der Unterschied besteht jedoch darin, daß hier verschiedene Tonhöhen angeschlagen werden können, so daß eine Tonfolge bzw. Melodie entsteht.

Auf Melodieinstrumenten kann auf **zwei verschiedene Arten** musiziert werden:
– Mit dem Klöppel werden einzelne Töne angeschlagen: Kurz klingende Töne bei Holzinstrumenten **(Punktklänge)**, nachklingende Töne bei Metallinstrumenten **(Klinger)**.
– Mit dem Klöppel oder auch dem Schlägelstiel wird schnell nacheinander über mehrere Töne geglitten (vom tiefsten bis zum höchsten und umgekehrt). Diese werden als **„Gleitklänge"** bezeichnet.

Vorinformationen (Musizieren)

Der ungewöhnliche
Klang des „Eselsgebiß"
amüsiert viele.

c) Notationsformen der Instrumente

Um Musizierpläne (siehe Kap. V.2. S. 109 ff.) zu erstellen, ist es sinnvoll, für die Instrumente und deren Spielweise Symbole zu verwenden, um die Darstellung übersichtlicher zu gestalten.

Bei kurzen und einfachen Musizieranleitungen genügt es, die Symbole der Instrumente aufzuzeichnen, die erklingen sollen. Bei ausführlicheren Musizieranleitungen ist es sinnvoll, auch die Spielweise der Instrumente anzugeben. Dazu können folgende Symbole (Notationsformen) verwendet werden:

Vorinformationen (Musizieren)

Rhythmusinstrumente

Instrumente	Symbol	Notationsform der Klänge	

Holzinstrumente

Instrumente	Symbol	Notationsform der Klänge	
Schlagstäbe	✕	Punktklänge	○ ○ ● ● ● ●
Holzblocktrommel	⬛	Punktklänge	○ ○ ● ● ● ●
Röhrentrommel	⟅	Punktklänge	○ ○ ● ● ● ●
Kastagnetten	⏁	schnelle Punktklänge	● ● ● ● ● ● ● ●
Doppelguiro	⎔	Punktklänge (hoch, tief) Gleitklänge	○ ○ ● · ● · ● · ● ↘ ↗

Geräuschinstrumente

Instrumente	Symbol	Notationsform der Klänge	
Rasseln	⎍	Reibeklänge	∿∿∿∿∿∿
Schütteleier	○○	Reibeklänge	∿∿∿∿∿∿
Guiro	⎔	Gleitklänge	↗ ↘
Casbasa	▭	besondere Reibeklänge, zur besseren Umsetzung als Punktklänge notiert	○ ○ ● ● ● ●
Vibraslap (Eselsgebiß)	⎓	besonderer Reibeklang	∿∿―――

Metallinstrumente

Instrumente	Symbol	Notationsform der Klänge	
Triangel	△	Klinger	▷ ▷ ▶ ▶ ▶ ▶
Becken und Cymbeln	⌒ ⎔ ⎔	Klinger Reibeklänge	▷ ▷ ▶ ▶ ▶ ▶ ∿∿∿∿∿∿∿
Schellenstab	⎔	Reibeklänge Klinger (auf Hand klopfen)	∿∿∿∿∿∿ ▷ ▷ ▶ ▶ ▶ ▶
Schellenkranz	⎔	Reibeklänge Klinger (auf Hand oder Oberschenkel klopfen)	∿∿∿∿∿∿ ▷ ▷ ▶ ▶ ▶ ▶

Vorinformationen (Musizieren)

Instrument	Symbol	Notationsform der Klänge	
Glockenring		Reibeklänge	∿∿∿∿
Kuhglocke		Klinger	▷ ▷ ▶ ▶ ▶ ▶

Fellinstrumente

Instrument	Symbol	Notationsform der Klänge	
Handtrommel		Punktklänge	○ ○ ● ● ● ●
		Reibekl. (mit Jazzbesen)	∿∿∿∿
Bongos		Punktklänge	○ ○ ● ● ● ●

Melodieinstrumente

Instrument	Symbol	Notationsmöglichkeiten	
Glockenspiel		Klinger	▷ ▷ ▶ ▶ ▶ ▶
		Gleitklänge auf- und abwärts	↗ ↘
Metallophon		Klinger	▷ ▷ ▶ ▶ ▶ ▶
		Gleitklänge auf- und abwärts	↗ ↘
Xylophon		Punktklänge	○ ○ ● ● ● ●
		Gleitklänge auf- und abwärts	↗ ↘
Klangbausteine (Holz)		Punktklänge	○ ○ ● ● ● ●
Klangbausteine (Metall)		Klinger	▷ ▷ ▶ ▶ ▶ ▶
Handchimes		Klinger	▷ ▷ ▶ ▶ ▶ ▶

Vorinformationen (Musizieren)

Verschiedene Spielweisen der Instrumente

Es kann auf unterschiedliche Art und verschieden schnell auf den Instrumenten gespielt werden. Die wird durch folgende Symbole zum Ausdruck gebracht.

Reibeklang: ∿∿∿∿∿
Hier kann das Tempo selbst gewählt werden.

Klinger:
schnell ▶▶▶▶ langsam ▷▷

Punktklänge:
schnell ● ● ● ● langsam ○ ○

Gleitklänge:
Tonleiter von oben nach unten ↘ von unten nach oben ↗

2. Freie Instrumentalbegleitung zur Musik

a) Einführung und Erklärung

Die freie Instrumentalbegleitung ist eine einfache Musizierform. Sie kann spontan entstehen und ist besonders geeignet für ungeübte Gruppen.

Jeder begleitet eine vorgegebene Musik auf einem Rhythmusinstrument seiner Wahl nach eigenen Vorstellungen. Es müssen keine Einsätze beachtet werden. Auch demente Teilnehmer können hierbei gut mitmachen, da ihre Erkrankung nicht das Rhythmusgefühl stört.

Gefällt das Musikstück den Teilnehmern, und regt es durch seinen Rhythmus zur Bewegung an, kann man auch ungeübte Gruppen recht schnell zum Mitmusizieren bewegen.

Mit folgenden Musikstücken haben wir bei dieser Musizierform sehr gute Erfahrungen gemacht:

– *Amboßpolka* 🔲
– *Radetzkymarsch* (J. Strauß) 🔲
– *Annenpolka* (J. Strauß) 🔲
– *Holzschuhtanz* (aus *Zar und Zimmermann*, A. Lortzing) 🔲
– *Triumpfmarsch* (aus *Aida*, G. Verdi) 🔲
– *Gruß an Kiel* (Marsch)
– *Marsch aus Petersburg* 🔲
– *Holzhackerbuam* (Marsch)

Freie Begleitung (Musizieren)

Die Teilnehmerin hat sich für eine freie Musikbegleitung Schütteleier ausgesucht.

Wichtig ist es, die Gruppe bei der Musikauswahl mitbestimmen zu lassen. Es kann dadurch allerdings geschehen, daß immer wieder die gleiche Musik gewünscht wird.

> *So wurde fast ein Jahr lang auf Wunsch der Gruppe die Amboßpolka am Schluß der Musikaktivierung rhythmisch begleitet. Ein Pfleger, der ein Gruppenmitglied immer am Ende der Stunde abholte, fragte mich deshalb eines Tages irritiert, ob ich auch manchmal etwas anderes mit den Leuten machen würde. Ich versuchte ihm dann zu erklären, daß die Amboßpolka immer von der Gruppe gewünscht würde. Es sei für viele einfach wichtig, einen vertrauten, immer gleichen Abschluß zu erleben.*

Die freie Begleitform zu vorgegebener Musik stellt nur **geringe Anforderungen** an Konzentration und Spielfertigkeit. Sie eignet sich deshalb gut als Einstieg oder als vertrauter Ausklang. Bei der Planung von Aktivierungsstunden kann diese Musizierform auch als Ausgleich nach konzentrationsintensiven Inhalten eingefügt werden.

Leistungsstarken Gruppen kann diese Musizierart allerdings auch leicht langweilig werden. Hier kann die Anleiterin spontane Einsätze geben, die Konzentration und Reaktion der Teilnehmer fordern (z.B. „Jetzt spielen nur die Holzinstrumente" – „jetzt die Metallinstrumente" usw.). Ebenso kann das *„Drei-Ringe-Spiel"* (siehe S. 103) in die rhythmische Begleitung miteinbezogen werden. Wichtig ist dabei, daß der Instrumenten-

Freie Begleitung (Musizieren)

Die Teilnehmerin begleitet den Rhythmus einer Musik.

wechsel nur bei klar hörbarem Melodiewechsel (Phrasenwechsel) erfolgt, sonst werden die Teilnehmer verwirrt.

b) Methodische Anleitung

Es empfiehlt sich, bei bekannten bzw. unbekannten Musikstücken jeweils unterschiedlich vorzugehen:

Bei <u>bekannten</u> Musikstücken:

- Das Musikstück kurz vorspielen und die Gruppe den Titel erraten lassen.
- Auf Wunsch und/oder Fähigkeiten der Teilnehmer die Rhythmusinstrumente verteilen.
- Die Gruppe auffordern, mit den Instrumenten die Musik so zu begleiten, wie es jedem gefällt.
- Evt. zwei Instrumentengruppen bilden, die nach Einsatzangabe durch die Anleiterin abwechselnd, aber dennoch nach eigenen Vorstellungen zur Musik spielen. Dadurch wird das Begleiten interessanter.

Freie Begleitung (Musizieren)

Bei unbekannten Musikstücken:

– Zunächst ein paar Takte der Musik vorspielen und evt. einige Informationen über die Musik oder den Komponisten geben (siehe Teil D Musikhören, S. 216 ff.).
– Auf Reaktionen der TN achten, z.B. klopfen oder klatschen oder wippen sie zur Musik?
– Wenn die Teilnehmer einen gleichgültigen oder gelangweilten Eindruck machen, besser ein anderes oder aber bekanntes Musikstück einspielen.
– Kommt die Musik gut an, Rhythmusinstrumente nach Wunsch und/oder Fähigkeiten verteilen.
– Zum Schluß die Gruppe auffordern, mit den Instrumenten die Musik so zu begleiten, wie es jedem gefällt.

3. Gebundene Instrumentalbegleitung nach einem Musizierplan zur Musik

a) Einführung und Erklärung

Diese instrumentale Begleitform ist im Gegensatz zur freien Begleitung **an einen vorgegebenen Musizierplan gebunden** (siehe b). Auf diesem Plan ist genau angegeben, welche Instrumente wann einzusetzen sind und wie sie gespielt werden müssen. Die Anleiterin bildet also zunächst verschiedene Instrumentengruppen, denen sie – an den im Plan gekennzeichneten Stellen im Musikstück – jewails den Einsatz zum Mitmusizieren gibt. Die Spielweise der einzelnen Instrumentengruppen wird vorher genau eingeübt.

Da diese Art der Instrumentalbegleitung schwieriger ist als die freie Begleitung, sollten die Teilnehmer **sicher im Umgang mit den Instrumenten** sein und über eine **gewisse Reaktionsfähigkeit** verfügen.

Die vorgegebene Instrumentalbegleitung eignet sich besonders gut für **leistungsgemischte Gruppen**, da die verschiedenen Instrumenteneinsätze **unterschiedliche Anforderungen** an die Teilnehmer stellen. Manche Instrumente werden z.B. im Grundschlag zu bestimmten, sich wiederholenden Formteilen eingesetzt. Dies ist relativ leicht, weil nicht auf den Punkt genau eingesetzt werden muß und immer in der gleichen Art und Weise gespielt wird. Schwieriger wird es, wenn mit dem Instrument ganz bestimmte Stellen effektvoll untermalt werden sollen, z.B. ein Tusch am Ende eines Melodieteils oder wenn in Pausen oder auf unbetonte Taktteile musiziert wird. Auch ist es schwierig, wenn man statt des Grundschlags immer einen bestimmten Rhythmus, z.B. kurz, kurz, lang spielt. Hier ist eine gute Reaktionsfähigkeit und ein gewisses Rhythmusgefühl notwendig, damit die Instrumente nicht störend wirken.

Die Anleiterin hat so die Möglichkeit, die Teilnehmer individuell nach ihrer Leistungsfähigkeit einzusetzen. Dabei ist die rhythmische Begabung mindestens ebenso zu be-

Gebundene Begleitung (Musizieren)

rücksichtigen wie körperliche bzw. geistige Einschränkungen. Falls die Anleiterin die Gruppe noch nicht kennt, sollte sie zunächst einfachere Übungen, wie freie Musikbegleitung oder Reaktionsspiele durchführen, um die Teilnehmer besser einschätzen zu können.

Besonders bei Personen mit geistigen Beeinträchtigungen, wie z.B. Demenz, muß damit gerechnet werden, daß sie auf Einsätze nur noch verzögert oder gar nicht mehr reagieren. Wenn ihnen jedoch Instrumente gegeben werden, mit denen sie ständig musizieren können, ohne daß der Ablauf dabei gestört wird, können auch sie miteinbezogen werden.

Die Anleiterin sollte sich vorher überlegen, ob die Gruppe insgesamt den Anforderungen des Musizierplanes gewachsen ist. Falls nötig, muß der Musizierplan für die Teilnehmer abgeändert (erleichtert) werden.

Diese Musizierform bietet ein intensives Miterleben und Mitgestalten der Musik, da die Eigenschaften des Musikstückes durch die unterschiedlichen Einsätze der Instrumente besonders hervorgehoben werden.

b) Lesen/Anfertigen von Musizierplänen

Auf dem Musizierplan ist genau angegeben, welche Instrumente benötigt werden, wann sie zum Einsatz kommen und wie sie gespielt werden sollen. Ab S. 109 ff. werden mehrere ausgearbeitete Musizierpläne aufgeführt, die sich in der Praxis gut bewährt haben. Um sich mit dem Plan vertraut zu machen bzw. selbst einen zu erstellen, geht die Anleiterin folgendermaßen vor:

(1) Heraushören/Aufschreiben der Formteile

Jedes Musikstück und jedes Lied besteht aus einer oder mehreren Melodien (Formteilen), die aneinandergereiht den Aufbau der Musik ergeben. Diese Formteile sind im Musizierplan mit A, B, C usw. gekennzeichnet. Wiederholt sich eine Melodie, dann wird der gleiche Buchstabe verwendet.

Beispiel:
Marsch aus dem Ballett „Der Nußknacker" *von P. Tschaikowsky*

Aufbau:	A	A	B	A	A	C	A	A	B	A	A
Takte:	8	8	8	8	8	8	8	8	8	8	8

Die Anzahl der Takte pro Formteil kann man erkennen, indem man die betonten Taktteile mitklatscht. In der Regel hat ein Formteil 4, 8 oder 16 Takte.

(2) Einsatz und Spielweise der Instrumente festlegen

Je nach Formteil des Musikstückes werden unterschiedliche Instrumente eingesetzt. Diese sind so ausgewählt, daß die Klangeigenschaften der Instrumente gut mit dem

Musizierpläne

jeweiligen Formteil harmonieren. Die Instrumente und deren Spielweise werden im **Plan in Symbolform** notiert (Zeichen- und Symbolerklärungen sind auf S. 86 ff. zu finden).

Bei dem hier angegebenen Beipiel *Marsch aus dem Ballett „Der Nußknacker"* (siehe untenstehende Skizze) werden für die Formteile folgende **Instrumente** eingesetzt, die in der *linken Spalte* angegeben werden:

Formteil A: Hölzer, Rasseln, Becken
Formteil B: Trommel, Triangel
Formteil C: Schellenring, Schellenstab

Die **Spielweise der Instrumente** wird jeweils *dahinter* notiert. Aus der Anzahl der Kästchen ist abzulesen, über wieviel Takte hinweg gespielt wird, und wann der nächste Einsatz erfolgt.

Bei dieser Musik werden z.B. bei *Teil A* zunächst die Hölzer vier Takte lang gespielt, dann folgen die Rasseln, und am Ende erklingt mit dem Becken ein „Tusch". Dies entspricht auch dem Charakter der Melodie und kann deshalb gut herausgehört werden.

Bei *Teil B* werden abwechselnd mit der Trommel vier langsame Schläge und mit der Triangel acht kurze, schnelle Schläge eingespielt.

Bei *Teil C* wird mit Schellenring und Schellenstab gleichzeitig während des gesamten Formteiles musiziert. Deshalb wird das Symbol für den Reibeklang („~~~") über 8 Takte (Spalten) hinweg notiert.

Wird ein Formteil, z.B. „A", wiederholt, erklingen auch die entsprechenden Instrumente wieder.

Beispiel: Musizierplan zum *„Marsch aus der Nußknackersuite" von P. Tschaikowsky*

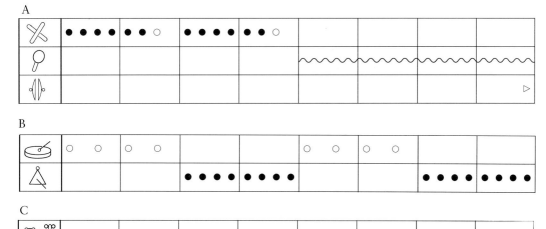

Aufbau: A A B A A C A A B A A

Musizierpläne

Aus dem Aufbau kann die Anleiterin ablesen, wann sie welchen Instrumenten die Einsätze geben muß. Wichtig ist, daß sie genau weiß, welche Instrumente zu A, B und C gehören, um schnell und sicher reagieren zu können.

Als **Gedankenstütze** kann sie sich einen **vereinfachten Plan** erstellen. Hierbei werden die Symbole der Instrumente direkt dem Aufbau des Musikstückes zugeordnet. Jedoch ist aus diesem Plan nicht abzulesen, wie die Spielweise der Instrumente ist. Dies muß die Anleiterin sich vorher gut merken, um es den Teilnehmern genau erklären bzw. vormachen zu können.

Beispiel: „Marsch aus der Nußknackersuite" von P. Tschaikowsky

A	A	B	A	A	C	A	A	B	A	A
✗ ♀	✗ ♀	⌒⌒	✗ ♀	✗ ♀	✺	✗ ♀	✗ ♀	⌒⌒	✗ ♀	✗ ♀
⫤	⫤	△ △	⫤	⫤	⁂	⫤	⫤	△ △	⫤	⫤

Ein solcher Plan kann auch für die Teilnehmer eine Hilfe sein, um zu erkennen, wann ihr Einsatz erfolgt. Allerdings sollten die Angaben dann groß und deutlich sichtbar auf Plakate gezeichnet werden. Verschiedene Farben für die Symbole der Instrumente erleichtern den Spielern das Lesen und Wiedererkennen ihrer Einsätze. Die Anleiterin gibt bei der Verwendung eines solchen Plakates die Einsätze nicht direkt, sondern indirekt, indem sie auf die entsprechende Stelle des Planes zeigt. Voraussetzung dafür ist allerdings, daß alle Teilnehmer das Plakat gut sehen können und die Symbolik verstehen und umsetzen können.

(3) Schwierigkeitsgrad der Instrumente bestimmen

Bevor die Anleiterin mit einem solchen Plan in die Gruppe geht, sollte sie sich überlegen, welcher Teilnehmer welches Instrument bekommt. Wie bereits erwähnt, erfordern die Instrumente je nach Spielweise und Einsatz unterschiedliche Fähigkeiten und Fertigkeiten.

Beim „Nußknackermarsch" kann folgende Einteilung nach Schwierigkeitsgrad der Instrumente vorgenommen werden:

Hölzer und Rasseln **(Teil A)**:	Leicht bis mittelschwer
Becken **(Teil A)**:	Schwer, da auf den Punkt genau gespielt werden muß
Trommel und Triangel **(Teil B)**:	Mittel bis schwer, da die Einsätze unvorbereitet kommen
Schellen **(Teil C)**:	Leicht

(Es würde auch nicht stören, wenn einige Rasseln immer spielen würden.)

Abschließend überlegt sich die Anleiterin, ob die Gruppe insgesamt den Anforderungen des Musizierplanes gewachsen ist. Besonders bei den schwierigen Parts sollte sie sich Gedanken darüber machen, wer diese übernehmen könnte. Besonders geeignet dafür sind Personen, die keine geistigen Einschränkungen haben und deshalb noch gut auf Einsätze reagieren. Erscheint der Musizierplan insgesamt der Anleiterin als zu schwierig, sollte sie ihn vereinfachen. Im oben genannten Beispiel könnte sie z.B. auf das Becken am Ende von Teil A verzichten. In Teil B könnten zur Erleichterung Trommeln und Triangeln auch die ganze Zeit über spielen.

c) Methodische Anleitung von gebundener Instrumentalbegleitung

Ist die Anleiterin mit dem Musizierplan vertraut, kann sie diesen in ihrer Gruppe anleiten. Dabei sollte sie folgendermaßen vorgehen:

1. Schritt: Vorspielen der Musik
Vorweg sollte sich die Gruppe die Musik erst einmal anhören. Sinnvoll ist dies,
- wenn die Leiterin unsicher ist, ob den Teilnehmern die Musik überhaupt gefällt,
- wenn die Musik bekannt ist und der Titel erraten werden soll,
- wenn die Gruppe zum Musizieren erst ermuntert werden soll,

2. Schritt: Verteilen der Instrumente
Wie beschrieben, verteilt die Anleiterin die Instrumente je nach Schwierigkeitsgrad an die Teilnehmer. Dabei sollte sie darauf achten, daß die Mitglieder einer Instrumentengruppe zusammensitzen, d.h. alle Teilnehmer, die in Teil A spielen, sitzen nebeneinander, alle aus Teil B usw. Gegebenenfalls müssen einzelne Personen umgesetzt werden. So erleichtert sich die Anleiterin die Einsatzgabe und die Teilnehmer können sich aneinander orientieren. Wichtig ist, die Wünsche der Teilnehmer bei der Instrumentenausgabe nicht ganz außer acht zu lassen. Vielleicht kann der Teilnehmer ja doch mehr, als die Leiterin glaubt. Auf jeden Fall sollte sie immer zumindest eine Alternative anbieten, um dem Teilnehmer eine Wahlmöglichkeit zu lassen.

3. Schritt: Ausprobieren der Instrumente
Zunächst sollten die Teilnehmer nach eigenen Vorstellungen auf den Instrumenten spielen, um sich so damit vertraut zu machen. Sinnvoll ist es, wenn schon während der ersten Einspielung der Musik frei mitmusiziert werden kann.

4. Schritt: Einüben der Spielweise und Einsätze der Instrumente
Die Anleiterin wendet sich jetzt nach und nach den einzelnen Instrumentengruppen zu und erklärt die Spielweise. Es ist hilfreich, wenn sie die jeweilige Melodie vorsummt und dazu die Spielweise direkt vormacht, indem sie entsprechend in die Hände klatscht. Dies übt sie so lange, bis die Teilnehmer diesen Rhythmus in dem angegebenen Tempo beherrschen. Hat die Anleiterin die Melodie noch nicht so gut im Kopf, kann sie auch die einzelnen Melodieteile abschnittweise einspielen und dies direkt zur Musik üben.

Weiß jede Gruppe, wie das Instrument zu spielen ist, werden die **Einsätze** je nach Zusammenstellung der Formteile geübt. Dabei kann sie die Einsätze direkt geben oder anhand eines Plakates (s.o.).

Die **direkte Einsatzgabe** ist für die Teilnehmer in jedem Fall einfacher, da sie sich auf die Anleiterin verlassen können und die Einsätze nicht selbst **anhand eines Plakates** lesen müssen. Außerdem ist die Anleiterin ohne Plakat flexibler, da sie so spontan Vereinfachungen vornehmen kann, wenn sie merkt, daß die Teilnehmer mit bestimmten Instrumenten oder Einsätzen Schwierigkeiten haben.

Anleitung (gebundene Begleitung)

Die Teilnehmer warten auf ihren Einsatz.

Diese „Trockenübung" macht mehr Spaß, wenn das „*Drei-Ringe-Spiel*" (siehe S. 103) als Reaktionstraining hierfür benutzt wird. Kommen bei dem Musiziersatz mehr als 3 Instrumentengruppen vor, müssen entsprechend mehr Ringe vorhanden sein.

5. Schritt: Durchführung des eingeübten Musiziersatzes zur Musik

Klappen die Spielweisen und Einsätze der Instrumente gut, kann zur Musik musiziert werden. Auch hier sind die Spieler zunächst noch darauf angewiesen, daß die Anleiterin jeder Instrumentengruppe rechtzeitig den Einsatz gibt. Es sollte – falls gewünscht – noch ein zweiter Durchgang erfolgen, da die Teilnehmer sich dann nicht mehr so stark auf die Einsätze konzentrieren müssen und die Klanggestaltung noch mehr genießen können. Nach mehreren Durchgängen kann die Anleiterin auf die Einsatzgabe verzichten, da dann die Teilnehmer selbst in der Lage sind, richtig zu reagieren.

Allerdings sollte das Musikstück in einer Stunde nicht zu häufig wiederholt werden. Selbst wenn es noch nicht richtig klappt, ist es besser, dies in der nächsten Stunde nochmals aufzugreifen, da sonst die Gefahr besteht, daß die Teilnehmer durch die lange Erarbeitungsphase die Freude am Musizieren verlieren.

Illustration

4. Illustration

a) Einführung und Erklärung

Viele Leser werden sich wahrscheinlich fragen, was Musizieren mit einer Illustration zu tun hat. Jedoch genauso, wie man einen Text durch Abbildungen anschaulicher gestalten kann, ist es möglich, **mit Instrumenten bestimmte Inhalte oder Stimmungen musikalisch hervorzuheben oder zu verdeutlichen.** Dabei steht nicht die Musik im Vordergrund, sondern sie hat die Aufgabe, Text, Bild oder Spiel interessanter zu gestalten.

Als Vorlage zu einer musikalischen Illustration mit alten Menschen eignen sich **Gedichte und bekannte kurze Geschichten sowie Märchen,** da diese mit einfachen Instrumenten sehr gut illustriert werden können.

Im praktischen Teil (S. 126 ff.) sind von uns einige konkrete Illustrationsvorschläge zu Gedichten und Märchen aufgeführt. Diese sind als Anregung zu verstehen. Besser ist es jedoch, mit den jeweiligen Gruppenteilnehmern selbst eine Illustration zu überlegen. Der Phantasie sind dabei keine Grenzen gesetzt.

Sicher können in einem Alten- und Pflegeheim keine anspruchsvollen Illustrationen produziert werden, da weder gute tontechnische Geräte vorhanden sind, noch Bewohner und Leiterin aufnahmetechnisch versiert sind.

Doch macht es auch Spaß, mit einfachen Mitteln und Möglichkeiten Untermalungen zu gestalten.

Als **Illustrationsmittel** dienen – Melodie- und Rhythmusinstrumente, – die menschliche Stimme und – selbsterzeugte Geräusche.

Illustrationen stellen **keine hohen Anforderungen an musikalische Fertigkeiten und Fähigkeiten,** da der Einsatz nicht auf den Punkt genau kommen muß und die Spielweise auch nicht besonders vorgeschrieben ist. Sie setzen allerdings ein gewisses Maß an Konzentration voraus. Stark demente Teilnehmer sind hierbei manchmal überfordert bzw. können auch die konzentrierte Gruppenarbeit stören. Dies muß jedoch nicht immer so sein.

Als ich mit einer leistungsgemischten Gruppe, zu der auch demente Personen gehörten, den Versuch machte, das Märchen „Die Bremer Stadtmusikanten" (siehe S. 132 ff.) zu illustrieren, erlebte ich Unerwartetes. Eine zeitlich, örtlich und zur Person desorientierte Frau bestand darauf, die Rolle des Hundes (eine Hauptrolle) mit der Trommel zu übernehmen. Ich wollte ihr den Wunsch nicht abschlagen, wenngleich ich ihr nicht zutraute, auch nur einen Einsatz zu schaffen. Doch weit gefehlt. Sobald sie in der von mir erzählten Geschichte das Wort „Hund" hörte, klopfte sie – wie verabredet – auf die Trommel. Sie wartete nicht immer die für die Illustration vorgesehenen Pausen ab, doch verpaßte sie keinen einzigen Einsatz.

b) Erstellen eines Illustrationsplanes

Bevor die Anleiterin eine Illustration in der Gruppe durchführt, sollte sie sich Gedanken dazu machen, wie was illustriert werden kann. Dies kann auch gemeinsam in der Gruppe geschehen, doch sollte sie dennoch Ideen im Kopf haben, um eventuell Vorschläge machen zu können.

Als erstes überlegt sie sich, an **welchen Stellen** im Gedicht bzw. in der Geschichte **Instumente eingesetzt werden können**. Da der Text im Vordergrund stehen sollte, ist es wichtig, nicht zu viele Instrumente einzusetzen. Zur Illustration eignet sich alles, was mit Bewegung und/oder Geräuschen zu tun hat. So sollten Instrumente an folgenden Stellen eingesetzt werden:

– bei Tätigkeiten und Bewegungen von Personen, Tieren oder Pflanzen,
– bei Naturereignissen, wie Blitz, Donner, Rauschen von Winden, Regen usw.,
– bei Geräuschen von Gegenständen, z.B. Knarren der Tür,
– bei besonderen Effekten und Stimmungen, z.B. Licht in der Dunkelheit, Angst, Fröhlichkeit usw.

Diese Textstellen markiert sie sich und überlegt, **welches Instrument jeweils am besten paßt** und wie es gespielt werden könnte. Dabei sollte ein und dieselbe Person/Sache immer mit dem gleichen Instrument illustriert werden. Auf diese Weise erhält jeder Teilnehmer eine Rolle. Je nach Bewegung/Stimmung/Geräusch kann er dann auf dem dafür vorgesehenen Instrument unterschiedlich musizieren.

Wie dies in übersichtlicher Form notiert werden kann, ist den praktischen Illustrationsvorschlägen ab S. 126 ff. zu entnehmen. Das **Aufschreiben** ist insbesondere dann sinnvoll, wenn eine Illustration über mehrere Aktivierungsstunden hin gemeinsam geplant wird. Da wird leicht vergessen, was in der Stunde zuvor für eine Rolle vorgesehen war oder welches Instrument wann vorkommt.

Wichtig ist es, noch zu überlegen, **wo die Einsätze der Instrumente erfolgen sollen**. Am schönsten klingt es, wenn bei entsprechenden Bewegungen bzw. Geräuschen oder Stimmungen das Instrument eingesetzt wird. Leichter ist es jedoch für die Spieler, wenn sie sich nur ein Stichwort, z.B. den Namen der Person bzw. des Gegenstandes merken müssen. Das Spielen der Instrumente sollte möglichst nicht gleichzeitig mit dem Text erfolgen. Die Anleiterin macht sich also an der Textstelle, an der das Instrument erklingen soll, ein Häkchen, um genau zu wissen, wo sie eine Pause machen muß.

Zum Schluß bestimmt sie noch den **Schwierigkeitsgrad der Instrumente**. Wie bei der gebundenen Instrumentalbegleitung hängt dies von den Einsätzen und der Spielweise der Instrumente ab. Manche Instrumente werden immer in der gleichen Art und Weise gespielt und kommen an klar erkennbaren Stellen vor. Dies ist dann für die Spieler recht einfach zu merken und nachzuvollziehen. Schwieriger wird es, wenn die Spielweise z.B. je nach der Bewegung einer übernommenen Person an verschiedenen Stellen unterschiedlich ist. Diese Rollen sollten an Teilnehmer verteilt werden, die sich verschiedene Spielweisen merken können und reaktionsstark sind. Allerdings gibt der Textinhalt

Illustration

Die Teilnehmerin hat eine schwierige Rolle bei den „Bremer Stadtmusikanten" übernommen.

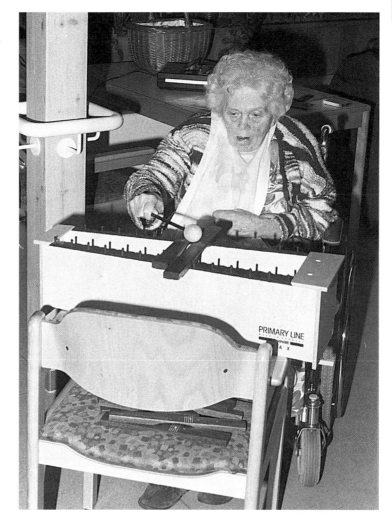

immer auch Anhaltspunkte für die Art des Spiels, so daß die Teilnehmer nichts auswendig lernen müssen. Es kommt nur darauf an, daß der Inhalt verstanden wird. Die Spielweise kann nach eigenen Vorstellungen beliebig variiert werden.

c) Methodische Anleitung

Das Musizieren auf den Instrumenten ist bei der Illustration sehr frei. Es können zwar Spielarten (z.B. Gleitklänge auf Glockenspiel etc.) vereinbart werden, doch müssen sich die Spieler keine Melodien einprägen, kein vorgegebenes Tempo einhalten und auch nicht auf Harmonien achten. Diese Musizierform bietet deshalb auch leistungsschwachen Personen die Möglichkeit, auf Melodieinstrumenten mitzuspielen. Jeder Spieler hat nur auf seinen Einsatz zu achten, wobei es auch nicht störend ist, wenn dieser mal etwas verzögert kommt oder der Teilnehmer von der Anleiterin erinnert werden muß.

Illustration

Die Anleiterin beachtet folgende methodische Hinweise:

1. Schritt: Vorstellen der Geschichte/des Gedichtes
Die Anleiterin erzählt kurz mit eigenen Worten, worum es in dem ausgewählten Text geht. Ist die Geschichte, das Gedicht den Teilnehmern bekannt, kann sie durch Hinweise den Titel erraten lassen.

2. Schritt: Festlegung der Rollen und Zuordnung der Instrumente
Die Anleiterin nennt nach und nach die ausgesuchten Rollen und fragt jeweils in die Runde, wer welche Rolle übernehmen will. Dabei spricht sie ggf. zurückhaltende Teilnehmer direkt an.
Beim Märchen „*Die Bremer Stadtmusikanten*" wären z.B. folgende Rollen zu vergeben: *Esel, Hund, Katze, Hahn, mehrere Räuber, evt. noch besondere, vereinbarte Geräusche.*
Wichtig ist, daß jeder Teilnehmer möglichst nur eine Aufgabe oder eine Rolle übernimmt. Die Anleiterin muß deshalb auch vorweg überlegen, ob für alle Rollen genügend Teilnehmer vorhanden sind.
Beim Verteilen der Rollen gibt sie die Instrumente nicht einfach vor, sondern fragt zunächst die Teilnehmer, mit welchem Instrument z.B. der Esel dargestellt werden könnte. Dabei macht sie jedoch auch Vorschläge und gibt je nachdem, um welchen Teilnehmer es sich handelt, mehr oder weniger Entscheidungshilfen.

3. Schritt: Einüben der Spielweise und der Einsätze
Anschließend oder auch gleichzeitig mit der Verteilung der Instrumente überlegt sie mit den Teilnehmern, wie die Instrumente gespielt werden können. Je nachdem sind ein oder mehrere Spielweisen einzuüben. Dabei gibt die Anleiterin immer kurz die Textpassage bzw. das Stichwort vor, damit sich die Teilnehmer die Stellen, an denen sie spielen sollen, einprägen können.

4. Schritt: Durchführung der Illustration
Sind die Teilnehmer mit den Instrumenten vertraut, wird die Geschichte bzw. das Gedicht zusammenhängend vorgelesen.
An den markierten Stellen werden Pausen eingelegt, damit die Teilnehmer auf die vereinbarte Weise spielen können, ohne den Text zu übertönen. Falls nötig, gibt die Anleiterin dem Teilnehmer ein Zeichen.
Das Vorlesen kann auch ein Teilnehmer übernehmen. Dies sollte mit ihm jedoch vorher geübt werden, da eine bestimmte Betonung sowie das Einhalten der Pausen wichtig ist.

Anmerkung:
Es ist auch möglich zunächst die Instrumente die vorkommen zu verteilen – von den Teilnehmern ausprobieren zu lassen – und dann gemeinsam überlegen, welches Instrument wozu am besten paßt. Bei einem Gedicht oder einer kurzen Geschichte kann ebenso spontan illustriert werden, ohne daß vorher gemeinsam etwas erarbeitet werden muß. Auf jeden Fall sollte die Anleiterin den Teilnehmern hierbei immer viel Freiheit lassen und nicht auf Perfektion achten, damit die Freude am gemeinsamen Musizieren im Vordergrund steht.

V. Ausgearbeitete praktische Vorschläge

1. Spiele und Übungen

a) Hinweise zur Anwendung

Folgende musikalische Spiel- und Übungsvorschläge können **unterschiedlich eingesetzt** werden. Sie eignen sich gut als Einstieg oder Abschluß einer Aktivierungsstunde, können aber auch zur Auflockerung zwischendurch dienen, wenn die Teilnehmer konzentrationsschwach oder gelangweilt sind.

Andererseits können sie jedoch auch gezielt als Vorübung für weitere Musizierformen wie gebundene Instrumentalbegleitung oder Illustrationen ausgewählt werden. Notwendige Fähigkeiten und Fertigkeiten werden auf diese Weise spielerisch eingeübt und die Erarbeitungsphasen können dadurch abwechslungsreicher und interessanter gestaltet werden.

Bei jedem Vorschlag wird jeweils der **Sinn und Zweck** des Spiels erklärt. Dies soll der Anleiterin helfen, gezielt ein Spiel als Vorbereitung für weitere Musizierformen auszuwählen.

Zur genauen Spielbeschreibung sind bei einigen Vorschlägen auch Spielabwandlungen **(Varianten)** oder **Bemerkungen** aufgeführt. Hier werden weitere Spielmöglichkeiten benannt bzw. wichtige methodische Hinweise gegeben.

b) Vorschläge

(1) „Instrumente unter der Decke"

Medien:
Mehrere Rhythmusinstrumente aus Metall, Holz und Fell sowie Geräuschinstrumente (mindestens so viele Instrumente wie Teilnehmer), ein großes Tuch oder eine Decke

Sinn und Zweck:
- Kennenlernen verschiedener Rhythmusinstrumente
- Interesse an den Instrumenten wecken
- Hemmungen gegenüber den Instrumenten abbauen

Vorbereitung:
Die Teilnehmer sitzen im Kreis. Die Instrumente liegen für alle Teilnehmer gut sichtbar in der Kreismitte.

Spielverlauf:
- L benennt die einzelnen Instrumente (nur den Oberbegriff) und erklärt die jeweilige Beschaffenheit (Holz, Rassel, Trommel). Auch die TN können hierbei ihr Wissen einbringen.
- L verdeckt alle Instrumente mit einem großen Tuch.
- Versteckt spielt L ein Instrument an und befragt die TN, welches Instrument sie hören.
- Jeder TN erhält so ein erratenes Instrument und kann es ausprobieren.
- Auf diese Weise werden alle Instrumente erraten und an die TN verteilt.

Von dieser Situation ausgehend kann nun ein Musizieren erfolgen (z.B. Freie Instrumentalbegleitung zu vorgegebener Musik, siehe S. 88 ff.).

Variante:
Nicht Klänge von Instrumenten werden erraten, sondern Geräusche (z.B. Tasse auf Untertasse stellen, Papier zerknüllen, Stoff zerreißen, Stoff schneiden, einen Schlüsselbund schütteln, eine Zeitung falten, u.ä.). Auch hier liegen die Gegenstände entweder unter einer großen Decke oder aber hinter einer Stoffwand. Die Teilnehmer bekommen die Gegenstände allerdings nicht vorher zu sehen. Um so größer ist die Überraschung, wenn nach dem Raten die einzelnen Geräuschquellen hervorgeholt werden.

Praktische Vorschläge (Musizierspiele)

(2) „Drei-Ringe-Spiel"

Medien:
3 Gymnastikringe, mehrere Holz-, Metall- und Geräuschinstrumente (oder Trommeln)

Sinn und Zweck:
- Konzentrationstraining
- Reaktionstraining

Vorbereitung:
Die Teilnehmer sitzen im Kreis. Die drei Gymnastikreifen liegen für alle gut sichtbar in die Kreismitte.

Spielverlauf:
- L legt in jeden Ring ein Instrument einer Instrumentengruppe, z.B. in den 1. Ring ein Holzinstrument, in den 2. Ring ein Metallinstrument usw.
- Jeder TN sucht sich nun aus den übrigen Instrumenten eines aus.
- Alle Instrumente werden ausprobiert; L gibt gegebenenfalls Hilfestellung.
- L stellt sich zu einem Instrument in einen Reifen und fordert alle TN, die ein Instrument dieser Instrumentengruppe haben, auf zu musizieren.
- L wechselt in den nächsten Reifen und so weiter. Zu Beginn muß der Wechsel noch langsam erfolgen, und L muß sich davon überzeugen, daß die TN auch reagieren. Nach und nach kann sie dann schneller von Reifen zu Reifen wechseln oder sogar zwei Reifen gleichzeitig betreten.

Bemerkung:
Dieses Spiel läßt sich gut als Erarbeitungsmethode bei Musiziersätzen einsetzen. Entsprechend der Anzahl der Instrumentengruppen werden dabei zwei oder mehr Ringe benötigt. Die Anleiterin kann so auf einfache Weise den Wechsel der verschiedenen Instrumentengruppen einüben, entsprechend den Formteilen des jeweiligen Musiziersatzes.

Zur Erleichterung kann dieses Spiel auch zunächst mit nur 2 Reifen gespielt werden. Bei reaktionsschwachen Gruppen (insbesondere dementen Teilnehmern) ist es sinnvoll die Teilnehmer einer Instrumentengruppe beieinandersitzen zu haben, um gegebenenfalls mit zusätzlichen Handzeichen die Einsätze zu erleichtern.

Praktische Vorschläge (Musizierspiele)

(3) „Drei-Farben-Spiel"

Medien:
Mehrere Instrumente aus 3 Instrumentengruppen (Holz, Metall, Fell oder Geräusch)

Sinn und Zweck:
- Konzentrationstraining
- Reaktionstraining

Vorbereitung:
Die Teilnehmer und die Anleiterin sitzen im Kreis.

Spielverlauf:
- Die TN wählen ein Instrument und probieren es aus.
- Jeweils eine Farbe (z.B. rot, blau, grün) wird jeweils einer Instrumentengruppe zugeordnet.
- L ruft jede Farbe auf und achtet darauf, daß die entsprechenden TN mit ihren Instrumenten musizieren.
- L oder auch ein TN erzählt eine beliebige Geschichte, in der ständig diese drei Farben vorkommen (z.B. Die Sonne scheint, der Himmel ist **blau**, als **Rot**käppchen in den **grünen** Wald geht). Die Geschichte sollte ansprechend sein, ein richtiges Ende haben und spannend vorgetragen werden.
- Wird eine der vereinbarten Farben genannt, muß die entsprechende Instrumentengruppe musizieren. Baut die Erzählerin zusätzlich noch andere Farben, wie lila, grau, gelb in ihre Geschichte ein, wird das richtige Musizieren für die TN noch spannender und vor allem lustig, wenn aus versehen bei der falschen Farbe musiziert wird. (Hilfreich ist es, wenn alle Spieler einer Instrumentengruppe zusammensitzen).

Bemerkung:
Je nach Leistungsfähigkeit der Gruppe kann eine Farbe mehr oder weniger hinzugenommen werden.

Praktische Vorschläge (Musizierspiele)

Vorschlag einer Geschichte

An einem schönen Sommertag, der Himmel war **blau**, schickte die Mutter das **Rot**käppchen in den **grünen** Wald zur Großmutter. Die Großmutter wohnte in einem kleinen Häuschen mit **roten** Dachziegeln und **blauen** Fensterläden, mitten im **grünen** Wald. Die Mutter packte ein paar Geschenke zusammen, wie einen Kuchen und eine Flasche **Rot**wein, die das Mädchen der Großmutter mitbringen sollte. „Aber weiche nicht vom Weg ab, du weißt, der **graue** Wolf lebt im Wald", warnte die Mutter das **Rot**käppchen. Das Mädchen versprach es und machte sich auf den Weg in den **grünen** Wald. Da sah sie nach einer Weile am Wegesrand wunderschöne **rote** und **blaue** Blumen. Sie begann einen bunten Strauß zu pflücken und kam immer mehr vom Weg ab. Plötzlich stand der **graue** Wolf vor ihr und fragte, was sie hier suche. **Rot**käppchen erklärte, daß sie die Großmutter besuchen wolle, die in dem kleinen Haus mit den **roten** Dachziegeln und den **blauen** Fensterläden wohne. Sie wolle aber erst noch von den schönen **blauen** und **roten** Blumen pfücken. Da verabschiedete sich der **graue** Wolf schnell, lief durch den **grünen** Wald zum Haus mit den **roten** Dachziegeln und den **blauen** Fensterläden und verschlang die Großmutter. Dann zog er sich das **blaue** Nachthemd der alten Frau an und legte sich ins **grün**karierte Bett. Nach einiger Zeit kam **Rot**käppchen mit den **roten** und **blauen** Blumen und den übrigen Geschenken, klopfte an die Tür und trat ein. Doch wie merkwürdig sah die Großmutter in dem **grün**karierten Bett aus. **Rot**käppchen fragte deshalb: „Großmutter, du hast wohl ein **blaues** Nachthemd an, aber du hast eine ganz große Nase". Da antwortete der Wolf: „Damit ich dich, liebes **Rot**käppchen, besser riechen kann". „Ja, aber du hast auch gar keine **blauen** Augen mehr". „Ja, damit ich dich besser sehen kann". „Ach Großmutter, du hast auch so einen großen Mund". „Damit ich dich besser fressen kann", antwortete der **graue** Wolf, sprang aus dem **grün**karierten Bett und verschlang das **Rot**käppchen. Nun war er so müde, daß er sich sofort wieder in das **grün**karierte Bett legte und einschlief. Kurze Zeit später kam ein **grüner** Jägersmann am Haus mit den **roten** Dachziegeln und den **blauen** Fensterläden vorbei und hörte seltsame Schnarchgeräusche. Da er dies von der Großmutter nicht kannte, trat er ins Haus und entdeckte den Wolf mit dem **blauen** Nachthemd der Großmutter im **grün**karierten Bett. Schnell schnitt er dem Wolf den Bauch auf, und heraus kamen die Großmutter und das **Rot**käppchen. Da war die Freude groß.

Gemeinsam saßen sie am Tisch, der **grüne** Jäger, die Großmutter und das **Rot**käppchen, aßen den köstlichen Kuchen und tranken den **Rot**wein. Auf dem Tisch standen die schönen **roten** und **blauen** Blumen, die **Rot**käppchen gepflückt hatte, in einer **grünen** Vase. Und wenn sie nicht gestorben sind, dann leben sie noch heute.

Praktische Vorschläge (Musizierspiele)

(4) „Rhythmisieren von Namen" (Kennenlernspiel)

Medien:
Eine Handtrommel

Sinn und Zweck:
- Kennenlernen der Teilnehmer
- Sich rhythmisch mit dem eigenen Namen auseinanderzusetzen
- Reaktionstraining

Vorbereitung:
Die Teilnehmer sitzen im Kreis, die Anleiterin steht mit einer Handtrommel in der Kreismitte.

Spielverlauf:
- L spricht ihren Namen mehrmals rhythmisch vor und klopft dazu auf die Trommel, z.B. El – se (2 x kurz klopfen) Küm – mer – ling (3 x lang klopfen).
- L hält dann die Trommel einem TN hin und bittet ihn, sich ebenfalls vorzustellen. Je nach Aufgeschlossenheit und Erinnerungsvermögen der TN muß L verbale und taktile Hilfestellung geben (niemanden zwingen!).
L behält die Trommel immer in der Hand und hält sie den TN nur zum „Draufklopfen" hin. Sind alle Namen – entweder von den TN oder aber vom L genannt – wird ohne Namensnennung weitermusiziert.
- L motiviert die TN durch unterschiedliche Klopfarten (Fingerspitzen, ganze Hand, Faust), auch auf Klopfdialoge einzugehen.

Um die Reaktionsfähigkeit der TN zu üben, hält L schnell hintereinander verschiedenen Personen die Trommel hin.

Variante 1:
Nachdem alle Teilnehmer sich rhythmisch vorgestellt haben, werden zwei oder drei Namen in Kleingruppen rhythmisch gesprochen, erst nacheinander, dann gleichzeitig.

Variante 2:
Ebenso können in zwei Gruppen zwei Sprichwörter gleichzeitig gesprochen und rhythmisch geklatscht werden:

Wer nicht kommt zur rech - ten Zeit,

der muß essen was üb- rig bleibt.

Milch und Brot macht Wangen rot,

Milch und Brot macht Wangen rot.

Praktische Vorschläge (Musizierspiele)

(5) „Versteckspiel"

Voraussetzung ist hierbei, daß zwei Pflegekräfte oder aber zwei voll bewegungsfähige und geistig mobile Teilnehmer anwesend sind (für die Rolle der Suchenden).

Medien:
Beliebige Rhythmusinstrumente für jeden Teilnehmer sowie einen Gegenstand, der versteckt wird.

Sinn und Zweck:
- Konzentrationstraining
- Reaktionstraining

Vorbereitung:
Die Teilnehmer und die Anleiterin sitzen im Kreis.

Spielverlauf:
- TN wählen ein Instrument und probieren es aus.
- L läßt die Gruppe zunächst ganz leise und dann ganz laut auf den Instrumenten musizieren.
- L zeigt einen Gegenstand (z.B. ein Kirschkernsäckchen), der versteckt werden soll, und erklärt der Gruppe den Spielverlauf.
- Nun wird entweder ein mobiler TN oder eine Pflegekraft gebeten, für kurze Zeit den Raum zu verlassen.
- TN oder L verstecken den Gegenstand im Raum, z.B. unter der Schürze eines TN's, oder in der Schublade eines Schrankes usw. Es sollten keine zu schwierigen Verstecke ausgesucht werden, und es ist darauf zu achten, daß jeder TN das Versteck kennt und auch sehen kann.
- Der „Suchende" wird wieder hereingebeten.
- TN musizieren auf ihren Instrumenten lauter, wenn der Sucher sich dem Versteck nähert und leiser, wenn er weiter entfernt ist (entsprechend dem „Heiß-Kalt-Spiel").

Bemerkung:
Für den Sucher ist die Aufgabe gar nicht so einfach. Allein im Mittelpunkt zu stehen, ist für viele Teilnehmer sehr unangenehm, deshalb sind Pflegekräfte für diese Rolle besser geeignet.

(6) „Weitergeben"

Medien:
Beliebige Rhythmusinstrumente für jeden Teilnehmer. Schöner klingt dieses Spiel aber, wenn alle Teilnehmer das gleiche Instrument haben, z.B. Hölzer oder Trommeln.

Sinn und Zweck:
– Konzentrationstraining
– Reaktionstraining
– Kontaktaufnahme mit den Sitznachbarn

Vorbereitung:
Die Teilnehmer sitzen im Kreis.

Spielverlauf:
– Jeder TN sucht sich ein Instrument aus.
– Nacheinander spielt jeder kurz auf seinem Instrument.
– Der Klang wandert zunächst im Uhrzeigersinn, dann gegen den Uhrzeigersinn im Kreis herum. Die Teilnehmer werden gebeten, beim „Weitergeben" den entsprechenden Sitznachbarn anzuschauen. Diese einfache Vorübung sollte mehrmals erfolgen.
– L stellt die Aufgabe, daß jeder TN entscheiden soll, ob der Klang rechts oder links weitergegeben wird. Entsprechend muß dann der linke oder der rechte Sitznachbar angeschaut werden, damit dieser das Spiel weiterführen kann. Der Spielwechsel sollte möglichst schnell vor sich gehen.

Bemerkung:
Demente Teilnehmer haben große Schwierigkeiten beim Verständnis der Regel. Ebenso ist die Reaktionsfähigkeit eingeschränkt. Die Anleiterin muß deshalb darauf achten, daß solche Personen nicht von den übrigen Teilnehmern angefeindet werden, denn das Spiel entwickelt sich leicht zu einem Wettspiel.

Variante:
Bei Gruppen mit reaktionseingeschränkten Teilnehmern kann die Anleiterin auch von Person zu Person gehen und mit Blickkontakt oder auch verbal zum Musizieren auffordern. Sie gibt dann allerdings die Musizierrichtung vor. Lustig wird dieses vereinfachte Spiel, wenn die Anleiterin immer schneller im Kreis umhergeht und häufig Richtungswechsel vornimmt.

Praktische Vorschläge (Musiziersätze)

2. Musiziersätze

a) Hinweise zur Anwendung

Im folgenden sind mehrere in der Praxis erprobte Musiziersätze aufgeführt. Diese stehen nicht „unter Denkmalschutz" und sollten von der Anleiterin **auf die jeweilige Gruppe individuell abgestimmt** bzw. verändert werden.

Bevor die Anleiterin einen Musiziersatz mit einer Gruppe durchführt, sollte sie unbedingt die **methodischen Hinweise zur Erarbeitung eines Musiziersatzes** berücksichtigen, die auf S. 91 ff. beschrieben sind.

Treten Verständnisprobleme bezüglich Notation und Symbole auf, können die auf S. 86 ff. angegebenen Erklärungen nachgeschlagen werden.

Da die meisten Musiziersätze auf Gruppen mit gemischten Fähigkeiten ausgerichtet sind, konnte entsprechend bei der Angabe des **Schwierigkeitsgrades** nur eine grobe Aussage gemacht werden. Damit die Anleiterin die verschieden schweren Aufgaben erkennt und diese auf die Teilnehmer entsprechend ihren Fähigkeiten übertragen kann, sind jeweils Vorschläge zur **Verteilung der Instrumente** angegeben. Dennoch sollte die Anleiterin auch auf Wünsche der Teilnehmer eingehen und nicht jemandem ein Instrument einfach aufdrängen. Günstig ist es, jeweils zwei Instrumente zur Alternative anzubieten.

Die hier verwendeten Musikstücke sind – sofern dieses Symbol 🔊 angehängt ist – auf der buchbegleitenden Musikkassette zu finden.

b) Vorschläge

(1) „Paprika Lady" von R. Schmitz 🔊

Schwierigkeitsgrad: Leicht bis mittelschwer

Teilnehmer:
Mindestens vier TN, davon sollte mindestens ein TN eine gute Konzentrationsfähigkeit und ein gutes Rhythmusgefühl besitzen.

Aufbau:

Formteile:	Vorspiel	A	B	B'	A	B	B'	A	B	B'
Takte:	2	8	8	8	8	8	8	8	8	8

Praktische Vorschläge (Musiziersätze)

Vorüberlegungen zur Verteilung der Instrumente:

Zu A: Hölzer und Trommeln **leicht – mittelschwer**
Je nach Fähigkeiten der TN können diese beiden Instrumente entweder (wie notiert) versetzt oder aber synchron gespielt werden.

Becken **mittelschwer**
Dieses Instrument sollte ein TN spielen, der ein gutes Rhythmusgefühl hat, oder aber gut auf Einsätze der L reagieren kann.

Zu B und B': Schellen und Rasseln **sehr leicht**
Die Spieler können nach eigenem Rhythmusgefühl musizieren.

Musiziersatz: „Paprika Lady"

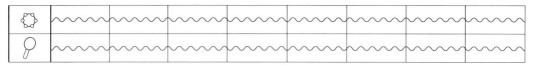

B' Wiederholung von Teil B, nur schneller

Variante: Bei B' spielen alle Instrumente (tutti)

(2) „Gewittertanz" (Tzadik Katamar) von Neeman

Schwierigkeitsgrad: Mittelschwer

Teilnehmer:
Mindestens fünf TN, davon sollten mindestens zwei TN eine gute Konzentrationsfähigkeit und ein gutes Rhythmusgefühl besitzen.

Bemerkung:
Auf S. 160 f. wird auch ein Sitztanz zur Musik vorgestellt.

Praktische Vorschläge (Musiziersätze)

Aufbau:

Formteile:	Vorspiel	A	B	B	A	B	B	A	B	B
Takte:	8	8	8	8	8	8	8	8	8	8

Vorüberlegungen zur Verteilung der Instrumente:
Dieser Musiziersatz soll ein Gewitter darstellen, entsprechend erhalten die Musiker wie bei einer Illustration eine Rolle (Blitz, Donner, Regen, Regenbogen).

Vorspiel: kein Instrument oder Rassel — *leicht*
Die Spieler können nach ihrem Rhythmusgefühl musizieren.

Zu A: Hölzer und Rasseln (Regen) — *leicht*
Die Spieler können nach ihrem Rhythmusgefühl musizieren.
Sehr schwache TN können mit der Rassel auch eine Dauerbegleitung (Regen) spielen (z.B. Parkinson, Demenz, …).

Zu B: Becken (Blitz) und Trommel (Donner) — *mittelschwer*
Beide Spieler müssen gut auf die Einsätze der L reagieren können. Es ist wichtig, daß die Spieler sich gegenseitig sehen können, da ihr Einsatz schnell aufeinander folgt.

Schellenkranz (Regenbogen) — *leicht – mittelschwer*
Der Spieler muß seinen Einsatz direkt nach der Trommel schaffen und spielt nur jeweils 4 Takte nacheinander.

Musiziersatz: „*Gewitter*"

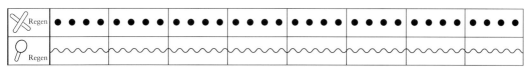

(3) „Portsmouth" von Mike Oldfield

Schwierigkeitsgrad: Leicht

Teilnehmer:
Mindestens vier oder mindestens acht TN, je nach Musiziervorschlag.

Bemerkung:
Auf S. 190 wird auch ein Sitztanz zur Musik vorgestellt.

Aufbau:
Der stampfende Grundrhythmus des Musikstücks ist immer gleich und wird insgesamt 40 mal wiederholt. Auf die Angabe der Formteile wird verzichtet, da dies für folgenden Musiziervorschlag nicht notwendig ist.

Methodische Hinweise zum Musiziervorschlag:
Der Grundrhythmus des Musikstücks wird von den Spielern übernommen. Eine interessante Steigerung erhält der Musiziersatz dadurch, daß nach und nach immer mehr Instrumente hinzukommen.

– **Bei nur vier TN** musiziert jeder den ganzen Rhythmus (lang, lang, kurz, kurz, lang) mit. (Bei mehr als vier TN werden entsprechend ein oder mehrere Instrumente zweimal vergeben.)
– Interessanter klingt die rhythmische Begleitung, wenn – **bei mindestens 8 TN** – der Grundrhythmus aufgeteilt werden kann zwischen jeweils 2 Musikern:
  1. Spieler = lang, lang und
  2. Spieler = kurz, kurz, lang
  Diese Begleitform setzt Konzentrationsfähigkeit und Rhythmusgefühl voraus. Die Instrumente können nach Wunsch und Fähigkeiten der TN verteilt werden.

Variante: Bei schwachen Teilnehmern kann auch mit nur **langen** Notenwerten die Musik begleitet werden.

Musiziersatz: „Portsmouth"

Praktische Vorschläge (Musiziersätze)

(4) „Jingle Bells", Weihnachtslied aus Nordamerika

Quelle:
Kögler EP 58301 oder MC 15301 zu beziehen bei Dieter Balsies, Ahlmannstr. 18 (Hof), 24118 Kiel

Schwierigkeitsgrad: Sehr leicht

Teilnehmer:
Mindestens 2 TN.

Bemerkung:
Auf S. 186 wird auch ein Sitztanz zur Musik vorgestellt.

Aufbau:

Formteile:	Vorspiel	A	B	A	B	A	B
Takte:	2	8	8	8	8	8	8

Methodische Hinweise zum Musiziervorschlag:
Die Teilnehmer begleiten die Musik nach eigenem Rhythmusgefühl. Jeder Teilnehmer kann sich entweder ein Holz- oder Schellen- bzw. Glöckcheninstrument aussuchen. Holz- und Metallinstrumente spielen im Wechsel (konzentrationsschwache Teilnehmer können mit Schellen auch ständig mitmusizieren).

Musiziersatz:

A (Pferdegetrappel)   = Hölzer

B (Pferdeglöckchen)   = Schellen, Glöckchen

(5) „Und die Musik spielt dazu"

Schwierigkeitsgrad: Mittelschwer

Teilnehmer:
Mindestens drei TN, von denen wenigstens zwei TN auf Einsätze achten sollten.

Bemerkung:
Auf S. 184 ff. wird ein Sitztanz zur Musik vorgestellt.

Aufbau:

	Instrumental					Gesang							Instrumental			
Formteile:	Vorspiel	A	A	B	B	C	C	C'	A	A	B	B	A	A	B	B
Takte:	4	8	8	8	8	8	8	8	8	8	8	8	8	8	8	8

Text des Gesangsteils:

C und C': „Mon cherie nennt man sein Dirndl ..."
A: „Yes my boy will you tanz mit mir ..."
B: „How do you do, how do you do ..."

Methodische Hinweise zum Musiziervorschlag:
Dieser bekannte Schlager beginnt zunächst nur instrumental (Vorspiel, A, A, B, B) und setzt erst ab Formteil C mit dem Gesang („Mon cherie nennt man ...") ein. Damit der Hörer die verschiedenen Melodien besser erkennt und heraushört, wird als Hörhilfe der Schlagertext zu jedem Formteil angegeben. Es muß deshalb zunächst der gesungene Teil gut angehört werden, damit vor allem die instrumentalen Formteile A und B am Anfang und Ende der Musik auch erkannt werden.

Zur Erarbeitung dieses Musiziervorschlags eignet sich besonders gut das „Drei-Ringe-Spiel", siehe S. 103. (Ring 1: Hölzer, Ring 2: Rasseln, Ring 3: Schellen).

Praktische Vorschläge (Musiziersätze)

Vorüberlegungen zur Verteilung der Instrumente:

Zu A:	Hölzer	**leicht**
		da TN nach eigenem Rhythmusgefühl begleiten können, doch sollten sie die Einsätze einhalten können.
	Doppelguiro	***mittelschwer***
		da TN rhythmisch abwechselnd auf beide Röhren schlagen sollten.
Zu B:	Rasseln	**leicht**
		Mit diesem Instrument kann auch durchgehend mitmusiziert werden.
Zu B und C:	Schellen	**leicht**
		da TN nach eigenem Rhythmusgefühl begleiten können, doch sollten sie Einsätze einhalten können.
		mittelschwer
		wenn die Schellen nicht die ganzen B-Teile mitmusizieren, sondern immer nur bei der Melodie von „...*und die Musik spielt dazu*" jeweils einsetzen.

Da keine Vorgaben zum Musizierrhythmus und zur Spielweise gegeben sind, wird im folgenden der Musiziervorschlag nur in einfacher Ausführung dargestellt. Die Musik ist so bekannt, daß die Teilnehmer nach **eigenem Rhythmusgefühl** mitmusizieren können.

Musiziersatz: „*Und die Musik spielt dazu*"

Vorspiel zuhören

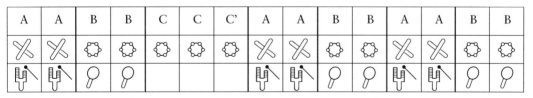

(6) „In einer kleinen Konditorei" von Raymond

Schwierigkeitsgrad: Leicht bis mittelschwer

Teilnehmer:
Mindestens fünf TN, davon sollten mindestens zwei TN eine gute Konzentrationsfähigkeit und ein gutes Rhythmusgefühl besitzen.

Bemerkung:
Auf S. 191 wird auch ein Sitztanz zur Musik vorgestellt.

Aufbau:

	Instr.	Instr.	Gesang	Instr.	Gesang	Instr.	Gesang	Instr.
Formteile:	Vorspiel	A	B	A	B	B	B	Schluß
Takte:	4	16	16	16	16	8	7	1

Vorüberlegungen zur Verteilung der Instrumente:

Um die rhythmische Begleitung möglichst abwechslungsreich zu gestalten, wurde der Musiziersatz nicht nach den Formteilen (A, B) aufgebaut, sondern nach instrumentalen und gesungenen Liedteilen.

Zu Instrumentalteil: Triangel **mittelschwer**
Der Spieler darf bei den Instrumentalteilen immer nur auf die **1. Zählzeit** musizieren.
Bei der Einleitung hat er ebenfalls einen besonderen Einsatz.

Schellen **mittelschwer**
Der Spieler muß auf den Triangelspieler achten können und dann den Rhythmus durch **kurz, lang, lang** ergänzen.

Das Zusammenspiel von Triangel und Schellen sollte unbedingt vorweg geübt werden. Rhythmusgefühl und Konzentration sind bei beiden Spielern Voraussetzung.

Praktische Vorschläge (Musiziersätze)

Zu Gesangsteil: Trommel **leicht**
wenn L dem Spieler den langsamen Grundschlag angibt.

Hölzer **leicht**
wenn L dem Spieler das Grundschlagtempo angibt.

Rasseln **sehr leicht**
denn der Spieler musiziert nach seinem eigenen Rhythmusgefühl.
Konzentrations- und reaktionsschwache TN können mit der Rassel auch das ganze Musikstück begleiten.

Musiziersatz: *„In einer kleinen Konditorei"*

Einleitung:

Instrumentalteile:

Gesangsteile:

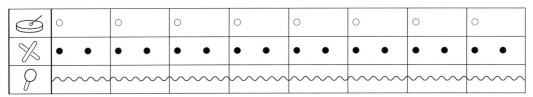

Ende:

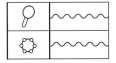

Praktische Vorschläge (Musiziersätze)

(7) „Radetzkymarsch" von J. Strauß (Vater)

Schwierigkeitsgrad: Leicht bis mittelschwer

Teilnehmer:
Mindestens sechs TN, davon sollten mindestens zwei TN eine gute Konzentrationsfähigkeit und ein gutes Rhythmusgefühl besitzen.

Bemerkung:
Auf S. 177 f. wird ein Gymnastikvorschlag zur Musik vorgestellt (siehe auch Information J. Strauß, S. 246).

Aufbau:

Formteile:	Vorspiel	A	B	A	Zw	C	C	C	Zw	A	B	A
Takte:	4	16	16	16	4	16	16	16	4	16	16	16

Vorüberlegungen zur Verteilung der Instrumente:

Vorspiel: Becken — **mittelschwer**
da Spieler genau den Rhythmus treffen muß. Die ersten vier Takte (Trommel) werden nicht musiziert, sondern erst ab Takt fünf.

Zu A und B: Becken und Triangel — **leicht**
wenn L den halben Grundschlag dem Spieler vorgibt. Allerdings ist die Triangel spieltechnisch nicht ganz einfach.
(Auf keinen Fall sollte der Musikrhythmus mitgespielt werden, denn dafür ist das Becken zu laut).

Schellenkranz — **leicht**
doch das Instrument wird im Grundschlag auf die Hand oder den Oberschenkel geklopft.

Hölzer und Triangel — **leicht**
wenn L den Grundschlag dem Spieler vorgibt.

Rassel oder Glöckchen — **sehr leicht**
geeignet für konzentrationsschwache TN.

Praktische Vorschläge (Musiziersätze)

Zu C:	Trommel	**mittelschwer** da der Spieler den unten angegebenen Rhythmus genau einhalten sollte (evt. kann er auch gleichbleibende lange Schläge ausführen)
	Rassel oder Glöckchen	siehe oben

Musiziersatz: „*Radetzkymarsch*"

Vorspiel: 4 T. (Trommelspiel) abwarten, dann Ebenso Zwischenspiele

A: 2×

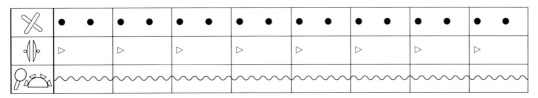

B: 2×

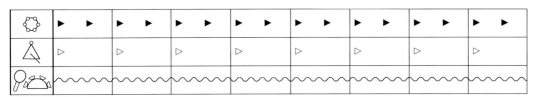

C: 2×

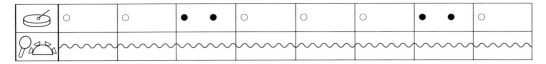

Variante: Beim letzten A-Teil spielen alle Instrumente (tutti)

(8) „Marsch aus Petersburg" (1837)

Schwierigkeitsgrad: Mittelschwer

Teilnehmer:
Mindestens vier TN, davon sollte mindestens ein TN eine gute Konzentrationsfähigkeit und ein gutes Rhythmusgefühl besitzen.

Bemerkung:
Da der Musiziersatz einen komplizierten Aufbau hat, sollte zur Orientierung für die TN ein übersichtliches Plakat entworfen werden (siehe auch S. 93 ff.).

Aufbau:

Formteile:	A	B	A	B	A	C	D	C	D	C	A	B	A
Takte:	16	8	8	8	8	16	8	8	8	8	8	8	8

Vorüberlegungen zur Verteilung der Instrumente:

Zu A:	Hölzer	*leicht*
	Becken	*mittelschwer bis schwer*
		Die Beckenschläge sollten nur gezielt erfolgen, da sonst die Begleitung zu laut wird. L muß die Einsätze getrennt üben. Konzentrationsfähigkeit und Rhythmusgefühl des Spielers sind Voraussetzung.
Zu B:	Triangel	*leicht*
		doch ist die Triangel spieltechnisch nicht einfach.
Zu C und D:	Rassel und Schellen	*sehr leicht*
		da die Spieler nach eigenem Rhythmusgefühl musizieren können. (Es ist möglich, die beiden Instrumente auch getrennt einzusetzen: **C** = Rassel und **D** = Schellen)

Praktische Vorschläge (Musiziersätze)

Musiziersatz: „Petersburg"

A:

B:

C, D:

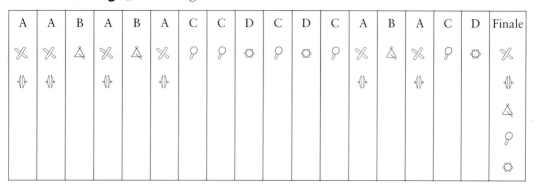

Plakatvorschlag: „Petersburger Marsch"

(9) „Good bye my Lady Love" von J. Howard

Schwierigkeitsgrad: Mittelschwer

Teilnehmer:
Mindestens fünf bis sechs TN, davon sollten drei TN eine gute Konzentrationsfähigkeit und ein gutes Rhythmusgefühl besitzen.

Bemerkung:
Auf S. 188 f. wird ein Sitztanz zur Musik vorgestellt.

Aufbau:

Formteile:	Vsp. A	A	B	B	A	A	C	C	B	B	A	A	Schluß
Takte:	4	8	8	8	8	8	8	8	8	8	8	8	2

Vorüberlegungen zur Verteilung der Instrumente:

Zu A: Trommel und Hölzer **mittelschwer bis schwer**
da die beiden Instrumente im Wechsel gespielt werden und so zusammen eine rhythmische Figur bilden. L muß dies mit beiden Spielern vorweg gut üben und bei jedem Neueinsatz Hilfen geben, damit die Spieler wieder in den Rhythmus finden. Konzentrationsfähigkeit und Rhythmusgefühl sind Voraussetzung.

Rassel **sehr leicht**

Zu B: Schellenkranz **mittelschwer**
L muß den besonderen Rhythmus (lang, lang, lang, kurz, kurz) mit den Spielern vorweg üben. Rhythmusgefühl ist Voraussetzung.

Rassel und Schellen **sehr leicht**

Zu C: Guiro **mittelschwer**
(falls vorhanden, sonst wie Teil A) L muß spieltechnische Anleitung geben. Gute Koordination und Rhythmusgefühl sind Voraussetzung.

Praktische Vorschläge (Musiziersätze)

Musiziersatz: „*Good bye my Lady Love*"

A

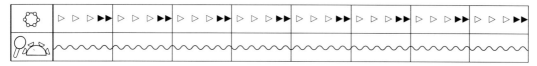

B

C

(10) „Annenpolka" von J. Strauß (Sohn)

Schwierigkeitsgrad: Sehr leicht

Teilnehmer:
Mindestens zwei TN

Bemerkung:
Siehe S. 244 Information zu J. Strauß. Auf Seite 197 wird zur Musik auch ein Tüchertanz vorgestellt.

Aufbau:

Formteile:	Vsp	A	A	B	B	Zw.	A	A	C	C	D	D	Zw.	A	A	Schluß
Takte:	4	8	8	8	8	4	8	8	8	8	8	8	4	8	7	5

Vorüberlegungen zur Verteilung der Instrumente:

Die Musik von Johann Strauß enthält neben den Hauptteilen einige Zwischenteile, ein Vorspiel und einen Schlußteil, bei denen die Musiker besser nicht mitmusizieren, da sie im Tempo gegenüber den anderen Formteilen deutlich verzögert gespielt werden.

Zu A:	Triangel	**leicht**
		Allerdings ist die Triangel spieltechnisch nicht ganz einfach. (Bei Hemiplegie kann auch auf Glöckchen oder Schellen ausgewichen werden.)
	Schellenkranz	**leicht**
		Allerdings sollte das Instrument im Grundschlag auf die Hand oder auf den Oberschenkel geklopft werden.
Zu B und D:	Hölzer	**sehr leicht**
		Bei Teil D kann versucht werden, im doppelten Tempo zu musizieren.
Zu C:	Zymbeln	**leicht**
		doch sollte L darauf achten, daß der Spieler wirklich im langsamen Grundschlag musiziert.

Praktische Vorschläge (Musiziersätze)

Musiziersatz: „Annenpolka"

A:

B:

| ✗ | ○ | ○ | ○ | ○ | ○ | ○ | ○ | ○ |

D: doppelt so schnell

C:

| 🥚 | ▷ | ▷ | ▷ | ▷ | ▷ | ▷ | ▷ | ▷ |

Praktische Vorschläge (Illustrationen)

3. Illustrationen

Für alle vorgeschlagenen Illustrationsbeispiele gilt:
- Es sollten die methodischen Hinweise beachtet werden, die auf S. 97 ff. beschrieben sind.
- Die Instrumente können auch anders gewählt werden.
- Die Rollen können ebenso anders verteilt werden (bei weniger Teilnehmer können Rollen entweder von der Anleiterin übernommen oder ganz weggelassen werden).
- Die Angaben über die jeweiligen Schwierigkeitsgrade richten sich in erster Linie danach, wie oft eine Rolle vorkommt und ob mit verschiedenen Spieltechniken musiziert werden muß (siehe auch S. 98 f.).
- Instrumente können auch anders ausgewählt werden, je nachdem, welche Instrumente überhaupt vorhanden sind. Gegebenenfalls muß sich die Anleiterin neben einen Teilnehmer setzen und ihm durch direkten, taktilen Reiz den Einsatz geben.
- Die Anleiterin sollte keinen zu hohen Perfektheitsanspruch haben, damit auch reaktionseingeschränkte Personen mit Freude mitmachen können.

Praktische Vorschläge (Illustrationen)

(1) „Allzu eifrig" von Eugen Roth

Abdruck mit freundlicher Genehmigung des Verlages aus: Eugen Roth, sämtliche Werke, Band 1: Heitere Verse, © 1977 Carl Hanser Verlag Wien.

Vorüberlegungen zur Verteilung der Instrumente:
Für die Illustration sind mindestens drei Teilnehmer nötig.

Rolle/Textteil	Instrument	Bemerkung
... in Pflichten auf	Metallophon	**leicht** wenn der Musiker nur an dieser Stelle eine Tonleiter nach oben spielt. **mittelschwer** wenn der Musiker auch am Schluß die Gleitklänge abwärts spielt, da er eine entsprechend gute Konzentrationsfähigkeit besitzen muß. **Glöckchen** sehr leicht, der Musiker kann auch den ganzen ersten gesprochenen Teil leise im Hintergrund musizieren.
... in Pflichten unter	Metallophon	**leicht** wenn der Musiker nur die Gleitklänge abwärts spielt.
	Trommel	**leicht**, da nur am Ende des gesprochenen Textes ein dumpfer Schlag auf der Trommel erfolgen muß.

Illustrationsvorschlag:

Text	Instrument	Spielweise
Ein Mensch sagt – und ist stolz darauf – er geh' in seinen Pflichten auf.	Metallophon, Glöckchen	●●●●● ～～～
Bald aber, nicht mehr ganz so munter, geht er in seinen Pflichten unter.	Metallophon, Trommel	↘ ↘ ○

Praktische Vorschläge (Illustrationen)

(2) „Der Funke" von Joachim Ringelnatz

Abdruck mit freundlicher Genehmigung des Henssel Verlags Berlin.

Vorüberlegungen zur Verteilung der Instrumente.
Für diesen Illustrationsvorschlag sind mindestens fünf Spieler nötig.

Rolle/Textteil	Instrument	Bemerkung
... *kleiner Funke*	*Triangel*	**leicht** Das Instrument ist ungünstig bei Hemiplegie
... *Erzhalunke* und ... *knallte sehr* und ... *Müh und Not*	Becken	**mittelschwer** da Spieler drei Einsätze hat und beim dritten Einsatz eine andere Spieltechnik ausführt (Becken aufeinander reiben)
... *Pulverfaß* und ... *knallte sehr* und ... *Fünkchen tot*	Trommel	**mittelschwer** da der Musiker drei verschiedene Einsätze hat. Er sollte reaktions- und konzentrationsfähig sein.
... *sprang vom Herd* und ...*knallte sehr*	Doppelguiro	**leicht bis mittelschwer** da Spieler zwei Einsätze hat.
... *Feuerwehr*	Metallophon oder Klangbausteine oder Flöte etc.	**leicht** doch sollte die Person keine Koordinationsprobleme haben und mit dem Instrument umgehen können.

Variante: Bei ... *knallte sehr* ... mehrere ganz schwache Teilnehmer mit unterschiedlichen Instrumenten einsetzen und den Einsatz länger durchführen.

Praktische Vorschläge (Illustrationen)

Illustrationsvorschlag:

Text	Instrument	Spielweise
Es war einmal ein kleiner Funke,	△	▶
das war ein großer Erzhalunke.	🪇	▷
Er sprang vom Herd	🎸	• •
und wie zum Spaß, mitten in ein Pulverfaß.	🥁	○
Das Pulverfaß, das knallte sehr	🥁 🪇 🎸	○▷• ○• •○•▷
		laut
da kam sofort die Feuerwehr	🎹	Die Töne D und G mehrmals im Wechsel spielen.
und spritzte dann mit Müh und Not,	🪇	∼∼∼∼∼ reiben
das Feuer und das Fünkchen tot.	🥁	○

Praktische Vorschläge (Illustrationen)

(3) „Der Stein" von Joachim Ringelnatz

Abdruck mit freundlicher Genehmigung des Henssel Verlags Berlin.

Vorüberlegungen zur Verteilung der Instrumente
Für die Illustration sind mindestens acht Teilnehmer nötig.

Rolle/Textteil	Instrument	Bemerkung
verkörpert ständig das Rollen	Rassel	**leicht** da der Spieler ständig musiziert. Diese Aufgabe kann auch ein Teilnehmer übernehmen, der konzentrationsschwach ist
... rollte munter	Glockenspiel	**leicht** da nur ein Einsatz am Anfang.
... Berg herunter und ... ins Meer hinein, und ... kleine Stein	Xylophon	**mittelschwer** da drei Einsätze und zwei verschiedene Spielweisen erforderlich sind.
... größer als es wollte und ... Haus	Becken	**mittelschwer** da zwei Einsätze und zwei verschiedene Spielweisen erforderlich sind
...größer als es wollte und ... Schneelawine	Trommel	**mittelschwer** (wie Becken)
... Bäume aus	Schellenkranz Hölzer	**leicht** da nur ein Einsatz.
... kleine Stein	Triangel	**leicht** da nur ein Einsatz am Ende (das Instrument ist ungünstig bei Hemiplegie).

Praktische Vorschläge (Illustrationen)

Illustrationsvorschlag:

Text	Instrument	Spielweise
Ein kleines Steinchen rollte munter von einem hohen Berg herunter.	1. 2.	
Und als es durch den Schnee so rollte, ward es viel größer als es wollte.		reiben reiben
Da sprach der Stein mit stolzer Miene: „Jetzt bin ich eine Schneelawine".		
Er riß im Rollen noch ein Haus		
und sieben große Bäume aus.		fallen lassen
Dann rollte er ins Meer hinein,		langsamer
und dort versank der kleine Stein.	1. 2.	beliebiger Ton

Praktische Vorschläge (Illustrationen)

(4) „Die Bremer Stadtmusikanten" nach Manfred Hausmann

Abdruck mit freundlicher Genehmigung des Verlages aus: Manfred Hausmann, Gesammelte Werke. Unterwegs. Altmodische Liebe. Bittersüß aus dunklem Krug. Gedichte aus den Jahren 1947–1982. © S. Fischer Verlag GmbH, Frankfurt am Main 1983.

Vorüberlegungen zur Verteilung der Instrumente:

Für diesen Illustrationsvorschlag sind mindestens fünf Spieler nötig: Esel, Hund, Katze, Hahn und Räuber. Sollen auch Wind, dunkler Wald, Licht und mehrere Räuber musikalisch untermalt werden, sind zusätzliche Spieler erforderlich.

Alle Hauptrollen (Esel, Hund, Katze, Hahn und Räuber) haben mehrere Einsätze. Die Spieler müssen entsprechend reaktions- und konzentrationsfähig sein.

Rolle/Textteil	Instrument	Bemerkung
Esel	Xylophon	*mittelschwer* da viele Einsätze. Der Spieler kann entweder nur mit zwei Tönen den Esel darstellen oder sich aber eine kleine Melodie überlegen, die er bei jedem Einsatz wiederholt
Hund	Trommel	*mittelschwer* da viele Einsätze, aber spieltechnisch sehr leicht.
Katze	Handchimes C, E oder Glockenspiel	*mittelschwer* da viele Einsätze. Wenn Handchimes nicht vorhanden sind, kann die Katze auch mit Gleitklängen auf dem Glockenspiel dargestellt werden.
Hahn	Zymbeln	*mittelschwer* da viele Einsätze.
Räuber	Klangbausteine C, G	*mittelschwer* da mehrere Einsätze, der Spieler sollte koordinationsfähig sein.

Falls genügend Teilnehmer und Instrumente vorhanden:

mehrere Räuber	zusätzlich Hölzer, Schellen, Rassel	*leicht* da nur zwei Einsätze kurz hintereinander.
... Wind ging kalt	Becken	*leicht* da nur ein Einsatz
... Licht ... Nacht hinaus	Triangel	*leicht* doch ist das Instrument ungünstig bei Hemiplegie

Praktische Vorschläge (Illustrationen)

Illustrationsvorschlag:

Text	Instrument	Spielweise
Ein Esel schwach und hochbetagt	🎹	• • • •
ein Hund von Atemnot geplagt	🥁	○ ○ ○ ○
ein Katzentier mit stumpfem Zahn	🪵🪵	▷ ▷ ▷ ▷
und ein dem Topf entwichener Hahn.	🎶	▶ ▶ ▶ ▶

Die trafen sich von ungefähr
und rieten hin und rieten her,
was sie wohl unternähmen,
daß sie zu Nahrung kämen.   🎶 🥁 🎹 🪵🪵   •○▷▶•○•▷ ▶•○•○▷•▶
(spielen gleichzeitig)

Ich Esel kann die Laute schlagen.	🎹	• • • •
Ich Hund will's mit der Pauke wagen.	🥁	○ ○ ○ ○
Ich Katze kann den Bogen führen.	🪵🪵	▷ ▷ ▷ ▷
Ich Hahn will mit Gesang mich rühmen.	🎶	▶ ▶ ▶ ▶

So kamen die denn überein,
sie wollten Musikanten sein,
und könnten's wohl auf Erden
zuerst in Bremen werden.   🎶 🥁 🎹 🪵🪵   •○▷▶•○•▷ ▶•○•○▷•▶
(spielen gleichzeitig)

Die Sonne sank, der Wind ging kalt,	🎶	∿∿∿∿
sie zogen durch den dunklen Wald.		∿∿∿∿
Da fanden sie ein Räuberhaus.		
Das Licht schien in die Nacht hinaus.	△	▷

Praktische Vorschläge (Illustrationen)

Der Esel sich leis ans Fenster stellte,
der Hund auf seinen Rücken schnellte,
und auf den Hund die Katze wieder,
zuoberst ließ der Hahn sich nieder.

leise
leise
leise
leise

Das Räubervolk zu Tische saß,
man schrie und lachte, trank und aß.

(spielen gleichzeitig)

Und plötzlich brach durchs Fenster
der Sturm der Nachtgespenster.

(spielen gleichzeitig)

So gräßlich waren Bild und Ton,
daß die Kumpane jäh entflohn.

(spielen gleichzeitig,
werden immer leiser)

Statt ihrer schmausten nun die Vier,
bezogen dann ihr Schlafquartier.

Ein Räuber doch mit schiefem Blick,
schlich mitternachts ins Haus zurück,
um heimlich zu ergründen,
wie denn die Dinge stünden.

leise

Die Katz' hat sein Gesicht zerrissen,
sein linkes Bein vom Hund zerbissen,
sein Leib getroffen von den Hufen,
sein Herz erschreckt von wilden Rufen.

Praktische Vorschläge (Illustrationen)

Er lief und lief durchs Dickicht quer,
als käm der Teufel hinterher.   ● ● ● ● ● ●

Da gab es bei den Tieren
ein großes Jubilieren.

(spielen gleichzeitig)

Teil C: Musik und Bewegung

I. Die Bedeutung der Bewegung zur Musik für alte Menschen

1. Allgemeine Überlegungen

Musik reißt mit, bringt mich in Schwung!
Mit Musik geht alles leichter!
Beim Tanzen kommt man sich näher!

Diese Redewendungen machen einerseits deutlich, daß Musik zur Bewegung herausfordert, und daß andererseits der Tanz – als besondere Form der Bewegung zur Musik – kontaktfördernden Charakter hat. Deshalb stehen in diesem Kapitel vor allem der körperliche und soziale Wirkungsbereich im Vordergrund.

In der **Altengymnastik** ist häufig zu beobachten, daß die Teilnehmer die Bewegungen zwar pflichtbewußt mitmachen, aber alles sehr mühselig geschieht und wenig Freude an der Bewegung aufkommt. Wie sollte es auch, denn aufgrund der zahlreichen körperlichen Beeinträchtigungen fällt das Bewegen oft schwer, kostet Kraft und der alte Mensch spürt, wie wenig er im Vergleich zu früher noch kann.

Deshalb sollte – auch in der Seniorengymnastik – nicht nur der Trainingseffekt im Vordergrund stehen, sondern überlegt werden, wie auch **Freude an der Bewegung** wieder vermittelt werden kann. Dabei kommt der Musik eine große Bedeutung zu. Die Musik, die eine klangliche Bewegungsform darstellt, „fährt in die Glieder" und läßt den Wunsch entstehen, sich zu bewegen. So ist häufig zu beobachten, daß beim Einspielen fröhlicher Musik die Atmosphäre gelöster wird, die Gesichter sich entspannen und die Bewegungen harmonischer und fließender werden.

Auch Personen, die eher unmotiviert sind und Gymnastik ablehnen, werden vom Rhythmus eines eingängigen Musikstücks erfaßt und beginnen unwillkürlich mit dem Fuß oder mit der Hand mitzuklopfen. Die Freude an der Musik kann somit ein Vehikel sein, alte Menschen langsam aus der oft folgenschweren Bewegungslosigkeit herauszuführen.

Bedeutung (Bewegung)

Der **hohe Aufforderungscharakter der Musik** kann darüber hinaus alte Menschen zu Bewegungen veranlassen, die sie sich vorher nie zugetraut hätten. Dazu ein Beispiel:

Nach meinem Griechenlandurlaub wollte ich den griechischen Folkloretanz „Sirtaki" als Sitztanz mit der Altengruppe durchführen. Dabei habe ich ihnen zunächst vorgemacht, wie man diesen in der Originalversion (im Gehen) tanzt: Kreuzschritt nach rechts und dabei die Hände über den Kopf zusammenschlagen. Als Vereinfachung schlug ich dann der Gruppe vor, nur den Kreuzschritt als wechselseitiges, überkreuztes Schlagen mit den Händen auf den Knien mitzumachen. Auf das Zusammenschlagen der Hände über den Kopf wollte ich bewußt verzichten, weil die Gruppe früher schon bei solchen Übungen gepaßt hatte. Doch als die Musik eingespielt wurde, wollte die Gruppe unbedingt, wenn auch im Sitzen, die Originalbewegungen ausführen. Dies hat dann auch erstaunlich gut geklappt, und alle waren hinterher sehr stolz.

Selbst Menschen, die unter starken **Bewegungseinschränkungen** leiden, werden von der Musik innerlich erfaßt und versuchen, trotz großer Schwierigkeiten sich zu bewegen. Hier ist es wichtig, ihnen im Rahmen ihrer Fähigkeiten eine Möglichkeit zu schaffen, dem Bewegungsdrang nachzukommen. So schlägt z.B. eine Frau, die eine komplette linksseitige Lähmung nach einem Schlaganfall hat, die rhythmischen Bewegungen eines Sitztanzes auf der Trommel mit der gesunden Hand gerne mit. Diese noch vorhandenen Bewegungsmöglichkeiten, auch wenn sie noch so gering sind, sollten angesprochen, erhalten und wenn möglich wieder ausgebaut werden (siehe auch Teil B „Musizieren").

2. Wie wirkt Musik mit Bewegung auf alte Menschen?

a) Körperliche Wirkungen

Bewegen zur Musik oder Tanzen wird oft als die „charmanteste Art, Gymnastik zu betreiben" beschrieben. Inwieweit hat rhythmisches Bewegen, Tanzen auch etwas mit körperlichem Training zu tun? Was genau wird dabei trainiert und ist wichtig für alte Menschen? Da die körperlichen Wirkungsmöglichkeiten der Gymnastik ausführlich in bereits vorhandener Literatur beschrieben sind, soll hier nur kurz darauf eingegangen werden.

Zunächst sei erwähnt, daß durch möglichst häufiges und regelmäßiges Bewegen – ganz gleich welcher Art – die **Beweglichkeit** der Gelenke erhalten und verbessert werden kann. Die Erfahrung beim Tanzen oder beim rhythmischen Bewegen, daß bestimmte Bewegungen doch noch möglich sind und sogar Spaß machen können, ermuntert mög-

Wirkungen (Bewegungen)

licherweise dazu, auch im Alltag wieder bewegungsfreudiger zu sein. Hierdurch kann eine Kettenwirkung ausgelöst werden. Die Erhaltung und Verbesserung der Beweglichkeit ist ein wichtiges Ziel der Aktivierung alter Menschen, da alle Bereiche des täglichen Lebens über die Bewegung erschlossen werden: Selbständigkeit, soziale Kontakte u.ä.. Die eigene Beweglichkeit kann somit einen entscheidenden Einfluß auf die konkreten Möglichkeiten zur Lebensgestaltung und damit auch auf die Lebenszufriedenheit haben.

Auch die **Muskulatur** wird durch die Beanspruchung gestärkt, die Körperhaltung verbessert sich und der Mensch ermüdet nicht mehr so schnell.
Die durch die tanzende Bewegung angeregte **Herz- und Kreislauftätigkeit** sowie eine vertiefte Atmung sorgen für eine verbesserte Versorgung des gesamten Organismus' mit Nährstoffen.

Darüber hinaus hat das Bewegen nach Musik den speziellen Effekt, daß die Bewegungen **harmonischer** und **fließender** werden. So können bei bestimmten Krankheitsbildern, wie z.B. Parkinson, die zitternden, eckigen Bewegungsformen im Verlauf von Schwingbewegungen, wie z.B. beim Walzer, wieder fließender werden. Der Rhythmus der Musik unterstützt und erleichtert so die Ausführung der Bewegung.

Eine weitere körperliche Wirkung der Bewegung nach Musik ist die Verbesserung der **Koordinationsfähigkeit**. Damit ist das Zusammenwirken von ZNS (Zentrales Nervensystem) und Bewegungsapparat gemeint. Nur wenn der vom Gehirn kommende Befehl auch die jeweils benötigten Muskeln erreicht, kann eine Bewegung oder eine Bewegungsfolge zustande kommen. Besonders beim Tanzen/Bewegen nach festgelegten Formen wird diese Fähigkeit angesprochen. Zunächst müssen sich die Teilnehmer bemühen, die von der Leiterin vorgemachte Bewegung nachzumachen. Wenn die Musik erklingt, sind sie gefordert, diese Bewegung im Rhythmus und Tempo der Musik auszuführen. Besonders anspruchsvoll in Bezug auf die Koordination wird es, wenn innerhalb des Musikstücks Bewegungswechsel und -kombinationen erfolgen. Hier ist eine schnelle Umstellung von einer Bewegungsfolge zur nächsten erforderlich. Das Training der Koordination hat ebenfalls eine große alltagspraktische Bedeutung, da sie bei vielen Tätigkeiten des täglichen Lebens wie Waschen, Anziehen, Essen u.ä. eine wichtige Rolle spielt.

Ebenso wird besonders beim Tanzen nach festgelegten Formen in besonderer Weise das **Gedächtnis und die Konzentrationsfähigkeit** geschult. Die einzelnen Bewegungsfolgen und Bewegungswechsel müssen von den Teilnehmern in der richtigen Reihenfolge behalten und beim entsprechen Melodieabschnitt der Musik richtig eingesetzt werden.

Die hier beschriebenen Ziele sind jedoch nicht alle auf einmal zu erreichen, sondern ganz wichtig ist es, die Anforderung langsam Schritt für Schritt zu steigern, um alte Menschen nicht zu überfordern und ihnen nicht die spontane Freude an der Bewegung zu nehmen.

Wirkungen (Bewegungen)

Auch Paartanz ist im Sitzen möglich („In einer kleinen Konditorei", siehe S. 191).

b) Soziale Wirkungen

Bewegen nach Musik, vor allem aber das Tanzen, ist in unserem Kulturkreis traditionsgemäß eng verbunden mit feiern, fröhlich sein und zwar in der **Gemeinschaft** mit anderen. Besonders in der früheren Generation wurde zu allen möglichen Gelegenheiten getanzt: zum Turnerball, Schützenfest, Feuerwehrfest, zur Kirmes, zum Maskenball, Lumpenball, Erntedankfest u.ä. Diese Tanzfeste, die fast jedes Wochenende irgendwo geboten wurden, stellten eine willkommene **Möglichkeit des Ausgleichs** zum sonst sehr harten Arbeitsalltag dar. Ob alt oder jung, viele gingen zum Tanzfest, um sich zu amüsieren, sei es beim fröhlichen Kreistanz (z.B. Reigen) oder zu zweit beim Walzer mit der ersten großen Liebe. Alte Menschen erinnern sich immer wieder gerne daran, wie sie ihren Lebenspartner beim Tanzfest, Tanztee oder in der Tanzstunde kennengelernt haben.

Wirkungen (Bewegungen)

Aufgrund dieser vielfältigen Erfahrungen stellt das Tanzen eine ideale Möglichkeit der **Kontaktherstellung** und des **Gemeinschaftserlebnisses** auch im Alter dar. Ilse Tutt, die Begründerin des Bundesverbandes des Seniorentanz e.V., hat vielfach darauf hingewiesen, wie begeistert und selbstvergessen auch sehr gebrechliche alte Menschen wieder tanzen, sobald die ersten Hemmungen und Ängste überwunden sind. Oft mangelt es jedoch an adäquaten Angeboten, denn die richtige Auswahl der Musik und der Tänze ist hier sehr entscheidend (siehe Seite 143 ff.).

Ganz besonders geeignet für das Erleben von Gemeinschaft sind die sog. **Volks- und Kreistänze**. Hier gibt es keine männliche Führungsrolle und jeder kann, wenn er Lust hat, in der tanzenden Gruppe mit dabei sein und er braucht hierzu keinen Partner mitzubringen. Im Wechsel der vielfältigen Bewegungen und Figuren spielt sich eine Fülle von einfachen Kontaktaufnahmen und -beendigungen ab. Das spielerische Kommunizieren auf dem Weg über Blickkontakt, tänzerischem Gruß, Händereichen u.ä. kann als bedeutsame Übung in der Entwicklung von Gruppengefühl und sozialer Eingliederung angesehen werden. Ein besonderer Reiz kommt hierbei dem Umstand zu, daß diese Kontaktaufnahme nicht verbal, also durch Sprache, entsteht. Sie geschieht nebenbei, fast unbewußt, getragen vom beschwingten körperlichen Erleben der ihr zugrunde liegenden Musik. So kann das gemeinsame Tanzen dabei helfen, Hemmungen und Distanzen zu überwinden. Möglicherweise überträgt sich dies auch auf den Alltag und man geht auf dem Flur nicht mehr achtlos aneinander vorbei, sondern schaut sich an, begrüßt sich und spricht vielleicht miteinander.

Ein weiterer sozialer Aspekt besteht darin, daß nach einem Tanz oft spontan das Bedürfnis besteht, sich über das Erlebte bzw. **Erinnerungen** auszutauschen. Dazu ein Beispiel:

> *Frau A: „Ich hätte auch gerne viel öfter getanzt, aber mein Mann wollte das nicht." (bedauernd)*
> *Frau B: „Man mußte doch nicht immer nur mit dem Ehemann tanzen, es waren doch immer genügend andere tanzwillige Männer da."*
> *Frau C: „Das war aber nicht so einfach. Es war doch früher so: Als Frau durfte man nicht alleine zu einem Fest gehen und was sollte man machen, wenn der Ehemann nicht mitwollte, da mußte man als Frau dann verzichten."*

Hier unterhielten sich die Teilnehmer nicht nur allgemein über die Rolle der Frau früher, sondern auch darüber, wie verschieden die Frauen damit umgegangen sind. Solche Gelegenheiten des Austausches sollten von der Anleiterin zugelassen werden, damit die durch den Tanz entstehenden Kontakte ausgebaut werden können.

Wirkungen (Bewegungen)

c) Psychische Wirkungen

Es wurde bereits darauf hingewiesen, daß Musik und Rhythmen den Menschen **gefühlsmäßig** erfassen. Das folgende Zitat macht deutlich, daß die positiven körperlichen und sozialen Auswirkungen des Tanzes nicht die entscheidenden Faktoren sind, die den Tanz für den Menschen so attraktiv und unwiderstehlich machen.

„Tanz als geformte (...) Körperbewegung dient jedoch von Haus aus nie einem rationalen und praktischen Lebenszweck. Tanz ist vielmehr ein Tun, das seinen Sinn in sich selbst trägt. Tanz ist nicht nützlich, Tanz macht den Menschen nicht brauchbar für die Gesellschaft. Vielmehr erfährt der Mensch im Tanz, daß er entrückt werden kann in ein Reich der Freude, der Freiheit, der Zwecklosigkeit, des Glücks (...). Im Tanz erfährt der Mensch eine neue, eigene, in sich vollendete Welt. Der Tänzer wächst im Tanz stets über sich hinaus, er verläßt seine alltägliche Enge, (...) und erfährt (...) damit seine eigene Erfüllung".[1]

Tanzen kann so auch dem alten Menschen helfen, seine Sorgen und Nöte des Alltags für einen Augenblick zu vergessen, indem er sich vom Stimmungsgehalt und Rhythmus der Musik anstecken läßt. Häufig wird nach einem Tanz geäußert: „Ich fühle mich jetzt so richtig ausgeglichen und heiter" oder „Die ruhige Musik und schwingende Bewegung hat mich ganz gelassen und ruhig gemacht".

Wichtig ist hier vor allem, dem Musikwunsch der Teilnehmer zu entsprechen. Dieser ist sowohl vom Erfahrungshintergrund als auch von der augenblicklichen Stimmung der Teilnehmer abhängig.

Ein weiterer psychischer Wirkungsfaktor des Tanzens/Bewegens nach Musik ist die **Stärkung des Selbstbewußtseins**. Die Erfahrung etwa, daß man sich doch noch (besser) bewegen kann, als anfänglich geglaubt wurde, kann allein schon ein großes Erfolgserlebnis sein. Besonderer Stolz und besondere Freude ist aber der Gruppe anzumerken, wenn sie es nach einer längeren Zeit des schrittweisen Übens endlich geschafft hat, den Tanz als harmonisches Ganzes zu präsentieren. Zusätzliche Bestätigung und Anerkennung kann die Gruppe erfahren, wenn ihr Tanz innerhalb oder außerhalb des Heimes im Rahmen eines Festes oder einer anderen Gelegenheit vorgeführt wird.

Andererseits kann es jedoch vorkommen, daß alte Menschen beim Einüben eines Tanzes auch mit ihren **Grenzen** konfrontiert werden. So stellen sie vielleicht fest, daß manche Bewegungen nur mühsehlig oder vielleicht gar nicht mehr gelingen. Dies kann eine schmerzhafte Erfahrung sein. Hier kommt es darauf an, daß die Anleiterin einfühlsam auf diese Teilnehmer eingeht. Vielleicht kann sie auch ein Gruppengespräch darüber anregen, insbesondere dann, wenn mehrere Personen betroffen sind.

So werden bei Bewegung und Tanz nicht immer nur positive Körpererfahrungen gemacht. Sondern es wird auch sichtbar, wo Fähigkeiten möglicherweise überschätzt werden.

---

[1] Günther in Kuratorium Deutsche Altershilfe, Bewegung bis ins Alter, S. 59, Wilhelm Lübke Stiftung e.V., An der Pauluskirche 3, Köln

II. Auswahl von Bewegungen und Musikbeispielen

1. Welche Musikbeispiele eignen sich für Körperbewegungen?

Grundsätzlich kann man sich zu jeder Musik bewegen. Inwieweit es jedoch gelingt, eine harmonische Einheit zwischen Musik und Bewegung herzustellen, hängt ab von:
– Eigenschaften der Musik (Rhythmus, Struktur, Aufbau) und
– Persönlichen Faktoren (Bekanntheitsgrad, Geschmack, Stimmung)

Das rhythmische Muster in der Musik kann sehr unterschiedlich sein. Es kann so kompliziert sein, daß der Tanzende sich in seinen Bewegungen immer wieder umstellen muß und dabei schnell irritiert wird. Um dies zu vermeiden und anfängliche Hemmungen abzubauen, sollten nur Musikbeispiele angeboten werden, die einen **klaren Rhythmus ohne Temposchwankungen und eingängige Melodien** enthalten. Außerdem müssen die verschiedenen Formteile gut zu unterscheiden und die Bewegungen auf die Musik entsprechend abgestimmt sein. Nur so ist ein schnelles Erfolgserlebnis möglich, und der Betreffende kann sich an der harmonischen Einheit von Bewegung und Musik erfreuen.

Oft wird aufgrund der vielfältigen Bewegungseinschränkungen von Pflegeheimbewohnern davor gewarnt, schnelle Musikstücke einzusetzen. Andererseits wird gerade diese **beschwingte, fröhliche, flotte Musik** immer wieder von alten Menschen gefordert, da sie einen hohen Aufforderungscharakter hat und die Stimmung positiv beeinflußt. Deshalb sollte auch nicht darauf verzichtet werden. Die Anleiterin kann eine Überforderung dadurch vermeiden, indem sie die Bewegung halb so schnell oder ein Viertel so schnell ausführen läßt, wie durch die Taktart vorgegeben. D.h. die Teilnehmer bewegen sich z.B. beim 4/4 Takt nicht auf den betonten ersten und dritten Schlag, sondern pro Takt immer nur auf den ersten Schlag. Zu den Musikstücken, die eine fröhliche, beschwingte Stimmung erzeugen und zu Bewegungen geeignet sind, gehören Märsche (z.B. „Radetzkymarsch", „Marsch aus Petersburg", u.a.), Polka, Rheinländer u.ä. (z.B. „Fröhlicher Kreis", „Zigeunerpolka", „Paprika Lady"), Gesellschaftstanzmusik (Foxtrott, Samba, Tango u.ä.) sowie bestimmte Volkslieder, Schlager und Operettenmelodien, die einen geraden Takt (4/4 oder 2/4 u.ä.) haben.

Je nach Situation bzw. als Erholung zwischendurch sollte auch **ruhige und besinnliche Musik** eingespielt werden. Anlässe für ruhige, besinnliche Musikstücke können sich in der Weihnachtszeit bei traurigen Ereignissen im Heimalltag oder einfach nur so ergeben, weil den Teilnehmern gerade danach zumute ist. Der Einsatz von passenden Handgeräten (z.B. Tücher, Kreppapierbänder oder Gläser mit Teelichtern), die harmonisch zur Musik hin- und her bewegt werden, können dabei sehr wirkungsvoll sein. Wichtig ist bei der Auswahl des Musikstückes jedoch immer, daß es der Stimmung und der Atmosphäre in der Gruppe entspricht. Nur dann entsteht der Wunsch, sich von der Musik anregen zu lassen und die Stimmung durch die Bewegung auszudrücken. Die

Auswahl (Bewegungen)

Anleiterin sollte deshalb den Stimmungsgehalt der verschiedenen Musikstücke kennen und ein gutes Gespür für die Gruppensituation haben. Zu den Musikstücken, die eher eine besinnlich, ruhige Stimmung erzeugen, zählen Langsamer Walzer, Mazurka, Volks- und Schlagermelodien in ungeradem 3/4-Takt sowie entsprechende Film- und Operettenmelodien wie „*Dornenvögel*" oder das „*Vilja-Lied*" (aus der „Lustigen Witwe" von Franz Léhar) und andere gängige instrumentale Entspannungsmusik aus dem klassischen Bereich („*Air*" von Bach, „*Kleine Nachtmusik*" von Mozart u.ä.) oder auch „New age-Musik" von Kitaro, Deuter, Winston u.a.

Neben der musikalischen Struktur und dem Stimmungsgehalt ist es wichtig, den **persönlichen Geschmack** der Teilnehmer zu berücksichtigen. Nur wenn einem die Musik gefällt, entsteht auch der Wunsch, sich nach der Musik zu bewegen. Dabei spielt der **Bekanntheitsgrad** der Musik eine große Rolle. So ist immer wieder zu beobachten, daß die Teilnehmer sich beim Einspielen bekannter Volkslieder wie „*Das Wandern ist des Müllers Lust*" oder „*Lustig ist das Zigeunerleben*" ohne viel Aufforderung und Erklärung spontan mitbewegen bzw. mitklatschen. Aber auch bei weniger bekannten Musiktiteln (z.B. ausländische oder moderne Volksmusik) ist die Bereitschaft, sich zu bewegen, vor allem dann recht groß, wenn die Musik vom Rhythmus und der musikalischen Struktur her nicht so sehr vom Gewohnten abweicht.

So bereitete der Sitztanz zur Musik „Boot auf dem Meer" (Sirtaki: griechischer Volkstanz) oder die „Zigeunerpolka" den Senioren sofort viel Freude, während der Tanz „Hashual" (israelischer Volkstanz) aufgrund des ungewohnten Rhythmus' und des ausländischen Textes nicht so gut angenommen wurde. Wir haben ihn deshalb hier im Buch auch nicht aufgeführt.

2. Welche Bewegungen sind geeignet?

Für die Begleitung der Musik durch Bewegung/Tanz sollten grundsätzlich Bewegungsarten und -folgen ausgesucht werden, die keine zu hohen körperlichen Anforderungen an die Teilnehmer stellen. Für viele Pflegeheim- und Altenheimbewohner bedeutet dies, daß grundsätzlich nur noch Bewegungen im Sitzen ausgeübt werden können, da das Gehen ohne Hilfe nicht mehr möglich ist. Es sollten **Bewegungen** vorgeschlagen werden, **die** die Teilnehmer kennen und von ihnen **sicher beherrscht werden**. Die Anleiterin sollte die Übungen auf die Gruppe abstimmen und zunächst ohne Musik ausprobieren lassen. Die Gefahr beim Bewegen nach Musik besteht nämlich darin, daß die Teilnehmer durch das vorgegebene Tempo sowie durch den Rhythmus „mitgerissen" werden und so möglicherweise körperliche Grenzen nicht oder zu spät wahrnehmen (siehe Kap. II.3. S. 146 f. „Krankheitsbilder"). Die Folge sind Schmerz oder eine Über-

Auswahl (Bewegungen)

forderung, die schnell die Freude am Bewegen nehmen kann. Deshalb sollten die Übungen eher leicht sein. Der Vorteil der Musik ist ja gerade, daß selbst leichte, sich wiederholende Bewegungen nicht monoton und langweilig erscheinen. So kann Tanz z.B. auch darin bestehen, auf einem Stuhl zu sitzen und zur Musik ein Seidentuch zu bewegen oder nur mit den Händen mitzuklatschen.

Bei **Bewegungsfolgen** (wie z.B. beim Sitztanz), die sich mit dem Rhythmus der Musik wiederholen, sollten zunächst nicht mehr als drei verschiedene Bewegungen ausgeführt werden. Da die Musik oft sehr flott ist, bleibt zu wenig Zeit nachzudenken und sich umzustellen. Bei geübten Gruppen kann die Anzahl der Bewegungen dann später gesteigert werden.

Was die **Art der Bewegung** betrifft, so sollte aufgrund der altersspezifischen körperlichen Veränderungen (wie z.B. Bewegungseinschränkung durch Ablagerungen, brüchige Knochensubstanz, Deformierung der Gelenke, u.ä.) auf folgendes verzichtet werden:

– ruckartige Bewegungen aller Gelenke,
– kraftvolle Bewegungen (wie festes Aufstampfen u.ä.),
– zu starke Körperschwünge (wie z.B. Schwingen beider Arme von rechts nach links),
– schnelle Drehungen der Gelenke (Kopfdrehen ganz vermeiden),
– starkes Vornüberbeugen.

Die Anleiterin sollte immer wieder darauf hinweisen, daß die Gelenke nicht über die Schmerzgrenze hinaus beansprucht werden sollten. Dies ist zwar bei bestimmten Krankheitsbildern sinnvoll, gehört aber in die Hände erfahrener Krankengymnasten. Inwieweit die Anleiterin im Rahmen der musikalischen Aktivierung auf die verschiedenen Krankheitsbilder eingehen kann, ist in dem folgenden Kapitel nachzulesen.

Wichtig ist auch, daß Bewegung und Musik miteinander harmonieren, d.h. gut aufeinander abgestimmt sind. Dabei sollte – wenn möglich – folgendes bei der **Auswahl der Bewegungen** beachtet werden:

Tempo, Lautstärke, Klangrichtung:
– langsame Musik = langsame Bewegung
– schnelle Musik = schnelle Bewegung
– laute Musik = kräftige Bewegung
– leise Musik = leichte, zarte Bewegung
– aufsteigende, hohe Töne ermuntern zum Strecken von Körper und Armen.
– abfallende, tiefe Töne ermuntern zum Beugen von Körper und Armen.

Melodie, Taktart, Rhythmus:
– Beim Wechsel der Melodie sollte auch ein Bewegungswechsel stattfinden.
– Musikalische Figuren im 3/4-Takt ermuntern zu schunkelnden und wiegenden Bewegungen, vor allem mit den Armen oder dem Oberkörper.
– Musikalische Figuren im geraden Takt (2/4, 4/4) veranlassen zu Schritt-, Stampf- und Klatschbewegungen.

Auswahl (Bewegungen)

Je besser die Musik auf die Bewegung abgestimmt ist, desto eher wird sie die Bewegung unterstützen und mit dem natürlichen Bewegungsimpuls harmonieren. Andernfalls behindert sie eher und erzeugt Widerwillen beim Zuhörer.

3. Was ist bei bestimmten Krankheitsbildern zu berücksichtigen?

In Alten- und Pflegeheimen gibt es viele Personen, die an einer chronisch geistigen oder körperlichen Erkrankung leiden. Diese Personen sollten auf keinen Fall, auch wenn es um Bewegung geht, ausgeschlossen werden. Im Gegenteil, auch bei dieser Teilnehmergruppe können sich sorgfältig ausgewählte Bewegungen positiv auf die Krankheit und das Allgemeinbefinden auswirken. Dabei sind jedoch einige Hinweise in Bezug auf die verschiedenen Krankheiten zu beachten, wobei jedoch immer eine Absprache mit einem Arzt oder Krankengymnasten erfolgen sollte:

Apoplex (Schlaganfall) mit Hemiplegie (Halbseitenlähmung):
- Soweit möglich beide Seiten gleichmäßig üben.
- Auch die gelähmte, schlaffe Seite sollte miteinbezogen werden, indem der gesunde Arm den betroffenen Arm passiv mitbewegt. Dies ist bei rehabilitierten Teilnehmern möglich, sollte jedoch nicht zu lange erfolgen, da es sehr anstrengend ist. Es ist aber auch zu überlegen, inwieweit das Mitbewegen des gelähmten Armes zur Musik sinnvoll ist. Durch die Musik ist ein bestimmtes Tempo vorgegeben, das möglicherweise zu schnell sein kann. So entsteht leicht ein Leistungsdruck für den Teilnehmer, der zur Verkrampfung führt und die Behinderung eher verstärkt. Die Anleiterin sollte unbedingt bei solchen Übungen für eine lockere und entspannte Atmosphäre sorgen. (Bei spastischer Lähmung sollte passives Mitbewegen der betroffenen Seite nur unter Anleitung einer Krankengymnastin erfolgen.)
- Die gesunde Seite vor Überforderung schützen, da diese häufig doppelt beansprucht ist. Entspannungs- und Lockerungsübungen sowie Pausen zwischendurch einbauen. Oder dem Teilnehmer ein Instrument geben, mit dem er das Musikstück rhythmisch begleiten kann.
- keine Bewegungen durchführen die „aus dem Gleichgewicht bringen" z.B. großen Kreis mit dem Bein (gesunde Seite) beschreiben.

Parkinson (Schüttellähmung)
- Große Bewegungen bevorzugen, bei denen das Zittern (Ruhetremor) in der Regel nachläßt.
- Weich und locker üben, z.B. nach langsamer Walzermusik. Der schwingende Rhythmus hilft die Bewegungen zu lockern.
- Zu bevorzugen sind einfache, nicht zu komplizierte Bewegungen, die keine große Koordinationsleistung erfordern. Zu schnelle Bewegungswechsel sind ebenso zu vermeiden.
- Klare Ansagen der Übungen, Kommandos (zur Überwindung der Startschwierigkeit) sowie taktile Reize beim Beginn und Innehalten der Bewegung können die Teilnahme erleichtern.

Auswahl (Bewegungen)

Arthrose (Gelenkveränderungen)
- Das Üben mit Handgeräten und nach Musik ist hier besonders empfehlenswert, da alte Menschen oft dazu neigen, das betroffene Gelenk zu schonen, welches langfristig zu Versteifungen führen kann. Der hohe Aufforderungscharakter der Musik hilft, Bewegungshemmungen zu überwinden.
- Da es schnell zu Verkrampfungen kommt, ist immer wieder auf Lockerung und Entspannung der Muskeln zwischendurch zu achten.
- Liegt ein akuter entzündlicher Prozeß vor (Arthritis), sollte das Gelenk geschont werden. Ist die Entzündung abgeklungen, ist jedoch die Bewegung wieder unbedingt notwendig.
- Alle ruckartigen Bewegungen sowie Stampfen, starkes Klatschen und Schütteln der betroffenen Gelenke vermeiden.

Bluthochdruck/Asthma
- Jegliche Herzbelastung durch zu schnelle Bewegungen, die zu lange hintereinander durchgeführt werden, vermeiden. Personen, die dazu neigen, sich zu überfordern, indem sie zu heftig mitmachen, bremsen.
- Bei Schwindelgefühl und Veränderung der Gesichtsfarbe sofort das Üben abbrechen.
- Immer wieder auf Weiteratmen bei Übungen hinweisen, so daß ein Anhalten der Atmung sowie eine Preßatmung vermieden wird.
- Zu weites Vornüberneigen des Kopfes vermeiden.

Sehbehinderung/Blindheit
- Jede Bewegung muß verbal erklärt werden.
- Die Bewegungen sollten mit kurzen Signalwörtern gekennzeichnet werden. Die Anleiterin sagt so jede neue Bewegung an, damit der Teilnehmer auch bei Sitztänzen gut mitmachen kann.
- Die Anleiterin sollte dem Teilnehmer unbedingt Feedback geben.

Demenz und andere hirnorganische Erkrankungen
- Die Teilnehmer immer wieder auffordern mitzumachen, wenn sie plötzlich innehalten (Vormachen ist dabei besser als verbale Erklärungen).
- Die Anleiterin darf keine zu hohen Erwartungen an Perfektion stellen.
- Das Reaktionsvermögen und die Merkfähigkeit sind häufig eingeschränkt. Deshalb sind Bewegungswechsel schwierig und müssen mit Blickkontakt langsam eingeübt und oft wiederholt werden.

Grundsätzlich sollte die Anleiterin bei Bewegungseinschränkungen immer überlegen, wie sie z.B. die bei Sitztänzen angegebenen Bewegungen vereinfachen und auf die Gruppe abstimmen kann. Sie sorgt dafür, daß noch vorhandene Fähigkeiten ausgeschöpft werden und erhalten bleiben. Allerdings sollte keine funktionelle Gymnastik daraus entstehen. Die Teilnehmer sollten beim Bewegen nach Musik hauptsächlich Spaß an den Bewegungen haben und nicht ständig mit ihren „schwachen Seiten" konfrontiert werden. Zu komplizierte Bewegungen sind daher im Rahmen eines musikalischen Gruppenangebotes nicht sinnvoll.

III. Einführung und Anleitung verschiedener Bewegungsformen zur Musik

1. Gymnastik zur Musik

a) Definition und Möglichkeiten

Bei dieser Form von Bewegung steht nicht die Musik, sondern die **Bewegung** im Sinne von Üben, Trainieren und Verbessern der körperlichen Funktionsfähigkeit im Vordergrund. Die Musik hat dabei in erster Linie unterstützende und begleitende Funktion. Es kommt im Unterschied zum Tanzen nicht so sehr darauf an, daß die unterschiedlichen Klangfiguren der Musik auch in Bewegungen umgesetzt werden, sondern nur, daß sie dem **Rhythmus der Musik** entsprechen. So ist es für die Anleiterin leicht möglich, zu einer rhythmisch eingängigen Musik aus dem Stehgreif gymnastische Bewegungen auszuführen. Auch die Teilnehmer sollten, nachdem sie einige Übung haben, aufgefordert werden, Bewegungen zu der Musik zu erfinden, die dann von allen Teilnehmern nachgemacht werden können (siehe Improvisation). Besonders bei eingängigen, bekannten Musikstücken wie *„Amboßpolka"* und *„Radetzkymarsch"* werden die Teilnehmer oft spontan mitgerissen und führen selbständig Bewegungen dazu aus.

Gibt die Anleiterin die Übungen vor, so kann sie entscheiden, ob während eines Musikstückes nach und nach alle Muskeln und Gelenke bewegt oder ob **bestimmte Körperteile** besonders berücksichtigt werden. Wichtig ist dabei jedoch, daß ein und dieselbe Körperregion nicht zu lange an einem Stück bewegt wird, damit keine einseitige Belastung zustande kommt.

Werden **unterschiedliche Bewegungen** zur Musik durchgeführt, ist darauf zu achten, daß die Wechsel nicht zu schnell aufeinanderfolgen. Da die Umstellungsfähigkeit bei alten, besonders körperlich und geistig beeinträchtigten Menschen eingeschränkt ist, benötigen sie längere Zeit, um sich auf die Bewegung einzustellen. Die Anleiterin beobachtet die Teilnehmer und wechselt erst dann, wenn die vorangegangene Bewegung einige Male sicher ausgeübt wurde. Die Anzahl und das Tempo der Bewegungswechsel hängt von der Gruppe ab. Die Anleiterin wird mit der Zeit ein Gespür dafür bekommen, was in der Gruppe möglich ist, damit die Teilnehmer weder über- noch unterfordert sind. Sehr wirkungsvoll ist es, wenn langsame und schnelle Bewegungen einander abwechseln. Dabei ist die richtige Auswahl der entsprechenden Bewegungen entscheidend.

Anleitung (Gymnastik zur Musik)

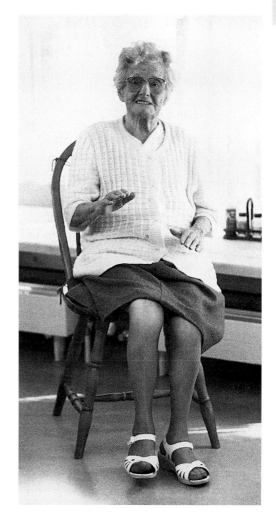

Bei gymnastischer Übung zur Musik

b) Anleitung und Einsatz gymnastischer Übungen zur Musik

Bei der Anleitung von gymnastischen Übungen zur Musik sollte die Anleiterin vorher **nicht zu viele Erklärungen** abgeben, sondern die Musik einfach anstellen und mit einer Bewegung beginnen. Wichtige Voraussetzung ist allerdings, daß alle Teilnehmer die Anleiterin gut sehen können. Das Sitzen im Halbkreis, wobei die Anleiterin davor sitzt, ist eine günstige Position. Die Konzentration auf sie ist dabei sehr groß. Es ist erstaunlich, wie gut die Teilnehmer die Übungen übernehmen, ohne daß dabei verbal etwas erklärt werden muß. Die Anleiterin bleibt in Kontakt mit den Teilnehmern, um zu erkennen, welches das geeignete Tempo ist. Die Wechsel von einer Bewegung zur nächsten sollten kurz vorher angesagt werden, damit sich die Teilnehmer darauf einstellen können.

Wird Musik im Rahmen von Gymnastik eingesetzt, so sollte **nicht während der ganzen Übungsstunde Musik ertönen**. Abgesehen davon, daß die Erklärungen der Anleiterin bei laufender Musik schlecht verstanden werden, setzt das Erlernen neuer und anspruchsvoller Übungen auch ein bewußtes Wahrnehmen und Erleben der Bewegung voraus, damit Schmerzgrenzen nicht überschritten werden. Dies ist bei eingespielter, auffordernder Musik nicht möglich, da diese zu sehr vom eigenen Empfinden ablenkt. Rhythmische Musik sollte also nie nebenbei als Geräuschkulisse eingesetzt werden, sondern nur, um sich gezielt danach zu bewegen. Der bewußte Einsatz von rhythmischer Musik eignet sich besonders zur Einstimmung, zum Warmwerden am Anfang, als Auflockerung zwischendurch oder als Gemeinschaftserlebnis zum Abschluß.

Beim konzentrierten Durchbewegen von Gelenken nach eigenen Möglichkeiten und Vorstellungen ist es jedoch sinnvoll, **Instrumentalmusik als Hintergrundmusik** einzuspielen, um für eine konzentrierte Stimmung zu sorgen (z.B. Gitarrenmusik). Jeder übt dabei in seinem Tempo und probiert verschiedene Möglichkeiten z.B. mit dem Handgerät aus, wobei die Anleiterin bewußt keine Erklärungen zwischendurch gibt. Die ausgewählte Musik sollte keinen deutlich hervortretenden Rhythmus haben. Nur dann behindert sie nicht und die Teilnehmer können ihren Bewegungsrhythmus finden. Solche Übephasen, in denen sich jeder nach eigenen Vorstellungen bewegt, eignen sich zwischendurch zur Entspannung und beim Experimentieren und Beschäftigen mit dem Handgerät:

Beispiel für rhythmische Gymnastik nach Musik:

Musik: Seven Jumps, Bundesverband Seniorentanz (SP 23015)
Abgeändert zur Gymnastik im Sitzen: Siebenspaß, d.h. es werden sieben verschiedene Bewegungen gemacht, bei denen unterschiedliche Körperteile angesprochen werden.
Das Musikstück hat einen rhythmischen Teil (Refrain), der abwechselnd mit dem Bewegungsteil gespielt wird. Der Bewegungsteil wird mit jedem Mal um eine Bewegung verlängert.

Refrain: Rhythmischer Teil
Takt 1–2: 4mal abwechselnd auf die Oberschenkel und in die Hände klatschen.
Takt 3–4: 2mal abwechselnd 3mal stampfen und 3mal klatschen (kurz-kurz-lang)

Bewegungsteil
1. Bewegung: Mit der rechten Hand winken
2. Bewegung: Mit der linken Hand winken
3. Bewegung: Rechtes Bein ausstrecken und mit Fuß wippen
4. Bewegung: Linkes Bein ausstrecken und mit Fuß wippen
5. Bewegung: Rechten Arm seitlich vom Körper vor- und zurückschwingen
6. Bewegung: Linken Arm seitlich vom Körper vor- und zurückschwingen
7. Bewegung: Beide Hände locker umeinander kreisen lassen

Die Bewegungen sollten je nach Möglichkeiten/Grenzen der Gruppenteilnehmer abgeändert werden.
Weitere Beispiele/Vorschläge siehe Praktische Beispiele, ab S. 177 ff.

c) Einsatz von Handgeräten

Abwechslung in der Gymnastik kann der Einsatz von Handgeräten bieten. Diese verstärken den Ausdruck der körperlichen Bewegung zur Musik, und es entsteht auch ein **schöneres optisches Bild**.

Außerdem hat das Bewegen mit Handgeräten eher spielerischen Charakter. Sie ermutigen zum Experimentieren und erhöhen die Freude am Bewegen. So entsteht z.B. beim Spielen mit dem Ball oder dem Luftballon häufig eine **heitere, gelöste Atmosphäre**, in der Ängste und Bewegungshemmungen überwunden werden. Der Spieler wird durch die Möglichkeiten des Umgangs mit dem Gerät zu immer neuen Bewegungen herausgefordert.

Dabei muß die Anleiterin jedoch darauf achten, daß sich die **Teilnehmer nicht überfordern**. Die Konzentration ist beim Spielen auf das Handgerät und weniger auf die Bewegung gerichtet. Manche Spieler entwickeln den Ehrgeiz, z.B. den Ball noch höher und kräftiger zu werfen bzw. zu stoßen als nötig. Die Anleiterin sollte im Einzelfall wissen, bei wem sie zur Vorsicht mahnen muß, damit Schmerzgrenzen nicht überschritten und Verletzungen vermieden werden.

Die **Wahl des Handgerätes** spielt dabei ebenfalls eine wichtige Rolle. Es sollten zunächst die Geräte bevorzugt werden, die eine geringe Verletzungsgefahr in sich bergen und einfach zu handhaben sind. Im folgenden werden einige Handgeräte vorgestellt, die sich zur Bewegung nach Musik eignen:[2]

(1) Tücher

Tücher eignen sich hervorragend zum Mitschwingen bei bekannter Walzermusik (z.B. „Schneewalzer"). Damit dies auf die Dauer nicht so anstrengend wird, sollten möglichst leichte Tücher verwendet werden. So sind vor allem **Chiffon- bzw. Nylontücher** in der Größe 40 x 40 cm geeignet. Sie sind sehr leicht und fliegen beim Hochwerfen auch nicht so weit weg und fallen sehr langsam herunter. Allerdings haben sie eine große Eigendynamik, so daß sie sich zum gezieltem Werfen und Fangen weniger gut eignen. Hier sind eher **Tücher aus** festerem Material wie z.B. **Baumwolle** zu verwenden.

Die Tücher sollten möglichst in verschiedenen Farben vorhanden sein, damit jeder sich seine Lieblingsfarbe auswählen kann und beim Schwingen ein buntes Bild entsteht. Einen besonderen Effekt bewirken eingewebte Lurex-Fäden, die bei entsprechender Beleuchtung schön glänzen.

---

[2] Die aufgeführten Handgeräte sind bei Dieter Balsies Versand Ahlmannstr. 18 (Hof), in 24118 Kiel erhältlich.

Handgeräte

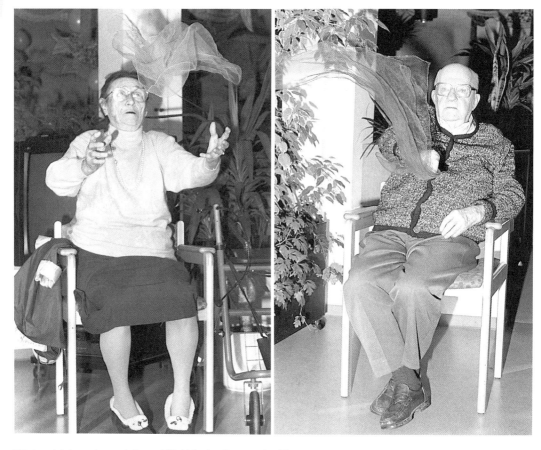

Tücher bieten eine schönen Effekt beim Tanzen im Sitzen.

Je nach Größe des Tuches sollten die Teilnehmer es beim Schwingen am Zipfel bzw. in der Mitte halten. Da die Tücher formbar sind, können sie – außer zum Schwingen – ebenfalls folgendermaßen verwendet werden:

- zum Zusammenknäulen,
- geöffnet als Fläche,
- über die Seite bzw. Diagonale zusammengefaltet als Recht- bzw. Dreieck,
- zusammengerafft als Band und
- aufgelegt auf den Körper als Dekoration.

Ein weiteres beliebtes Tuch ist das sog. **Schwungtuch**. Es besteht in der Regel aus reißfestem Material und ist in verschiedenen Größen, Farben und Stoffarten erhältlich. Auch hier sollte wieder auf möglichst leichtes Material geachtet werden. Die Größe des Schwungtuches richtet sich nach der Anzahl der Teilnehmer. Für eine Gruppe von ca. 20 Personen hat sich das Maß von 7,50 x 7,50 m als günstig erwiesen. Die kleinen Tücher ab 3 x 3 m haben nicht so gute Schwungeigenschaften.

In die Kante der Tücher ist als Greifrand eine Kordel eingenäht. Manche Anfertigungen haben Griffschlaufen. Dies ist besonders günstig, da bei Personen, die nicht mehr so fest greifen können, das Tuch nicht abrutschen kann.

Das Schwungtuch bietet ideale Möglichkeiten des Miteinanders. Jeder kann sich beteiligen, der wenigstens einen funktionstüchtigen Arm zur Verfügung hat. Die Teilnehmer sind aufgefordert, sich aufeinander einzustellen, um ein harmonisches Miteinander zu ermöglichen. Besonders geeignet dafür ist langsame Musik, z.B. Langsamer Walzer oder Meditationsmusik, die einen klaren, aber ruhigen Rhythmus hat. Dies erleichtert es, sich in den Bewegungen aufeinander einzustellen. Außerdem verhindert die ruhige, vorgegebene Musik, daß schwächere Teilnehmer durch allzu kräftige Bewegungen mitgerissen werden. Als besonderen Effekt können leichte Bälle auf das Tuch gelegt werden, die beim Schwingen über das Tuch rollen oder auf und ab bewegt werden.

<u>Vorsichtsmaßnahme:</u> Da durch das Schwingen über längere Zeit die Arme sehr stark beansprucht werden, sollte die Anleiterin zwischendurch immer wieder zum Ablegen der Tücher und Lockern der Arme auffordern. Auch kann sie – wenn möglich – zum Schwingen mit einem anderen Körperteil, z.B. mit dem Bein, anregen, damit keine einseitige Belastung zustande kommt.

(2) Bälle

Das Ballspielen macht alten Menschen viel Spaß, da der Ball ein vertrautes Medium ist. Allerdings ist davon auszugehen, daß viele ältere Personen lange Zeit nicht mehr mit einem Ball gespielt haben. Auch vorhandene körperliche Einschränkungen hindern daran, so wie früher zu spielen. So fällt z.B. nun ein gezieltes Fangen schwerer, da die Koordination und auch die Reaktionsfähigkeit nachgelassen hat.

Damit ältere Menschen nicht gleich Mißerfolge erleben, sollte die Anleiterin zunächst mit leichten Übungen beginnen. Außerdem ist die Ballauswahl sehr wichtig.

Folgende Bälle, die unterschiedliche Eigenschaften haben, sind für eingeschränkte alte Menschen geeignet:

Schaumstoffbälle

Diese gibt es in allen Größen. Sie fliegen langsam, sind leicht und schließen eine Verletzungsgefahr z.B. beim Zuspiel aus. Außerdem sind Schaumstoffbälle griffiger als harte Bälle und springen trotzdem noch in ausreichendem Maße, z.B. wenn man sie im Sitzen zwischen die Beine fallen läßt. Allerdings ist dies bei Personen, die im Rollstuhl sitzen und einen engen Rock anhaben, sehr schwierig.

Schaumstoffbälle sind besonders zum Werfen und Fangen, ob allein, zu zweit oder in der Gruppe geeignet. Doch ist hier zunächst einige Zeit des Übens notwendig, bis das Fangen wieder beherrscht wird. Erst dann sollte das gezielte Bewegen nach Musik erfolgen. Beim Wegrollen des Balls würde der Teilnehmer sonst aus dem Rhythmus kommen und frustriert werden.

Handgeräte

Beim Bewegen zur Musik ist darauf zu achten, daß die Bewegung des Hochwerfens und Fangens längere Zeit erfordert, als z. B. das Drehen des Balls zwischen den Händen. Die Anzahl der benötigten Takte für eine Bewegung ist daher unterschiedlich und sollte berücksichtigt werden.

Weitere Möglichkeiten des Einsatzes von Schaumstoffbällen sind:
- Kicken (Sitzfußball),
- Rollen, z. B. unter dem Fuß rollen lassen u. ä.,
- Weitergeben/Überreichen: Von einer Hand in die andere, um den Körper, an den Nachbarn usw.,
- Drücken, z. B. unter den Arm klemmen, mit beiden Händen drücken, zwischen die Knie klemmen,
- Festhalten mit einer Hand und tippen, z. B. auf verschiedene Körperteile tippen.

<u>Vorsichtsmaßnahme:</u> Besonders für Personen mit einer Halbseitenlähmung oder anderen starken Bewegungseinschränkungen im Schulterbereich ist der Umgang mit dem Ball – insbesondere das Fangen – sehr schwierig. Hier kann ein Spezialball mit Gummiband hilfreich sein. Das Gummiband wird dem Teilnehmer um die Hüfte gebunden, wodurch der Ball nie wegrollen und leicht wieder herangezogen werden kann.

Luftballons, Wasserbälle

Diese sind wegen ihrer Buntheit und Leichtigkeit sehr beliebt. Das extrem langsame Fliegen und Schweben in der Luft kommt dem Bewegungsrhythmus alter Menschen sehr entgegen. Außerdem sind sie besonders geeignet bei Teilnehmern mit verminderter Sehkraft, bei denen das gezielte Fangen sonst nicht möglich ist.

Es gibt Luftballons in allen Größen. Je größer der Ballon, desto schwerer wird er. Dadurch ergeben sich unterschiedliche Einsatzmöglichkeiten. Leichte Ballons eignen sich sehr gut zum Tanzenlassen in der Luft, allein mit den eigenen Händen oder unter Zuhilfenahme eines Tuches, das von zwei oder mehreren Personen festgehalten wird. Größere Ballons dagegen sind zum Werfen und Fangen geeignet oder – bei sehr großem Umfang – auch zum Zurollen oder Hochheben.

Tennisbälle

Tennisbälle sind zum Massieren der Hände, Füße, Oberschenkel und anderer Körperteile günstig. Besonders effektiv und entspannend ist die Massage dann, wenn ruhige, besinnliche Musik dazu gespielt wird. Das Massieren kann auch gegenseitig erfolgen und bietet so die Möglichkeit, sich gegenseitig etwas Gutes zu tun. Dabei ist die Kontaktaufnahme nicht so nah und intim, wie beim Massieren mit der bloßen Hand und wird daher gerne angenommen. Wichtig ist jedoch, daß die Teilnehmer sich den Partner selbst wählen können, um das Geben und Nehmen auch genießen zu können.

Der Nachteil ist jedoch, daß die Tennisbälle bei Personen mit Einschränkungen in den Händen leicht weggleiten und davonrollen. Kommt dies öfter vor, wird die Massage sehr gestört und kann nicht mehr als angenehm und entspannend erlebt werden. Die Anleiterin sollte sich daher überlegen, inwieweit dies in ihrer Gruppe möglich ist.

Handgeräte

Die Tennisballmassage ist auch eine ideale Möglichkeit der nonverbalen Kontaktaufnahme mit bettlägerigen und anderen Personen, die nicht an der Gruppenaktivität teilnehmen können und einen Einzelkontakt benötigen. Hier kann dann die Anleiterin die Massage übernehmen.

(3) Zauberschnur

Die Zauberschnur bzw. der Zauberkreis ist ein Gummiseil, das in geflochtener Baumwolle, Kunstfaser oder Weichhanf eingearbeitet ist. Es hat eine Länge von 10 oder 20 Metern. Der Zauberkreis unterscheidet sich von der Zauberschnur darin, daß an dessen Enden ein Karabinerverschluß eingearbeitet ist. Will man bei der Zauberschnur den Kreis schließen, muß man einen Knoten machen. Allerdings ist der Einsatz dann jedoch flexibler, z.B. wenn die Gruppe einmal kleiner ist. Die Länge des Gummiseils richtet sich, ähnlich wie das Schwungtuch, nach der Anzahl der Teilnehmer. Es sollte zu Beginn nicht zu straff gehalten werden, da es beim Durchführen von Bewegungen sonst zu sehr in den Fingern spannt.

Bedingt durch die Länge der Schnur werden Zauberkreis und Zauberschnur niemals ein Gerät für einen Einzelnen sein, sondern immer für eine ganze Gruppe. Das gleichzeitige miteinander Üben, die gegenseitige Hilfe und Rücksichtnahme, der gemeinsame Rhythmus, kurz, das Verbindende der Schnur, lassen den Zauberkreis und die Zauberschnur zu abwechslungsreichen und wertvollen Handgeräten in der Altengymnastik werden. Ähnlich wie beim Schwungtuch eignet sich hier jede Art von Musik, die zum Schwingen anregt. Da das Seil viel leichter ist als das Schwungtuch und auch durch den eingearbeiteten Gummi beweglicher ist, können vielfältigere und schnellere Bewegungen ausgeführt werden. Das Tempo der Musik kann daher auch flotter sein.

(4) Papprollen

Papprollen sind eine gute Alternative zu den als Gymnastikgerät bekannten Stäben. Sie sind leichter als Stäbe und aus weichem Material, so daß eine Verletzungsgefahr ausgeschlossen ist. Sie eignen sich daher auch besonders für bewegungsbeeinträchtigte alte Menschen. Papprollen sind nicht im Handel erhältlich und müssen selbst angefertigt werden. Man kann sich einen Teil der Arbeit ersparen, wenn man die Papprollen, die als Abfallprodukt von Küchenpapier, Geschenkpapier und ähnlichem übrigbleiben, sammelt. Die Länge kann unterschiedlich sein, ideal sind 30–50 cm. Um sie optisch ansprechender zu gestalten, sollten sie mit Buntpapier beklebt oder mit Plakafarbe angemalt werden.

Es können vielfältige Bewegungen damit ausgeführt werden:
- Klopfen auf verschiedene Körperteile,
- Ausstrecken, Drehen der Arme (einzeln anfassen oder zusammen),
- Als Staffel weitergeben, um Körperteile herumführen,
- Als Fernrohr benutzen, als Sprechrohr verwenden,
- Unter das Kinn klemmen,
- Zwischen den Händen rollen,

usw.

Handgeräte

Beim Einsatz zur Musik sollten diese für die Pappstangen spezifischen Bewegungen berücksichtigt werden. Es sollten Musikstücke ausgewählt werden, die einen geraden Taktrhythmus haben und zum Mitklatschen, Klopfen, Pendeln der Arme rechts und links u.ä. auffordern.

Methodische Hinweise beim Üben mit Handgeräten

Kennenlernen des Gerätes

Die Anleiterin sollte am Anfang Gelegenheit geben, das Gerät zu erkunden und sich darauf einzustellen. Sie fordert die Teilnehmer auf, es zu „begreifen".
– Wie sieht es aus? (Welche Farbe, Form, Größe hat es?)
– Wie fühlt es sich an? (Material, Beschaffenheit)
– Was kann ich damit machen? Zeit zum Ausprobieren lassen!
Sie beobachtet, ob die Teilnehmer selbst anfangen, eigene Übungen mit dem Handgerät auszuführen. Ist dies der Fall, so sollte sie dies unbedingt zulassen, jedoch auch immer selbst mitmachen.

Am Anfang ist jedoch manchmal Scheu und Unbeholfenheit im Umgang mit dem Handgerät zu beobachten. Die Augen sind erwartungsvoll auf die Anleiterin gerichtet, bis diese sagt, was zu tun ist. Da ältere Menschen in der Regel wenig Gelegenheit haben, zu experimentieren und Neues auszuprobieren, kann zu viel Freiheit am Anfang eine Überforderung darstellen und eher Unsicherheit und Ängste hervorrufen. Die Anleiterin sollte deshalb zwar zum Ausprobieren auffordern, aber selbst auch mitmachen, so daß unsichere Teilnehmer Übungen abschauen können. Falls sie beobachtet, daß manche Teilnehmer selbst Übungen erfinden, sollte sie diese, auch wenn sie noch so einfach sind, aufgreifen und die Gruppe zum Nachmachen auffordern. Mit der Zeit werden so die Teilnehmer immer lockerer im Selbsterfinden und Experimentieren.

Zunächst leichte Übungen wählen

Um Überforderung und Frustration zu vermeiden, sollten die Übungen zunächst so einfach gewählt werden, daß sie gleich beherrscht werden.

Bewegungen und Musik sollten dem Charakter des Handgerätes entsprechen

So sollten z.B. bei Tüchern schwingende Bewegungen gemacht werden, beim Ball soll auch geworfen und gefangen werden usw. Je nach Gerät eignet sich eher Musik in ungeradem Taktrythmus (z.B. Walzermusik 3/4-Takt) oder in geradem Taktrhythmus (z.B. Polka, Marsch im 2/4- bzw. 4/4-Takt).

Erst trocken üben (ohne Musik), dann mit Musik

Der Umgang mit dem Handgerät sollte vertraut sein, wenn die Musik eingespielt wird. Dazu ist es notwenig, die Bewegungen vorher ohne Musik zu üben, bis sie im entsprechenden Tempo und in der richtigen Reihenfolge beherrscht werden. Hilfreich ist es, wenn die Anleiterin dazu schon die Melodie mitsummt, da dies das Bewegen erleichtert.

2. Tanz

a) Definition und Möglichkeiten

Beim Tanz steht vor allem die **Musik** im Vordergrund. Ihre Melodien und ihr Klanggehalt prägen den Charakter der Tanzfiguren und den tänzerischen Ausdruck. Ausgedrückt werden können Stimmungen, Handlungsabläufe und Situationen. Es wird eine möglichst weitgehende Harmonie der Bewegung mit der Musik angestrebt (siehe Kap. II. „Auswahl der Bewegungen", S. 144 ff.).

Das Tanzen geschieht in unserem Kulturkreis meist nach **festgelegten, vorgegebenen Formen**, wie z.B. im Gesellschaftstanz oder im Volkstanz, welche Schritt für Schritt erklärt und eingeübt werden. Erst in jüngster Zeit ist das freie Tanzen (Improvisation) mit neuen Tanzformen wie Bauchtanz, Ausdruckstanz u.ä. besonders bei der jüngeren Generation populär geworden. Bei älteren Menschen ist jedoch nach wie vor das Tanzen nach festgelegten Formen bekannt und vertraut und hat im Gegensatz zum Improvisieren (s.u.) den Vorteil, daß die vorgegebene Bewegung zunächst über Hemmungen hinweg hilft und Sicherheit bietet. Der Betreffende muß nicht selbst eine Bewegung erfinden, sondern bewegt sich im Schutz der einheitlichen Gruppenbewegung.

Lange Zeit gab es **wenig Möglichkeiten für alte Menschen**, am Tanzen teilzunehmen, da die vorhandenen Tanzformen, wie Gesellschaftstanz, Folklore- oder Modetänze oft die körperlichen Möglichkeiten überschritten. So konnten alte Menschen z.B. auf Festen oft nur den langsamen Walzer mittanzen, da die anderen Tänze aufgrund der Drehungen und schnellen Bewegungen zu schwierig waren. Der *Bundesverband Seniorentanz e.V.*, den es seit 1977 gibt, hat deshalb eine eigene altersgemäße Tanzdisziplin entwickelt, die sich aus bereits bekannten Tanzformen ableitet. So ist der **Seniorentanz** von seiner Grundidee dem Volkstanz sicher am ähnlichsten. Aus dem nationalen und internationalen Folkloretanzrepertoire wurden vor allem solche Tänze ausgewählt und verändert, die eher den geselligen Charakter des Tanzes als die sportliche Leistungsfähigkeit betonen. Folgende Grundsätze wurden bei der Auswahl berücksichtigt:

– Tänze mit gleichberechtigten Partner (Kreistänze, Polonaisen u.ä.),
– Keine schnellen Drehungen, Hüpfen oder Springen,
– Tänze mit gleichmäßigem Tempo und klarem Rhythmus,
– Einfache, sich wiederholende Tanzformen.

Zunächst wurden in erster Linie **Gehtänze** entwickelt, die vielfältige Möglichkeiten der Bewegungsgestaltung bieten. Unterschiedliche Bewegungsschritte (z.B. Pendelschritt, Wechselschritt, Nachstellschritt u.ä.) sowie unterschiedliche Bewegungsformen (z.B. paarweise auf der Kreisbahn gehen, umeinander herumgehen, gemeinsam in den Kreis und aus dem Kreis gehen u.ä.) und verschiedene Möglichkeiten der Kontaktaufnahme (z.B. Hand reichen, Grüßen durch Verbeugen u.ä.) sorgen für unterschiedliche Bewegungserfahrungen und Ausgestaltungsmöglichkeiten je nach dem Charakter der Musik.

Heute leben jedoch in den Altenheimen hauptsächlich pflegebedürftige alte Menschen, die den körperlichen Anforderungen selbst dieser speziell für Senioren zusammengestellten Tänzen nicht mehr entsprechen. Damit auch diese körperlich stark eingeschränkten Menschen die Freude an der rhythmischen Bewegung erleben können, wurden in den letzten Jahren verstärkt auch **Tänze im Sitzen** entwickelt. Dies ist allerdings zunächst ungewohnt für die Teilnehmer. Da auch die Bewegungsmöglichkeiten im Sitzen sehr begrenzt sind, besteht die Gefahr, daß sich so mancher Teilnehmer veralbert vorkommt. Es sollten daher am Anfang möglichst bekannte Musikbeispiele verwendet und solche Bewegungen ausgesucht werden, die an Tänze erinnern (z.B. Sitztango, Sitzwalzer u.ä.). Hand- oder Beinbewegungen, die eine Imitation von Arbeit oder von Situationen darstellen, wie z.B. in den Sitztänzen „*Fensterputzen*", „*Kuchenbacken*" oder „*Hallo Taxi*" (Bundesverband Seniorentanz), sollten erst später, wenn das Tanzen im Sitzen angenommen wurde, probeweise eingeführt werden. Manche Melodien sind jedoch so beliebt, daß auch **pantomimische Darstellungen** dazu gerne durchgeführt werden, wie z.B. „*Gewittertanz*" („*Tzadik Katamar*") u.ä. Eine weitere Möglichkeit der effektvollen Gestaltung kann auch der **Einsatz von Handgeräten**, z.B. Tücher, bieten.

Das Prinzip vom Bekannten zum Unbekannten gilt auch für die Musik. Bei bekannter Musik (z.B. „*Kleine Konditorei*", „*Radetzkymarsch*" u.a.) ist der Wunsch gleich viel größer, sich zu bewegen. Dabei spielt die Art der Bewegung, sofern sie zur Musik paßt, eher eine untergeordnete Rolle. Ähnliches gilt auch für Musik, die alten Menschen gefällt. Dies können auch fremde Musikstücke sein, wenn sie nicht allzu sehr von den gewohnten Hörerfahrungen abweichen.

b) Anleitung von Tänzen

Folgende methodische Hinweise sollten bei der Anleitung von Tänzen in der angegebenen Reihenfolge berücksichtigt werden:

(1) Musik vorstellen und evtl. Titel erraten lassen

Bei **bekannten** Musikstücken und eingängigen Rhythmen kann zunächst vor dem Einspielen der Musik z.B. gefragt werden:

- „Was ist das für ein Rhythmus, ein Walzer, ein Marsch?" oder
- „Das Stück ist sehr bekannt. Kennt jemand vielleicht den Titel?" Dann sollte ein Ausschnitt der Musik kurz eingespielt werden und die Teilnehmer nach ihren Meinungen, Eindrücken befragt werden.

Bei **unbekannter** Musik sollten ein paar Informationen vorweg gegeben werden, z.B.:

- „Aus welchem Land kommt die Musik?"
- „Zu welchen Gelegenheiten wurde sie gespielt?"
- „Welches Thema beschreibt die Musik?

Es sollten nicht zu viele Informationen sein, sondern nur soviel, daß die Neugierde, sich die Musik genauer anzuhören, geweckt wird.

(2) Sich vertraut machen mit Melodie, Rhythmus und Tempo

Bevor die Bewegungsfolge erklärt wird, sollte das Musikstück zunächst einmal ganz vorgespielt werden, um Melodie, Rhythmus und Tempo besser zu erspüren. Dabei gibt die Anleiterin den Teilnehmern Gelegenheit, dem inneren Erleben Ausdruck zu verleihen. Hierfür gibt es verschiedene Möglichkeiten:

- Freie Bewegung zur Musik, jeder bewegt sich, wie er möchte,
- Anwendung einer vorgebenen Bewegungsform auf das ganze Musikstück, z.B. mitklatschen, anfassen und schunkeln, mit Füßen stampfen u.ä.,
- Rhythmisches, freies Begleiten auf selbstgewählten Instrumenten nach eigenem Ermessen,
- Angeleitetes Begleiten auf Instrumenten, indem die Anleiterin entsprechend der verschiedenen Formteile der Musik unterschiedliche Instrumentengruppen spielen läßt.

Je nach Musikstück und Gruppe entscheidet sich die Anleiterin für eine dieser Möglichkeiten.

(3) Schrittweises Erklären und Erlernen der Bewegungsfolgen

Wichtig ist dabei folgender Grundsatz: Nicht zu lange trocken (ohne Musik) üben und versuchen, mit so wenig verbalen Erklärungen wie möglich auszukommen. So ist es bei Tänzen, bei denen die Musik nicht zu schnell und die Bewegungen einfach sind, möglich, die Einzelfiguren **gleich zur Musik einzuüben**. Manchmal reicht es auch aus, vorher nur bestimmte Teile zu erklären, wie z.B. bei Musikstücken mit Refrain. Hier sollte die Anleiterin vorher nur den Refrain kurz einüben, die Bewegungen zu den Formteilen können dann an entsprechender Stelle – während des Musikstückes – durch Vormachen angeleitet werden. Zu viele Erklärungen hintereinander verwirren, erzeugen Leistungsdruck und die Freude an der Musik ist schnell dahin.

Besteht ein Musikstück aus mehreren Formteilen, zu denen jeweils unterschiedliche, kompliziertere Bewegungsfolgen ausgeführt werden sollen, so ist es notwendig, diese zunächst getrennt ohne und dann mit Musik zu üben, und sie anschließend zusammenzusetzen. Die Anleiterin muß dazu das Musikstück sehr genau kennen und mit Hilfe des Zählwerkes am Tonträger wissen, wann welcher Formteil der Musik erklingt, um die einzelnen Teile getrennt mit Musik üben und gegebenenfalls wiederholen zu können.

(4) Anschauliche Erklärung: Vormachen, dann Nachmachen

Alle Teilnehmer schauen zunächst zu, wie die Anleiterin die Bewegungen entweder mit oder ohne Musik vormacht. Das Vormachen kann durch rhythmisches Sprechen oder Singen (Summen) verdeutlicht werden.

Bevor die Teilnehmer die vorgeführte Bewegung nachmachen, gibt sie das Einsatzwort, damit alle gleichzeitig beginnen. Eventuell sollte angegeben werden, welcher Fuß, Arm etc. beginnt.

Anleitung (Tanzen)

(5) Mitmachen, Begleiten

Die Anleiterin sollte die Bewegungen möglichst mitmachen, um den Teilnehmern eine Orientierung zu geben. Dabei muß sie Einsätze und Bewegungswechsel rechtzeitig verbal angeben. Letzteres ist nicht mehr erforderlich, wenn die Gruppe den Tanz beherrscht.

Beispiel:

„Gewittertanz" („Tzadik Katamar")

Aufbau: Vorspiel, 4 Durchspiele (A1, A2 und B1, B2), jeweils 8 Takte
Aufstellung: Sitzkreis
Schwierigkeitsgrad: Mittelschwer

— **Gespräch über Gewitter**
Eventuell Wetterbericht vorlesen.
Fragen: „Was gehört zu einem Gewitter?", „Wie kündigt es sich an?", „Wie entsteht es?"
Antworten der Teilnehmer sammeln: Sonne, Wolken, Regen, Bitz, Donner u.ä.

— **Eigene Gewitterimprovisation** mit Rhythmusinstrumenten durchführen (ohne Musik).
Dazu wird zunächst gefragt, mit welchen Instrumenten man Sonne, Regen, Donner und Blitz am besten darstellen könnte. (Dies jedoch nur, wenn die entsprechenden Instrumente bereits eingeführt wurden und bekannt sind.)

Möglich wären folgende Instrumente, die dann wahlweise in der Gruppe verteilt werden:
(Gegebenenfalls muß ein Plakat vorbereitet werden)

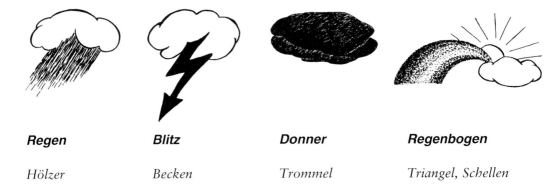

Regen	**Blitz**	**Donner**	**Regenbogen**
Hölzer	*Becken*	*Trommel*	*Triangel, Schellen*

Die Anleiterin erzählt eine Geschichte zu obigem Ablauf, und die Teilnehmer setzen an den entsprechenden Stellen selbständig oder durch Einsatz der Anleiterin ein.

Die Hölzer können während der gesamten Zeit gespielt werden, so daß hier Teilnehmer musizieren können, die z.B. aufgrund hirnorganischer Veränderungen die Einsätze nicht mehr richtig mitbekommen, oder solche, die einfach Lust haben, möglichst oft zu spielen.

Nachdem der Ablauf und damit die Reihenfolge der Instrumente klar ist, wird der Musiziersatz entsprechend Tempo und Rhythmus des Musikstücks eingeübt.

Die **Musik wird eingespielt** und die Teilnehmer begleiten die verschiedenen Formteile auf ihren Instrumenten. Die Anleiterin gibt die Einsätze.

– *Bewegungsfolge einüben*

Hinweis: Die Urheberrechte für die folgende Tanzfolge liegt beim Bundesverband Seniorentanz e.V. Der Tanz ist in Heft 1 der Schriftenreihe „Tänze im Sitzen" des Bundesverbandes Seniorentanz e.V. publiziert.

Dazu werden alle Instrumente bis auf Blitz und Donner abgegeben. Die Bewegungen werden entsprechend folgender Tanzanleitung zunächst trocken eingeübt:

Teil A 1:
Regen/Wind: Die Hände über den Kopf halten und die Finger bewegen. Oberkörper im Rhythmus hin- und herbewegen.

Teil A 2:
Wiederholung von A 1.

Teil B 1:
Blitz: In die Hände klatschen (evt. Becken).
Donner: Mit den Füßen trampeln oder mit den Händen auf die Oberschenkel klopfen (evt. Trommel).
Wiederholung.
Regenbogen: Nach oben schauen und die Arme nach oben führen. Dann die gestreckten Arme über die Seiten nach unten führen.

Teil B 2:
Wiederholung von B 1.

– *Durchführung mit Musik*,
indem die Anleiterin die Einsätze und Stichworte rechtzeitig gibt. Eventuell kann alles nocheinmal wiederholt werden, wobei die Anleiterin dann nur noch nonverbale Einsätze gibt (durch Mimik oder Gestik).

3. Freies Bewegen zur Musik (Improvisation)

Musik ist eine klangliche Bewegungsform, die den Menschen innerlich erreicht und etwas in Bewegung bringt. Dieses innere Bewegtsein verlangt nach Ausdruck, also nach Umsetzung in körperliche Bewegung. Im Gegensatz zum angeleiteten Tanzen wird die Bewegung bei der Improvisation jedoch nicht vorgegeben, sondern es kommt darauf an, daß der Betreffende stärker **sein eigenes Bewegtsein spürt** und dafür eigene ihm entsprechende Ausdrucksmöglichkeiten findet. Er erfährt sich selbst als Gestalter seiner Bewegungen. Freie Bewegungen sind immer persönliche Bewegungen und daher nie richtig oder falsch. Das Erfinden von eigenen Bewegungen, die dann vielleicht von anderen nachgemacht werden, kann darüber hinaus das Selbstwertgefühl steigern, da sich der Teilnehmer dann auch in der Rolle des Anleiters erfährt.

Freies Bewegen (Improvisation)

Trotz dieser positiven Wirkungen wird die Aufforderung, sich „frei" zu bewegen oder sich „selbst auszudrücken" in den seltensten Fällen von alten Menschen wahrgenommen. Die Scheu, sich vor anderen zu blamieren bzw. mangelndes Zutrauen in die eigenen Fähigkeiten spielen dabei oft eine große Rolle. Gerade Pflegeheimbewohner, die stark auf die Hilfe anderer angewiesen sind, erfahren im Heimalltag oft auch den Verlust ihrer Selbstbestimmung. Trotzdem oder gerade deshalb sollte die Anleiterin nicht darauf verzichten, im Rahmen der musikalischen Aktivierung die Teilnehmer Schritt für Schritt zu mehr Entscheidungsfähigkeit, Eigeninitiative und Kreativität zu führen. Dies bedarf jedoch unbedingt der behutsamen Hinführung, damit sich nicht statt positiven, befreienden Erlebnissen das Gefühl der Hilflosigkeit, Befangenheit und damit Unfähigkeit einstellt. Erst wenn die Teilnehmer sich untereinander kennen und auch Musik und Bewegung vertraut sind, sollte das Improvisieren langsam eingeführt werden.

Es gibt verschiedene Möglichkeiten der Improvisation, bei denen der Grad der Freiheit und Selbstgestaltung langsam gesteigert werden sollten.

a) Bewegungsorientierte Improvisation

Sollen eigene Bewegungen zu einem Musikstück erfunden werden, ist es zunächst wichtig, Musik mit hohem Aufforderungscharakter (z.B. Märsche, Polka) auszuwählen. Dabei spielt auch der Bekanntheitsgrad eine große Rolle („*Radetzkymarsch*", „*Amboßpolka*" u.ä.). Die Anleiterin sollte dann die Musik kurz anspielen und fragen, welche Bewegungen zu diesem Stück passen würden. Möglicherweise beginnen dann direkt einige Personen zu klatschen oder zu stampfen. Dies sollte die Anleiterin auf jeden Fall aufgreifen und die Teilnehmer dazu ermuntern, weitere Bewegungen vorzuschlagen. Dabei kann sie, wenn keine Vorschläge kommen, den Körperbereich vorgeben, z.B.: „Welche Bewegungen können wir mit den Armen ausführen? Was könnten wir mit den Schultern machen?" oder sie kann Fragen stellen wie: „Welche Bewegungen haben Sie füher in Beruf und Haushalt ausgeführt?" (z.B. Kuchen rühren, Kaffee trinken, Klavier spielen u.ä.). Nachdem genügend Möglichkeiten gesammelt sind, wird die Musik ganz durchgespielt und die jeweiligen Personen, die die Bewegung vorgeschlagen haben, machen sie auf Zeichen der Anleiterin hin vor. Die übrigen Teilnehmer machen die Bewegung nach.

Hilfreich können auch **Handgeräte** sein. Es ist ein Unterschied, ob ich meine Arme einfach so hin und her bewege oder ob ich ein Seidentuch durch die Luft schwinge. Das Tuch lenkt von der eigenen Person ab, und so wird die mögliche Angst vor dem sich selbst Zurschaustellen erheblich reduziert. Spielt die Anleiterin hier zusätzlich passende Walzermusik ein, so fangen die Teilnehmer oft spontan an, das Tuch selbständig „tanzen" zu lassen (weitere Handgeräte siehe S. 151 ff.).

Auch **Paarübungen** eignen sich zum Einstieg in die Improvisation, da so nur ein (möglichst ein selbstgewählter) Partner zuschaut und nicht gleich die ganze Gruppe.

Freies Bewegen (Improvisation)

Beispiel:
Jeweils zwei Teilnehmer sitzen einander gegenüber.
Es wird ein bekanntes, ruhiges, aber eingängiges Musikstück (z.B. *„Adagio"* von Albinoni) vorgespielt. Zuerst beginnt einer der Teilnehmer selbsterfundene Bewegungen zur Musik vorzumachen. Der gegenüber sitzende Partner macht die Bewegung spiegelbildlich nach. Nach einiger Zeit wird gewechselt, so daß jeder einmal Bewegungen vor- bzw. nachgemacht hat. Hinterher können sich die Partner über ihre Erfahrungen austauschen.

b) Themenbezogene Improvisation

Auch durch die Vorgabe von bestimmten Themen, Bildern und Situationsbeschreibungen kann das Selbstgestalten von Bewegungen angeregt werden.

Zunächst sollte die Leiterin eine kleine Geschichte zu einem bestimmten Thema erzählen, zu denen dann die Teilnehmer selbständig pantomimisch die entsprechenden Bewegungen ausführen. Dies kann gleichzeitig als Gedächtnistraining dienen, indem zwischendurch Fragen gestellt werden.

Beispiel:
Die Teilnehmer sitzen im Kreis.
Thema: Wanderung zum nahegelegenen Park:

Die Anleiterin erzählt:
„Wir machen uns zum Ausgehen fertig: Was ziehen wir an?"
Die Teilnehmer antworten und führen eine entsprechende Bewegung dazu aus.
„Wir steigen die Treppe runter und gehen auf die Straße."
Entsprechende Gehbewegungen ausführen.
„Es hat geregnet und wir müssen über Pfützen steigen."
Die Teilnehmer nehmen Beine besonders hoch.
„Wir gehen schneller, um in den Park zu kommen."
Schnellere Gehbewegung.
„Wir schauen uns um und sehen einen ... Was?" (z.B. einen Apfelbaum).
„Wir gehen hin und pflücken Äpfel." (Mit Armen nach oben greifen.)
Diese Geschichte kann beliebig fortgeführt werden.

Solche Bewegungsübungen, die in Geschichten verpackt sind, sind häufig lustig und werden gerne aufgenommen, da die Teilnehmer viele Möglichkeiten haben, sich einzubringen. Außerdem kann durch die Vorstellungen das Eintauchen in andere Lebenswelten ermöglicht werden. So können die Teilnehmer – wenigstens in der Vorstellung – einmal die Enge des Heimes verlassen und sich an schönen Landschaften oder Tätigkeiten erfreuen. Sie fühlen sich dabei für Momente wieder so jung wie früher, und es ist ihnen bei der Bewegung besonderer Eifer anzumerken.

Weitere Themen können sein: Kartoffelernte, Urlaub am Meer, Bergsteigen u.ä.

Freies Bewegen (Improvisation)

Folgendes **Beispiel** erzählte mir eine Kollegin:

> *In einer gerontopsychiatrischen Gruppe (hauptsächlich demente und depressive alte Menschen) lud ich die Teilnehmer – es war Urlaubszeit – zu einer imaginären Flugreise ein. Auf meine Frage: „Wo soll es hingehen?" sagte ein Teilnehmer: „Nach Afrika in den Dschungel". So flogen wir los, machten eine Expedition durch den Urwald, in dem wir viele Abenteuer zu bestehen hatten. Die Teilnehmer machten konzentriert mit, indem sie die entsprechenden Bewegungen dazu ausführten, z.B. mit dem Buschmesser das Gestrüpp abhacken u.ä. Zum Schluß begaben wir uns wieder zum Flughafen, um die Heimreise anzutreten. Plötzlich sagte eine Dame, die bis dahin immer nur wortlos und unbeteiligt in ihrem Rollstuhl gesessen hatte, bestimmt: „Ich fahre nicht mit. Ich bleibe hier!"*

Diese Reaktion hatte niemand erwartet, denn diese Frau äußerte sich schon lange nicht mehr von sich aus, und auch auf direkte Ansprache reagierte sie kaum. Aber offensichtlich war diese „Reise" so anregend für sie gewesen, daß längst verloren geglaubte Fähigkeiten wieder wachgerufen wurden.

Sind die Teilnehmer im Ausgestalten von solchen Geschichten geübt, können weitere, schwierigere Improvisationsthemen vorgegeben werden, wobei zusätzlich auch Musik eingesetzt wird.

Beispiel:
Thema (Vorstellung): **Wachsen einer Blume**
Musik: *„Celebration"* von Deuter
Aufstellung: Sitzkreis
Die Teilnehmer sitzen leicht nach vorne gebeugt und entspannt auf ihren Stühlen.

Anleiterin:
„Stellen Sie sich einmal vor, Sie sind das Samenkorn einer Blume, eines Strauches, das in der Erde eingeschlossen ist. Dieses Samenkorn entfaltet sich und arbeitet sich langsam aus dem Boden als Keim empor. Jeder richtet sich dabei, wie er möchte, langsam auf (erster Teil der Melodie).
Wenn der zweite Teil der Melodie beginnt, sollten alle oben sein. „Jetzt stellen sie sich vor, der Sproß entfaltet sich nach und nach, erste Blätter treiben, der Sproß wächst und bringt Knospen und Blüten hervor. Sie können die Arme hochnehmen, sie hin und herbewegen und, wenn sie wollen, auch die Nachbarpflanzen berühren. Jeder gestaltet das Wachsen der Pflanze, die ihm vorschwebt nach eigenen Vorstellungen."

Die Vorgaben sind als Vorschläge zu verstehen!

Freies Bewegen (Improvisation)

Die Anleiterin erzählt zunächst den Wachstumsverlauf eines Samenkornes und stellt dann die Musik an. Um äußere Ablenkung zu vermeiden, werden diese und ähnliche Imaginationsübungen in der Regel mit geschlossenen Augen durchgeführt, wodurch die visuelle Vorstellungskraft angeregt wird.

In der nachfolgenden Gesprächsphase berichtet dann jeder über das, was er gesehen hat. Der eine hat eine gerade aufschießende Gladiole gewählt, ein anderer die vielblütige und vielblättrige Aster, ein dritter ein Veilchen, das am Boden blüht usw. Es können auch Gespräche über Landschaften in Gang kommen, die man sich gleichzeitig vorgestellt hat, in denen man aufgewachsen ist oder über einige Zeit gelebt hat. So bringen sich die Teilnehmer persönlich ein und lernen sich dadurch besser kennen.

c) Improvisation mit schwerstbehinderten alten Menschen

Je schwerer die Behinderung und die Einschränkung ist, desto weniger ist es möglich, nach festen Formen zu tanzen, es sei denn, sie werden stark vereinfacht (s.o.). Hier bekommt die Bewegungsimprovisation eine besondere Bedeutung. Außerdem wird es kaum möglich sein, in größeren Gruppen zu arbeiten, da die stark bewegungseingeschränkten oder hirnorganisch erkrankten Personen oft die gesamte Aufmerksamkeit der Anleiterin erfordern. In solchen Fällen ist es sinnvoll, **Bewegungsimprovisationen** zur Musik in einem kleinen Rahmen, z.B. **mit zwei oder drei Personen oder in Einzelsitzungen** auf den Zimmern durchzuführen.

Die Anleiterin sollte dafür zwei oder drei kürzere Stücke auswählen, und mit den betreffenden Personen dazu beispielsweise mit Händen und Armen improvisieren. Die Ausdrucksmöglichkeiten, die den stark eingeschränkten Personen in Mimik und Gestik verblieben sind, können sehr vielfältig sein. Der **persönliche Kontakt zur Anleiterin** ist dabei sehr wichtig und hilft, sich auf die Bewegung einzulassen. Das gemeinsame Tun, das Gestalten mit der Bewegung, bietet den Personen eine Möglichkeit, sich auszudrücken, Freude, Entspannung und Kontakt zu erleben.

Auch hier eignen sich besonders **Handgeräte**, um die Bewegung effektvoller und abwechslungsreicher gestalten zu können:

- Chiffontücher zum Schwingen, wedeln usw.,
- Bälle (Luftballon, Tennisbälle u.a.) z.B. zur Massage der Füße etwa bei einem Lied, in dem es um Füße geht usw.
- Stäbe zum Rollen über den Körper, zum rhythmischen Klopfen usw.

Bewegungen, die von einem behinderten alten Menschen nicht selbst ausgeführt werden können, kann die Anleiterin zusammen mit ihm durchführen: Z.B. durch Führen seiner Hand, in der er das Tuch hält oder durch rhythmisches Schlagen mit dem Stab des Helfers auf den Stab, den der Betreffende in der Hand hat. Oder die Anleiterin macht die Bewegungen rhythmisch für den Betreffenden, in dem sie auf seinen Körper klopft oder ihn zur Musik wiegt u.ä.

Freies Bewegen (Improvisation)

Diese Möglichkeit im Rahmen eines Einzelangebotes auch schwerstpflegebedürftige alte Menschen zu erreichen, sollte nicht unterschätzt werden. Diese Personen werden oft vernachlässigt, da sie nicht mehr in der Lage sind, an einem Gruppenangebot teilzunehmen. Andererseits fehlt es oft auch an Ideen, wie diese Menschen noch erreicht werden können. Die Folge ist, daß sie oft wenig Kontakte und Anregungen erhalten und immer stärker abbauen. Die musikalische Aktivierung im Rahmen von Bewegungs- und Musikimprovisation bietet hier besonders günstige und vielfältige Möglichkeiten der Kontaktaufnahme, des Ausdrucks und der Aktivität.

IV. Allgemeine Grundsätze des Leiterinnenverhaltens

1. Bewegungen den Möglichkeiten der Teilnehmer anpassen

Erfindet die Anleiterin einen Tanz oder sucht einen geeigneten aus, sollte sie sich zunächst darüber informieren, welche körperlichen und geistigen Einschränkungen bei den Gruppenteilnehmern bestehen. Sind z.B. Personen mit Hemiplegie in der Gruppe, können bestimmte beidseitige Arm- oder Beinbewegungen (z.B. Klatschen, Maschieren auf der Stelle) nicht durchgeführt werden (siehe Kapitel II. 3. „Krankheitsbilder"). Bei Personen mit geistigen Einschränkungen (z.B. Demenz) ist dagegen bei komplexen Übungen und bei zu schnellen, häufigen Wechseln mit Schwierigkeiten zu rechnen. Vorgegebene Tanzbeschreibungen sollten deshalb immer überprüft und gegebenenfalls abgeändert werden. Die Anleiterin stellt sich vorher folgende Fragen:

- *Sind die Bewegungen für alle durchführbar? Welche müssen durch andere ersetzt bzw. abgewandelt werden?*
- *Ist das angegebene Tempo für die Gruppe geeignet? Oder sollten die Bewegungen nur halb so schnell durchgeführt werden?*
- *Wie viele Bewegungswechsel enthält die Tanzbeschreibung und wie schnell folgen sie aufeinander? Sind zuviele vorhanden, können bestimmte Wechsel einfach weggelassen und die vorher angegebenen Bewegungen länger beibehalten werden?*

Beim Tanzen nach festgelegten Formen ist es vor allem in einer gemischten Gruppe oft sehr schwierig, Bewegungen zu erfinden, die allen Teilnehmern gerecht werden. Oft muß sich die Anleiterin nach den Schwächeren richten, um ein gemeinsames Tanzerlebnis zu ermöglichen, und bestimmte Teilnehmer nicht von vornherein vom Gemeinschaftserlebnis auszuschließen.

Trotz sorgfältiger Überlegungen kann es dennoch passieren, daß sich ein Teilnehmer überfordert fühlt, weil er aufgrund seiner Behinderung die Bewegung nur teilweise oder gar nicht mitmachen kann. Die Anleiterin sollte in diesem Fall einfühlsam auf die Person eingehen, indem sie Verständnis für die erlebten Gefühle zeigt und je nach Situation alternative Übungen vorschlägt. Auf keinen Fall sollte sie den Betreffenden mit falschem Trost „das ist doch nicht so schlimm, es wird schon wieder" abspeisen. Je nach Größe der Gruppe und Vertrauen der Teilnehmer untereinander kann sie es auch zum Anlaß nehmen, einmal über das Erleben und Umgehen mit Behinderungen in der Gruppe zu sprechen.

Leiterinnenverhalten (Bewegung nach Musik)

> *Als ich in meiner Gruppe das Bewegungslied „Das Wandern ist des Müllers Lust" durchführte, fing plötzlich eine Teilnehmerin an zu weinen. Sie klagte darüber, daß sie die Klatschbewegung einfach nicht mehr schaffen würde. Darüber war sie sehr verzweifelt, weil sie dieses bisher immer sehr gerne und ohne Probleme mitgemacht hatte. Als ich nachfragte, erfuhr ich, daß sie in der Zwischenzeit einen leichten Schlaganfall hatte und nun halbseitig bewegungseingeschränkt war. Ich war sehr betroffen darüber. Die anwesende Pflegerin, die die Teilnehmerin kannte, setzte sich gleich zu ihr und versuchte sie zu trösten. Da nun alle Teilnehmer sich betroffen fühlten über den Gefühlsausbruch von Frau F., schlug ich vor, daß wir uns alle einmal vorstellen, was es bedeutet, nur noch einen Arm bewegen zu können. Gemeinsam wurde überlegt, wie das Bewegungslied mit nur einer beweglichen Körperseite durchzuführen sei. Anschließend sangen und bewegten sich alle Teilnehmer – auch Frau F. – in dieser neuen Weise. Frau F. fühlte sich geehrt, wie ernsthaft alle Teilnehmer ihre Situation aufgriffen. Sie hat für den Rest der Stunde mit Freude mitgemacht und schien auch nicht mehr so traurig zu sein.*

Diese Erfahrung sollte nicht als Patentrezept verstanden werden. Es ist nicht immer leicht, richtig zu reagieren. Dies hängt von der Situation und der Person selbst ab. Wichtig ist es daher, sich in solchen Situationen in die betreffende Person hineinzuversetzen, um zu spüren, was sie im Moment an Zuwendung von Anleiterin und Gruppe benötigt.

2. Alle Teilnehmer miteinbeziehen

Richtet man sich immer nur nach dem schwächsten Teilnehmer, kann es passieren, daß sich einige Personen in der Gruppe ständig unterfordert fühlen. Dies führt zu Langeweile und Mißstimmung und kann darüberhinaus auch Zorn gegen die Schwächeren auslösen. Eine Möglichkeit, um in einer gemischten Gruppe eine Über- oder Unterforderung weitgehend zu vermeiden, besteht darin, **differenzierte Einsatzmöglichkeiten** zu schaffen.

So kann die Anleiterin z.B. eine Bewegung für alle vormachen, jedoch zur individuellen Ausführung oder Abänderung anregen. Jeder macht die Bewegung so, wie er kann, es muß kein einheitliches Bild entstehen. Während einige Teilnehmer z.B. die Bewegung nur andeuten, führen andere sie in vollem Bewegungsumfang aus. Es ist aber wichtig, daß die Anleiterin darauf bei der Einführung einer Bewegung von vornherein hinweist.

Z.B. „Bei Teil A klatschen wir in die Hände bzw. mit einer Hand auf unseren Schenkel, jeder so, wie es ihm möglich ist."

Leiterinnenverhalten (Bewegung nach Musik)

Manche Teilnehmer sind jedoch so bewegungseingeschränkt, daß sie kaum noch Bewegungen ausführen können. Hier ist es sinnvoll, andere Ausdrucks- und Mitgestaltungsmöglichkeiten zu schaffen, z.B. den Rhythmus auf einem Instrument begleiten.

3. Nicht Perfektion, sondern Freude an der Bewegung ist das Ziel

Um Freude am rhythmischen Bewegen erleben zu können, ist es wichtig, daß die **Anleiterin jede Art von Leistungsdruck vermeidet**. Dazu gehört, daß sie nicht darauf besteht, die in Tanzbeschreibungen vorgegebenen Bewegungen exakt durchzuführen. Individuelle Abänderungen sollten zugelassen werden, da sie meistens auch zum Rhythmus der Musik passen, ohne das Miteinander zu stören. Besonders demente Personen haben oft Schwierigkeiten, den Erklärungen der Anleiterin zu folgen und machen einfach so mit, wie es ihnen gerade einfällt. Die Anleiterin sollte auf keinen Fall Ermahnungen aussprechen, sondern sich eher über die Kreativität des Bewohners freuen.

Falls Korrekturen unvermeidbar sind, weil z.B. sonst der Tanz nicht gemeinsam durchgeführt werden kann, sollten **niemals einzelne Teilnehmer persönlich angesprochen werden**. Besser wird die Bewegung für die gesamte Gruppe nochmals erklärt.

Ob Leistungsdruck entsteht oder nicht, hängt auch davon ab, wie die Anleiterin mit Schwierigkeiten umgeht. Kommt es z.B. trotz intensiven Einübens der Bewegungen beim Einspielen der Musik zum Durcheinander, weil plötzlich alles verwechselt wird, so sollte die Anleiterin auf keinen Fall gleich resignieren und abbrechen oder gar aufbrausend reagieren. Stattdessen sollte sie sich bemühen, ruhig zu bleiben und zunächst einmal abzuwarten, wie die Gruppe darauf reagiert. Oftmals stehen die Teilnehmer nämlich über den Dingen und nehmen dies mit Humor, frei nach dem Motto: „Gemeinsam macht das Chaos noch mehr Spaß." In einer lockeren Athmosphäre wird auch darüber gelacht, wenn einmal etwas total schief läuft. Auch die Anleiterin sollte diese Einstellung haben und Freude am gemeinsamen Tun als das oberste Ziel der Aktivierung ansehen. Nur so kann sie verhindern, daß falscher Ehrgeiz, Leistungsdruck und Konkurrenz das Zusammensein bestimmen.

Zu einem menschlichen Miteinander gehört auch, daß die **Anleiterin eigene Schwächen und Fehler eingesteht**, z.B. wenn sie etwas zu schnell oder falsch erklärt oder gar vergessen hat. Die Teilnehmer zeigen hier oft großes Verständnis und sind entlastet, wenn nicht immer alles ihrer Unaufmerksamkeit oder Fehlerhaftigkeit zugeschrieben wird.

4. Entscheidungsfähigkeit, Eigenständigkeit und Kreativität fördern

Den Teilnehmern sollte nicht alles vorgesetzt und vorgeschrieben werden. Vielmehr ist jede Gelegenheit zu nutzen, um sie zu mehr Eigenaktivität und -gestaltung anzuregen. Da viele alte Menschen dies jedoch in ihrem Alltag bereits verlernt haben, muß schrittweise vorgegangen werden. Die Anleiterin sollte bei allen sich bietenden Gelegenheiten im begrenzten Rahmen versuchen, die Teilnehmer be- bzw. mitbestimmen zu lassen.

— *„Welche Musikwünsche haben sie?"*
— *„Welches Handgerät bzw. welches Instrument möchte wer haben?"*
— *Beim Tücherverteilen fragen: „Wer möchte welche Farbe?"*
— *„Welcher bereits bekannte Tanz soll zum Abschluß wiederholt werden?"*
— *„Welches Thema soll für die nächste Musikstunde gewählt werden?"*
— *„Wem fallen welche Bewegungen ein?"*
— *Freies Improvisieren nach Musik*

Falls den Teilnehmern die freie Wahl noch zu schwer fällt, können auch Alternativen angeboten werden, z. B. „Möchten Sie lieber einen Walzer oder einen Marsch hören?"

Obwohl die Entscheidung hier in engem Rahmen geschieht, erleben die Teilnehmer so, daß ihre Meinung gefragt ist und daß sie die Stunde mitgestalten können.

5. Gute Vorbereitung der Anleiterin

Ob ein Tanz gelingt und Freude bereitet, hängt entscheidend davon ab, wie gut die Anleiterin vorbereitet ist. Sie sollte sowohl mit Rhythmus und Melodie des Musikstücks als auch mit den Bewegungen gut vertraut sein und diese sicher beherrschen.

Dabei geht sie folgendermaßen vor:

— *Mehrmaliges Hören des Musikstücks und Herausfinden, bzw. Nachvollziehen der angegebenen Melodieteile (A, B usw.). Sie sollte genau erkennen können, wann ein Wechsel der Melodie erfolgt und wie oft sich die Melodien wiederholen.*
— *Anschließend kann sie durch Mitklatschen und Zählen der betonten Stellen erkennen, wieviel Takte ein Melodieteil enthält. Dies ist bei den Tanzbeschreibungen immer angegeben und zeigt an, wie oft eine Bewegung wiederholt wird und wie schnell das Tempo der Bewegung ist.*
— *Dann übt sie zunächst die angegebenen Bewegungen ohne Musik, bis sie die angegebene Folge sicher beherrscht.*
— *Anschließend führt sie die verschiedenen Bewegungen zu den Melodieteilen der Musik im angegebenen Tempo (Anzahl der Bewegungen pro Takt) aus.*

Wichtig: Das Tonband bis zu der Stelle spulen, an der das Musikstück beginnt. Dabei das Zählwerk (sofern vorhanden) auf Null stellen, damit der Musikanfang bei Wiederholungen sofort gefunden wird.

V. Ausgearbeitete praktische Vorschläge

1. Spiele und Übungen zur Bewegung mit Musik

Die aufgeführten Spiele sind nach folgenden Kriterien ausgewählt:

- *Sie sollen Spaß machen und geselligen Charakter haben.*
- *Sie sollen körperliche Fähigkeiten trainieren, ohne daß dies den Teilnehmern direkt bewußt wird.*
- *Sie sollen weniger die Konkurrenz untereinander betonen als die Zusammenarbeit.*
- *Sie sollen einfach durchzuführen sein (keine komplizierten Regeln).*

Alle Spiele sind mit einer beliebigen Teilnehmerzahl möglich und werden – wenn nichts anderes vermerkt ist – im Sitzkreis durchgeführt.

Der jeweilige Schwierigkeitsgrad ist nicht eindeutig anzugeben, da er besonders von den körperlichen und geistigen Fähigkeiten der Teilnehmer abhängig ist. Schränken besondere Krankheitsbilder das Gruppenspiel ein, wird dies unter „Bemerkungen" erwähnt.

a) Reaktionsspiele:

Durch den Einsatz von Musik und Rhythmus gibt es vielfältige Möglichkeiten, die Reaktionsfähigkeit alter Menschen zu üben.

Wichtig ist dabei allerdings eine klare, eindeutige Abmachung zwischen Anleiterin und Teilnehmern. Die Anleiterin definiert klar, welche Zeichen sie angeben wird, und wie die Teilnehmer darauf „antworten" sollen.

(1) „Drei-Farben-Bewegungsspiel"

Medien: Tücher in drei verschiedenen Farben

Musik: Jede rhythmisch eindeutige Marsch- oder Polkamusik (z. B. *Amboßpolka*)

Vorbereitung: Die Teilnehmer werden in drei Gruppen aufgeteilt, wobei jede Gruppe eine Farbe zugeordnet bekommt (z.B. blaue, rote, gelbe Gruppe). Drei Tücher in diesen Farben werden in die Kreismitte gelegt. Jede Gruppe überlegt sich eine leichte Bewegung, die rhythmisch zu der eingespielten Musik ausgeführt werden kann.

Spielverlauf:
- L erklärt das Spiel.
- Jede „Farbgruppe" stellt ihre erfundene Bewegung vor.
- Die Musik wird angestellt.
- Tritt L zum roten Tuch, bewegen sich alle TN, die zur roten Gruppe gehören (das gleiche gilt für die anderen Farben).

Bemerkung:

Bei Gruppen mit mehreren dementen Teilnehmern kann auch nur eine Bewegung (Arme umeinanderrollen) vereinbart werden. Auf diese Weise wird die Konzentration nur auf den jeweiligen Gruppen- bzw. Farbeinsatz gelenkt.

Variante:

– L sucht Musik mit zwei, maximal drei Formteilen aus (günstig ist der „Schneewalzer" mit zwei Formteilen, siehe S. 180). Entsprechend der Anzahl der Formteile sind Tücher in zwei oder drei Farben vorhanden.
– Jeder TN erhält ein Tuch.
– L spielt die Musik soweit vor, bis jede Farbgruppe ihre Melodie gehört hat und wiedererkennen kann.
– Die Musik wird angestellt.
– Die TN einer Farbgruppe bewegen ihre Tücher im Rhythmus der Musik, sobald sie „ihre" Melodie (Formteil) hören.

(2) „Weitergeben"

Medien: Säckchen, Ball oder ein anderer Gegenstand.

Musik: Musik, die aus zwei klar zu erkennenden Melodien (Formteilen) besteht, z.B. „Paprika Lady", „Lili Marlen", „Schneewalzer" u.ä.

Vorbereitung: Es befinden sich mehrere Bälle in der Runde, so daß ungefähr jeder Fünfte einen Ball hat.

Spielverlauf:

– L übt mit den TN ohne Musik das Weitergeben der Bälle, zunächst zum rechten, später zum linken Nachbarn (verbale Aufforderung).
– Musik wird angestellt.
– Im Rhythmus der Musik wird der Ball an den rechten Nachbarn weitergegeben.
– L macht TN dann auf die beiden verschiedenen Melodien der Musik aufmerksam.
– Es wird vereinbart, daß bei der einen Melodie (Formteil A) der Ball zum rechten Nachbarn und bei der anderen Melodie (Formteil B) der Ball zum linken Nachbar weitergegeben wird.
– Im Tempo und im Rhythmus der Musik wird nun versucht, den Ball weiterzugeben. Bei jeder Melodieänderung erfolgt ein Richtungswechsel.

Bemerkung:

Dieses Spiel ist schwierig für (mittel- bis hochgradig) demente Teilnehmer, da das Weitergeben aufgrund der geistigen Defizite nicht gelingt. Ist nur ein dementer Teilnehmer in der Gruppe, kann sich die Anleiterin neben ihn setzen und Hilfestellung geben.

Variante:

Zur Vereinfachung des Spiels kann auch nur ein Ball weitergereicht werden.

Praktische Vorschläge (Bewegungsspiele)

(3) „Instrumentewandern"

Medien: Verschiedene Rhythmusinstrumente

Musik: Rhythmisch eingängige, klare Musik

Vorbereitung: Jeder Teilnehmer bekommt ein leicht zu handhabendes Rhythmusinstrument.

Spielverlauf:
- Musik wird angestellt.
- Jeder TN begleitet auf „seinem" Instrument die Musik nach eigenem Ermessen.
- Wenn L die Musik anhält, gibt jeder TN sein Instrument an den rechten Nachbarn weiter.
- Erklingt die Musik wieder, musiziert jeder TN mit dem „neuen" Instrument weiter.

Bemerkung:
Mittel- bis hochgradig demente Teilnehmer werden Schwierigkeiten haben, das Instrument von sich aus an den Nachbarn weiterzugeben. Die Anleiterin sollte deshalb unbedingt Hilfestellung geben.

Variante:
Reizvoller wird das Spiel, wenn eine Musik mit zwei deutlich voneinander zu unterscheidenden Melodien (siehe oben „*Weitergeben*") eingespielt wird. Jeder Teilnehmer musiziert dann so lange auf „seinem" Instrument, bis sich die Melodie ändert, dann gibt er sein Instrument an den rechten Nachbarn weiter. Ebenso wie beim Spiel „*Weitergeben*" muß zunächst das Erkennen der verschiedenen Melodien geübt werden.

(4) „Instrumente – Bewegungsspiel"

Medien: Mehrere Instrumente (z.B. Glockenspiel, Flöte, Xylophon)

Musik: Wird mit oben aufgeführten Instrumenten erzeugt

Vorbereitung: Es werden folgende Abmachungen getroffen:
- Glockenspiel: Abwechselnd mit rechter und linker Hand zur Nase greifen
- Xylophon: Abwechselnd rechten und linken Arm ausstrecken
- Flöte: Abwechselnd auf rechten und linken Oberschenkel klopfen

Spielverlauf:
- L spielt auf den verschiedenen Instrumenten einfache Melodien vor.
- TN müssen entsprechend dem jeweiligen Instrument die vereinbarte Bewegung ausführen.

Bemerkung:
Es sollten nicht mehr als drei Bewegungen vereinbart werden und die Übung sollte zwei bis drei Minuten nicht überschreiten. Dementen Teilnehmern fällt es in der Regel schwer, von einer Bewegung zur nächsten überzugehen, besonders als Reaktion auf ein

Instrument bzw. auf eine Spielweise. Doch können sich diese Personen auch an den übrigen Teilnehmern orientierten bzw. können von der Anleiterin verbal aufgefordert werden.

Variation:

Das Spiel kann auch mit nur einem Instrument, z.B. einer Trommel durchgeführt werden. Es müssen dann verschiedene Spielweisen, Lautstärken oder Tempi verabredet werden:

– Reiben: Arme umeinanderdrehen,
– Laut klopfen: klatschen,
– Mit dem Finger leise tippen: Fußspitzen heben und senken,
usw.

(5) „Bewegungskette zur Musik"

Medien: Keine

Musik: Beliebige Musik in geradem Rhythmus, zu der man sich gut bewegen kann. Das Tempo sollte so sein, daß man bequem dazu gehen kann (z.B. „Portsmouth", „Amboßpolka", „Radetzkymarsch").

Vorbereitung: Keine

Spielverlauf:
– Ohne Musik werden von den TN verschiedene Bewegungen vorgeschlagen und nacheinander durchgeführt. Dabei ist wichtig, daß die vereinbarten Bewegungen durchnummeriert werden, z.B. Nr. 1 = klatschen, Nr. 2 = stampfen, Nr. 3 = abwechselnd ans linke und rechte Ohr fassen usw.
– Die Anzahl der Bewegungen ist abhängig von den Melodiewechseln (Phrasenwechsel) der Musik.
– L nennt die Nummern nacheinander und schaut betreffenden TN an, der die Bewegung vorgeschlagen hat. Die TN erhalten so eine gedankliche Stütze und können sich eine feste Reihenfolge einprägen.
– Wenn der Ablauf klappt, können zur Musik die verschiedenen Bewegungen nacheinander durchgeführt werden. L sagt jeden Bewegungswechsel durch die entsprechende Zahl an.

Bemerkung:

Zum Musikstück „Portsmouth" mit 12 Phrasenwechsel können auch nur 6 Bewegungen erfunden werden, die dann 2mal nacheinander durchgeführt werden. Die Bewegungen jeweils doppelt solange durchzuführen ist ungünstig. Demente Teilnehmer werden Schwierigkeiten haben, der jeweiligen Zahl die richtige Bewegung zuzuordnen. Doch können sie sich an der Gesamtgruppe orientieren und gegebenenfalls von der Anleiterin Hilfestellung erhalten.

Praktische Vorschläge (Bewegungsspiele)

b) Improvisationsspiele

Hier geht es darum, die Teilnehmer spielerisch zum Selbsterfinden von Bewegungen aufzufordern. Die Kreativität sowie das schöpferische Tätigsein wird innerhalb eines vorgegebenen Rahmens geübt.

(6) „Fliegende Ballons"

Aufstellung: Die Teilnehmer sitzen sich paarweise gegenüber, Gassenbildung

Medien: Baumwoll- oder Nylontücher, Luftballons

Musik: Beliebige ruhige Hintergrundmusik, möglichst im 3/4-Takt (Walzermusik)

Vorbereitung: Die Teilnehmer sitzen sich so gegenüber, daß sie das Tuch gestrafft mit beiden Händen zwischen sich halten können. Jedes Paar erhält einen Luftballon.

Spielverlauf:
– Im Rhythmus der Musik soll der Ballon von jedem Paar immer wieder mit dem Tuch nach oben geschwungen und wieder aufgefangen werden.
– Der Ballon sollte möglichst nicht auf den Boden fallen.
– L sollte nicht mitspielen, um gegebenenfalls heruntergefallene Ballons aufzuheben.

Bemerkung:
Dieses Spiel ist ungeeignet für TN mit Seitenlähmung und Demenz im fortgeschrittenen Stadium.
Zur Erholung der Arme sollte die Musik ab und zu angehalten werden.

Partnerspiel mit Luftballons

Praktische Vorschläge (Bewegungsspiele)

Spiele mit Wettkampfcharakter, siehe Variante 1 und 2, erzeugen Spannung und erhöhen den Spieleifer. Allerdings kann es passieren, daß ungeschickte Teilnehmer angefeindet werden. Um dies zu vermeiden, sollte die Anleiterin darauf achten, daß möglichst gleich starke Gruppen gebildet werden. Freude am Spiel, gemeinsames Erleben und nicht Leistung sollte im Vordergrund stehen.

Variante 1:
Es kann auch nur ein Ballon als Geschicklichkeitsspiel von Paar zu Paar weitergereicht werden.

Variante 2:
Je nach Teilnehmerzahl kann entsprechend „Variante 1" ein Wettspiel zwischen zwei Gruppen (2 Gassen) entstehen (die Hintergrundsmusik wäre dabei nicht notwendig).

(7) „Stop-Spiel"

Medien: Keine

Musik: Beliebige, rhythmisch eingängige, flotte Musik (Polka, Marsch)

Vorbereitung: Keine

Spielverlauf:
- L erklärt TN die Spielregel und spielt die Musik kurz an.
- L gibt TN eine Bewegung vor (z.B. Arme hin- und herschwingen).
- Musik wird angestellt.
- TN führen vereinbarte Bewegung zur Musik durch.
- L hält die Musik an (stop).
- Ein TN überlegt eine neue Bewegung, die alle TN zur Musik bis zum nächsten „Stop" durchführen.

(Entweder wird vereinbart, daß reihum jeder einmal eine Bewegung vorgibt oder aber L bittet einzelne TN bei jedem Stop.)

Bemerkung:
Es fällt den Gruppenteilnehmern häufig schwer, spontan eine Bewegung vorzugeben. Auch Hemmungen spielen dabei eine große Rolle. Die Anleiterin sollte deshalb mehrere Bewegungsideen im Kopf haben und gegebenenfalls helfend einspringen, wenn einem Teilnehmer, der an der Reihe ist, nichts einfällt. Wird dieses Spiel häufiger durchgeführt, können die Teilnehmer immer leichter Bewegungen vorschlagen.

Variante:
Zu einer beliebigen Musik (z.B. Walzermusik) wird ein Gegenstand (z.B. Ball) herumgereicht. Ab und zu wird die Musik gestopt. Die Person, die dann den Ball in der Hand hält, schlägt ein Lied vor bzw. stimmt ein Lied an, das die Gruppe gemeinsam singt. Die Anleiterin kann bei diesem Spiel jeweils beeinflussen, wer das nächste Lied angibt und vor allem gezielt mutigere Teilnehmer auswählen. Fällt einer Person, die gerade den Ball hat, kein Lied ein, kann die Anleiterin entsprechende Hilfen geben (z.B. *„Auch Müller haben Lust zum Wandern"* oder *„Du, du liegst...."*).

Praktische Vorschläge (Bewegungsspiele)

Noch interessanter, aber auch schwieriger wird es, wenn die Anleiterin bei der Liedwahl jeweils Vorgaben macht, z.B. „*Ein Lied, in dem ein Name vorkommt*", „*Ein Lied, das vom Wandern handelt.*" „*Ein Lied aus Ihrer Heimat.*" „*Ein Lied passend zur Jahreszeit*".

Auch hier kann die Anleiterin entsprechend der Person, die gerade den Gegenstand hat, eine leichte oder schwere Aufgabe stellen.

(8) „Namen-Bewegungsspiel"

Medien: Keine

Musik: Keine

Vorbereitung: Jeder sagt seinen Namen und überlegt sich dazu eine rhythmische Bewegung: z.B.: El – se: Klatsch, klatsch in die Hände, Küm – mer – ling: Arme umeinanderdrehen.

Spielverlauf:
– Reihum stellt jeder TN seine Bewegung begleitend zum Namen vor.
– Alle TN wiederholen dann sowohl Namen als auch Bewegung gemeinsam.

Bemerkung:
Gehemmte Teilnehmer könnten große Probleme haben, sich durch Sprechen und Bewegen vor der ganzen Gruppe zu präsentieren. Die Anleiterin muß gegebenenfalls Hilfen geben und mit dem entsprechenden Teilnehmer den Namen und die Bewegung gemeinsam ausführen.

2. Gymnastik nach Musik

(1) Gymnastik für Schultern, Arme und Beine

Musik: „*Radetzkymarsch*" von J. Strauß (Vater)

Schwierigkeitsgrad: Leicht

Aufstellung: Sitzkreis

Bemerkung: Auf S. 118 wird auch ein Musiziersatz zu dieser Musik vorgestellt. Für TN mit Seitenlähmung ist die Gymnastik nur mit entsprechender Abänderung möglich.

Praktische Vorschläge (Gymnastik nach Musik)

Information: Der *Radetzkymarsch* ist eines der berühmtesten Werke von J. Strauß (Vater), das er ein Jahr vor seinem Tode schrieb. Dieser Marsch ist ein Zeugnis seiner Treue zum Kaiserhaus.

Aufbau:

Formteile	Vorspiel	A	B	A	ZW	C1	C2	C3	ZW	A	B	A
Takte	4	16	16	16	4	16	16	16	4	16	16	16

Tanzbeschreibung:
- **Vorspiel:** Kurzer Trommelwirbel
- **Zwischenspiele:** Jeweils 4 Takte abwarten

Teil A

A 1
Mit angewinkelten Armen Wanderbewegung darstellen, abwechselnd rechts und links. Insgesamt 16mal (oder halbes Tempo 8mal).

A 2 (Wiederholung).
Mit den Füßen auf der Stelle marschieren (Gehbewegung ausführen). Insgesamt 16mal (oder halbes Tempo 8mal).

Teil B

Im Wechsel zunächst mit rechter Handfläche 2mal auf rechten Oberschenkel klatschen, dann mit linker Hand 2mal auf linken Oberschenkel klatschen. Insgesamt im Wechsel 16mal.

Teil C

C 1
Hände vor dem Oberkörper umeinander rollen, siehe Abb. S. 192.
Beim 1. Teil vorwärts (16mal). Beim Wiederholungsteil Richtungswechsel (16mal).

C 2
Schultern abwechselnd heben und senken:
Insgesamt rechte Schulter 16mal und linke Schulter 16mal (oder halbes Tempo 8mal).

C 3
Beine ausstrecken und anziehen, im Wechsel rechts und links. Insgesamt 8mal.

Praktische Vorschläge (Gymnastik nach Musik)

(2) Gymnastik für Hand-, Fuß-, Ellenbogen- und Schultergelenke

Musik: *Lilli Marleen* von N. Schultze
Schwierigkeitsgrad: Leicht
Aufstellung: Sitzkreis

Bemerkung: Die Musik wird am Ende der 5. Strophe sehr langsam, so daß das Mitklopfen ebenso verlangsamt werden muß.
Die Übung der 2. Strophe ist ungeeignet für Hemiplegiker.
Information: Dieses Lied ist sehr bekannt und beliebt. Es wurde vor allem im 2. Weltkrieg durch Lale Andersen berühmt. In dieser Fassung singt Rudi Schuricke das Lied.

Aufbau und Bewegungsablauf:
Die verschiedenen Bewegungen sind den Strophen und nicht den Formteilen der Musik zugeordnet.

1. Strophe

„Vor der Kaserne …"	rechten Fuß anheben und im Fußgelenk kreisen (4mal)
„So wollen wir uns …"	linken Fuß anheben und im Fußgelenk kreisen (4mal)
„wie einst Lili Marlen …"	Hände im Wechsel auf Oberschenkel klopfen (8mal)

2. Strophe

„Unsre beiden Schatten …"	rechtes Bein anheben und mit Fuß große Kreise beschreiben (4mal)
„Und alle Leute solln' …"	linkes Bein anheben und mit Fuß große Kreise beschreiben (4mal)
„wie einst Lili Marlen …"	Hände im Wechsel auf Oberschenkel klopfen (8mal)

3. Strophe

„Schon rief der Posten …"	rechte Hand kreisen (4mal)
„Da sagten wir auf …"	linke Hand kreisen (4mal)
„mit Dir, Lili Marlen …"	Hände im Wechsel auf Oberschenkel klopfen (8mal)

4. Strophe

„Deine Schritte kennt sie …"	mit rechtem Arm große Kreise beschreiben (4mal)
„Und sollte mir ein Leid …"	mit linkem Arm große Kreise beschreiben (4mal)
„mit Dir, Lili Marlen …"	Hände im Wechsel auf Oberschenkel klopfen (8mal)

5. Strophe

„Aus dem stillen Raume …"	Arme verschränken und nach rechts und links bewegen
„Wenn sich die späten …"	wiederholen.
„Wie einst Lili Marleen …"	Hände im Wechsel auf Oberschenkel klopfen (8mal)

Praktische Vorschläge (Gymnastik nach Musik)

Hinweis: Die 5 Bewegungen zu den Strophenteilen können auch mit den Teilnehmern direkt erfunden werden. Siehe Spiel „*Bewegungskette zur Musik*" Seite 174.

(3) Gymnastik mit Zauberschnur

Musik: „*Schneewalzer*" oder andere Walzermusik

Schwierigkeitsgrad: Mittelschwer, kann vereinfacht werden

Aufstellung: Sitzkreis, alle fassen möglichst mit beiden Händen die Zauberschnur an

Medien: Zauberschnur, siehe S. 155

Aufbau:

Formteile	Vorspiel	A	A	B	B	A	A	B	B	A	A	B	B	Schluß
Takte	4	8	8	8	8	8	8	8	8	8	8	8	8	4

Methodische Vorüberlegungen:
Die Zauberschnur ist für Gemeinschaftsübungen besonders geeignet, da sie auch zaghafte Teilnehmer im Kreis mit anderen Übenden einfach „mitnimmt". Dabei sollte bei Teilnehmern mit starken Beeinträchtigungen der Arme darauf geachtet werden, daß keine zu starken, ruckartigen Bewegungen ausgeführt werden. Es sollte nicht zu lange geübt werden, sondern zwischendurch immer wieder Pausen eingelegt werden, in denen die Schnur auf dem Schoß ruht.

Bewegungsanleitung:

Teil A
- 4mal Vorderkreise beschreiben (hoch, vor, tief, zurück).
- Bei Wiederholung von Teil A: 4mal Rückwärtskreise (tief, vor, hoch, zurück).

Teil B
- Schnur rechts und links vor dem Körper hin- und herschwingen. Dies 2mal.
- Schnur hoch und runter bewegen. Dies 2mal.
- Schnur rechts und links hin- und her pendeln. Insgesamt 4mal.

Das Ganze (Teil B) wiederholen.

Alles von vorn, so oft, wie die Musik andauert (siehe oben angegebenen Aufbau).

Vorschläge für weitere Bewegungen mit und ohne Musik:

1. Zauberschnur nach allen Seiten bewegen: Beweglichkeit der Arme
- Zauberschnur nach vorne zur Mitte führen und zurück (4–6mal).
- Zauberschnur nach oben, über den Kopf führen und senken (4–6mal).
- Mit Zauberschnur vorwärts kreisen (4 mal), rückwärts kreisen (4mal).
- Mit Zauberschnur nach rechts und links schunkeln.

2. Zauberschnur schieben: Koordination der Arme und Hände
- Zauberschnur weiterschieben.
- Zauberschnur mit rechter Hand festhalten:
    - Linke Hand springt über rechte Hand und zurück.
    - Gegengleich: rechte Hand springt über linke Hand und zurück.
    - Im Wechsel rechts über links und links über rechts.
    - Über Kreuz weiterschieben.
- Zauberschnur abwechselnd mit rechter und linker Hand nach vorne führen (4–6mal).
- Zauberschnur mit linker Hand festhalten: Mit rechter Hand winken.
- Zauberschnur mit rechter Hand festhalten: Mit linker Hand winken.

3. Bein- und Fußübungen:
- Zauberschnur abwechselnd mit der rechten und linken Hand zu den Unterschenkeln führen.
- Schnur liegt im Kreis vor den Füßen:
    - Rechter und linker Fuß tippen im Wechsel vor und hinter die Schnur, 1mal Ferse auftippen, 1mal Spitze auftippen.
    - Beide Füße tippen gleichzeitig mit den Zehen über die Schnur (Knie dabei strecken), mit den Fersen zurück.
    - Jetzt tippen die Fersen vor und die Spitzen hinter die Schnur.
    - Zum Schluß: Zauberschnur greifen und alle zusammen aufstehen und wieder hinsetzen (wenn möglich).

Praktische Vorschläge (Gymnastik nach Musik)

(4) Gymnastik mit Papprollen

Musik: „Good-bye Jonny" von P. Kreuder

Schwierigkeitsgrad: Leicht bis mittelschwer

Aufstellung: Sitzkreis

Medien: Papprollen, siehe S. 155

Aufbau:

Formteile	Vorspiel	A	A	B	A′	A	A	B	A′	A′
Bewegung	1.	2.	3.	4.	5.	6.	7.	8.	9.	10.

Tanzbeschreibung:

Instrumentales Vorspiel

1. Papprolle waagerecht in die Hände nehmen und Lappenauswringbewegung durchführen.

Teil A

Good-bye Jonny (2x)
Schön war's mit uns zwei,
aber leider, aber leider
kann's nicht immer so sein:

2. Rechte und linke Hand mit Papprolle vor- und zurückstrecken (insgesamt 8mal).

Teil A

Good-bye Jonny (2x)
mach's mir nicht so schwer
ich muß weiter, immer weiter
meinem Glück hinterher

3. Die Papprolle mit beiden Händen waagerecht heben und im Wechsel nach oben, nach unten, nach vorne und zurückstrecken (insgesamt 4mal).

Teil B

Bricht uns auch heut'
das Herz entzwei
in 100 Jahr'n
ist alles vorbei.

4. Die rechte Hand mit der Papprolle ausstrecken und winken, bei *Herz* auf die Brust tippen, die linke Hand mit der Papprolle ausstrecken und winken, bei *vorbei* auf die Brust tippen.

Teil A′

Good -bye Jonny (2x)
war'st mein bester Freund
eines Tages, eines Tages
mag's auf Erden sein,
mag's im Himmel sein,
sind wir wieder vereint.

5. Papprolle mit rechter Hand unter rechtem Knie durchführen (insgesamt 4mal), Papprolle mit linker Hand unter linkem Knie durchführen (insgesamt 5 mal).

Praktische Vorschläge (Gymnastik nach Musik)

Teil A
Gleiche Melodie ohne Gesang

6. Papprolle mit rechter Hand aufs rechte Knie klopfen (insgesamt 8mal), Papprolle mit linker Hand aufs linke Knie klopfen (insgesamt 8mal).

Teil A
Gleiche Melodie ohne Gesang

7. Papprolle mit rechter Hand aufs Knie des rechten Nachbarn klopfen (insgesamt 8mal), Papprolle mit linker Hand aufs Knie des linken Nachbarn klopfen (insgesamt 8mal).

Teil B
Kurzer instrumentaler Teil

8. Papprolle in rechter Hand wie ein Fernrohr zum Auge führen (insgesamt 4mal), Papprolle in linker Hand wie ein Fernrohr zum Auge führen (insgesamt 4mal).

Teil A'
Instrumental

9. Im Wechsel die Papprolle von einer Hand in die andere geben und den Oberkörper entsprechend im Rhythmus mitwippen (insgesamt 8mal).

Teil A
Instrumental

10. Papprolle waagerecht in die Hände nehmen und Lappenauswringbewegung durchführen (insgesamt 8mal).

Einfacher Sitztanzvorschlag zu „Good bye Jonny"

Tanzbeschreibung:

Teil A
rechtes und linkes Bein im Wechsel ausstrecken (2mal), Handklatsch, rechte Hand an linke Schulter tippen, Handklatsch, linke Hand an rechte Schulter tippen (2mal) bei A')4mal)

Teil B
Hände umeinanderrollen

Praktische Vorschläge (Gymnastik nach Musik)

(5) Gymnastik mit dem Ball

Musik: „Und die Musik spielt dazu" von F. Raymond

Schwierigkeitsgrad: Mittelschwer

Aufstellung: Sitzkreis oder Reihe

Medien: Weiche Schaumgummibälle

Bemerkung: Auf S. 114 wird auch ein Musiziersatz zu dieser Musik angegeben. Folgende Bewegungsübungen zur Musik sind auf Personen abgestimmt, die beide Arme bewegen können. Bei Teilnehmern mit Bewegungseinschränkungen sollte die Anleiterin Hilfestellung geben bzw. die Bewegungsübung entsprechend der vorhandenen Fähigkeiten abändern.

Aufbau:

Instrumental						Gesang								Instrumental		
Formteile	Vorspiel	A	A	B	B	C	C	C'	A'	A'	B	B	A'	A'	B	B
Takte	4	8	8	8	8	8	8	8	8	8	8	8	8	8	8	8

Bewegungsvorschläge:

Vorspiel: Keine Bewegung.

Teil A und A' (der Gesangsteil A' beginnt mit: „Yes my boy will you tanz mit mir ...").

Den Ball abwechselnd
– hochwerfen und fangen (4mal)
– und auf den Boden prellen und fangen (4mal).
(Diese Übung ist ungeeignet für Rollstuhlfahrer und Teilnehmer mit Halbseitenlähmung. Hier sollte nur 8 mal der Ball hochgeworfen und gefangen werden, was abgeschwächt auch mit einer Hand möglich ist.)

Teil B (der Gesangsteil beginnt mit: „How do you do ..."):
Den Ball mit den Händen vor dem Körper drehen (4 Takte)
(beim Gesangsteil: „I Thank you one, two, three, four ..."),
den Ball mit beiden Händen im Rhythmus vor- und zurückstrecken (4mal).

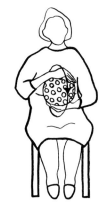

Praktische Vorschläge (Gymnastik nach Musik)

Teil C und C' (der Gesangsteil beginnt mit: „*Mon Cherie nennt man sein Dirndl ...*"):
Den Ball abwechselnd auf das rechte und das linke Knie tippen (8mal)
(diese Übung kann durch leichtes Anheben des jeweiligen Knies erschwert werden).

Weitere Übungen mit dem Ball können sein:

- Ball mit einer Hand hochwerfen und fangen.
- Ball mit der einen Hand hochwerfen und mit der anderen fangen.
- Ball hochwerfen, in die Hände klatschen und auffangen.
- Ball auf der flachen Hand vor dem Körper hin- und herbewegen.
- Ball mit beiden Händen nach rechts und links vom Körper wegstrecken und wieder zurück.
- Ball mit beiden Händen über den Kopf strecken und wieder zurück.
- Ball abwechselnd unter dem rechten und dem linken Bein durchgeben.
- Bälle weiterreichen: Mit der linken Hand abgeben und mit der rechten neuen Ball vom Nachbarn nehmen.

Praktische Beispiele (Tänze)

3. Tänze im Sitzen

(1) „Jingle Bells", Weihnachtslied aus Nordamerika

Quelle: Kögler, EP 58301 oder MC 15301 zu beziehen bei Dieter Balsies, Ahlmannstr. 18 (Hof), 24118 Kiel

Schwierigkeitsgrad: Leicht
Aufstellung: Gasse, zwei Stuhlreihen gegenüber
Bemerkung: Siehe S. 113 Musiziersatz
Arme, Hände und Beine müssen bewegungsfähig sein.
Information: Dieses Lied stammt ursprünglich aus Nordamerika, wurde aber auch in Deutschland als Weihnachtslied bzw. Winterlied bekannt. Der erste Teil des Liedes symbolisiert das Pferdegetrappel, der zweite Teil das Gockenklingeln des Schlittens, der von den Pferden durch die verschneite Winterlandschaft gezogen wird.

Aufbau:

Formteile	Vorspiel	A	B	A	B	A	B
Takte	2	8	8	8	8	8	8

Tanzbeschreibung:

Vorspiel: Zuhören

Teil A

1. Teil:
Abwechsend vom linken auf den rechten Fuß treten (8mal).

2. Teil:
Abwechselnd linken und rechten Arm nach oben strecken (8mal).

Teil B
- 3mal in die Hände klatschen und 3mal auf die Schenkel klatschen.
- 3mal in die Hände klatschen und 1mal mit beiden Händen gegen die Hände des Partners.
- Hände an Hände mit Partner abwechselnd rechte und linke Hand ausstrecken.
  Alles insgesamt 4mal.

Vereinfachte Variante:

Teil A

Partner geben sich beide Hände und strecken im Rhythmus einmal linken und einmal rechten Arm aus (sägen).
Oder: Hände aneinander und Arme abwechselnd hoch und runter schieben (Scheibenwischen).

Teil B

Takt 9–16: Pro Takt 1mal in die eigenen Hände und 1mal in die Hände des Partners klatschen.

(2) „Mexikanischer Walzer", traditionell

Schwierigkeitsgrad: Leicht
Aufstellung: Sitzkreis
Medien: Bunte Nylontücher
Bemerkung: Arme und Oberkörper müssen beweglich sein. Dieser Tanz ist anstrengend und sollte ohne Pause nicht zweimal hintereinander durchgeführt werden.

Aufbau:

Formteile	A	B1	A	B2	A	B3	A	B4	A	B5	A
Takte	4	4	4	4	4	4	4	4	4	4	4

Tanzbeschreibung:

Vorspiel: Zuhören
Teil A = Refrain:
Im Rhythmus der Musik das Tuch mit den Händen zusammenknäueln, hochwerfen und wieder auffangen.

Teil B = Strophen:
B1: Tuch vor dem Körper hin- und herschwingen mit Seitenwechsel,
B2: Mit dem Tuch Kreise beschreiben, abwechselnd linke und rechte Hand,
B3: Tuch an beiden Enden fassen und vor dem Körper hin- und herschwingen,
B4: Form einer Acht schwingen, abwechselnd linke und rechte Hand,
B5: Mit dem Tuch vor- und zurückschwingen, abwechselnd linke und rechte Hand.

Methodische Bemerkung:
Die Vorschläge für die B-Teile sind als Anregung zu verstehen. Sinnvoller ist, wenn die Teilnehmer die notwendigen 5 Bewegungen selbst erfinden. Dabei ist methodisch so vorzugehen wie in der „Bewegungskette" auf Seite 174 beschrieben.
Die Bewegungen von Teil A sollten vorweg „trocken" mit akustischen Kommandos (z. B. 1, 2, 3 und hoch") geübt werden, damit die Teilnehmer lernen die Tücher gleichzeitig hochzuwerfen.

Praktische Beispiele (Tänze)

(3) „Good bye my Lady Love" von J. Howard

Schwierigkeitsgrad: Mittelschwer, da ziemlich schnell, zur Vereinfachung können die Bewegungen auch im halben Tempo ausgeführt werden.
Aufstellung: Sitzkreis
Bemerkung: Arme, Füße und evt. Beine müssen beweglich sein. Auf S. 122 f. wird ein Musiziersatz zur Musik vorgestellt.
Information: Zur Zeit Kaiser Wilhelms II. waren die Anstandsregeln noch sehr streng. Mädchen und Frauen trugen lange, hochgeschlossene Kleider, die bis zu den Knöcheln reichten, und mußten stets auf eine gerade, korrekte Haltung achten.
Welch ein Aufsehen erregten dann die ersten Badeanzüge. Als dann 1921 der **Charleston** zum Tanz des Jahres wurde, kam der Bubikopf in Mode und man trug Topfhüte und taillenlose, kniefreie Kleider.

Aufbau:

Formteile	Vorspiel	A	A	B	B	A	A	C	C	B	B	A	A	Schluß
Takte	4	8	8	8	8	8	8	8	8	8	8	8	8	2
Bewegungen		1.	1.	2.	2.	1.	1.	3.	3.	2.	2.	1.	1.	

Tanzbeschreibung:

1. Bewegung (Teil A)

Zu diesem Teil können wahlweise zwei (schwer) oder nur eine Bewegung(en) (leichter) ausgeführt werden:
– Knie aneinander und die Hacken werden abwechselnd auseinander und zusammengeführt
  (insgesamt 16mal)

Zusätzlich kann folgende Armbewegung durchgeführt werden:

– Arme waagerecht in Brusthöhe halten, Handrücken zeigen nach oben. Im Wechsel die Unterarme nach außen spreizen und in der Mitte wieder zusammenführen (insgesamt 16mal)

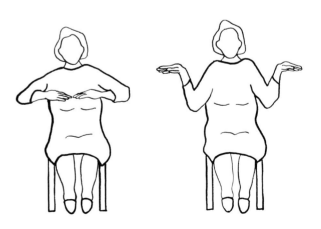

2. Bewegung (Teil B)
- Im Wechsel beide Arme zunächst nach rechts strecken und zweimal wippen, dann das gleiche zur linken Seite (insgesamt 8mal).

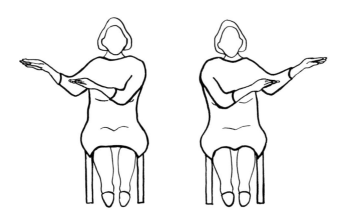

3. Bewegung (Teil C)
- Im Wechsel jeweils einen Arm nach oben, den anderen nach unten strecken und evt. 2mal wippen (insgesamt 8mal).

Variationsvorschlag (evt. für die Wiederholung von Teil B) – Originalcharlestonbewegung:
- Arme liegen auf Oberschenkel und werden beim Zusammenführen der Beine gekreuzt (insgesamt 8mal).

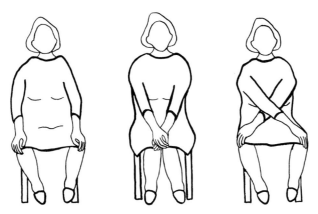

Mit diesen Bewegungen wird die Koordination geschult, allerdings wird der Sitztanz dadurch auch schwerer.

(4) „Portsmouth" (Mike Oldfield)

Schwierigkeitsgrad: Sehr leicht
Aufstellung: Sitzkreis, Abstand rechts und links nicht zu groß, so daß man die Hände der Nachbarn bequem fassen kann.
Bemerkung: Beine, Arme, Schultern und Hüfte müssen bewegungsfähig sein. Die Musik eignet sich gut zur Durchführung einer Bewegungskette mit 12, bzw. 6 Bewegungen, siehe S. 174. Auf S. 112 wird auch ein Musiziersatz zu dieser Musik angegeben.
Information: Portsmouth war früher eine bedeutende englische Hafenstadt. Von hier aus fuhren die Schiffe in alle Welt. Kamen sie erfolgreich zurück, gingen die Matrosen in die Kneipen und tranken, sangen und tanzten. Dieses Stück gibt die ausgelassene Stimmung wieder, die oftmals dort herrschte. Es bietet sich daher an, bei diesem Stück nicht nur mitzuspielen, sondern auch mitzutanzen.

Aufbau:

Formteile	A	B	A	B	A	B
Takte	16	16	16	16	16	16

Methodische Vorüberlegungen:
Die Formteile sind zunächst schwierig zu unterscheiden. Der L sollte daher das Stück vorher mehrmals anhören. Teil B ist durch die höhere Tonlage zu Beginn dieses Formteils erkennbar.

Tanzbeschreibung:

Teil A:
1. Takt: 2mal stampfen (lang, lang).
2. Takt: 3mal klatschen (kurz, kurz, kurz).
Insgesamt 8 Durchgänge (Wiederholungen).

Teil B:
1. Takt: Mit der rechten Hand auf die Schulter des rechten Nachbarn tippen.
2. Takt: Hände auf Oberschenkel klopfen.
3. Takt: mit der linken Hand auf die Schulter des linken Nachbarn tippen.
4. Takt: Hände auf Oberschenkel klopfen.
Insgesamt 4 Durchgänge (Wiederholungen).

Variante:
Falls die Teilnehmer den engen Körperkontakt zum Nachbarn nicht wünschen bzw. bei Teilnehmern mit Seitenlähmung können ersatzweise folgende Bewegungen ausgeführt werden:
1. Takt: Nach rechts nicken.
2. Takt: Zum Gegenüber nicken.
3. Takt: Nach links nicken.
4. Takt: Dreimal kurz auf Oberschenkel klopfen.
Insgesamt 4 Durchgänge (Wiederholungen).

Praktische Beispiele (Tänze)

(5) Sitztango: „In einer kleinen Konditorei" von F. Raymond

Schwierigkeitsgrad: Leicht bis mittelschwer
Aufstellung: Gasse, gegenüber stehende Stuhlreihen
Bemerkung: Arme und Füße sollten bewegungsfähig sein. Bei Halbseitenlähmung können die Bewegungen nur mit der gesunden Seite durchgeführt werden. Die besondere Aufstellung (Gasse) ist bei der Stundenplanung zu beachten! Auf S. 116 f. wird auch ein Musiziersatz zur Musik vorgestellt.
Information: Der Gesellschaftstanz „Tango" kommt aus Argentinien und galt dort als zweideutiger Kaschemmentanz. Erst einige Jahre vor dem 1. Weltkrieg kam er nach Europa und wurde dort gesellschaftsfähig. Er zählt heute zu den Standardtänzen (2/4- oder 4/8-Takt).

Aufbau: 2/4-Takt, Vorspiel, dann Wechsel von Instrumental- und Gesangsteilen in 3 Durchgängen, Schlußteil.

instrumental (i) Gesang (G)	i	i	G	i	G	i	G	i
Formteile	**Vorspiel**	A	B	A	B	B	B	Schluß
Takte	4	16	16	16	16	8	8	1

Tanzbeschreibung:

1. Instrumentalteile (i)

Abwechselnd rechts und links wird folgende Bewegung ausgeführt: Zum Rhythmus der Musik mit den Füßen zunächst die Hacke, dann die Fußspitze aufsetzen.

Begleitend dazu kann auch eine Hand- und Kopfbewegung (Gruß) zum schräg gegenübersitzenden Nachbarn erfolgen.

2. Gesangsteile (G)

Gegenübersitzende Partner reichen sich die Hände und bewegen die Arme im folgenden Rhythmus vor und zurück („sägen"):
lang, kurz, kurz, lang,
lang, kurz, kurz, lang,
usw.

(6) Sitzsirtaki zum „Boot auf dem Meer" (Mikis Theodorakis)

Quelle: CD „Zorba's Dance", Trio Hlrique, Paradiso Records, SOW 9010103

Schwierigkeitsgrad: Leicht
Aufstellung: Sitzkreis auf Stühlen, genügend Platz nach rechts und links, um die Arme in Teil B richtig ausbreiten zu können.
Bemerkung: Arme und Schultern müssen beweglich sein. Da die einzelnen Teile ziemlich lang sind, ist eine gewisse Ausdauer notwendig, gegebenenfalls muß vor dem Musikende abgebrochen werden. In folgendem Sitztanzvorschlag sind zwei Originalbewegungen (siehe unten **A** und **B**) des Sirtakis auf Arme, Hände und Oberkörper übertragen. Diese Bewegungselemente können auch auf andere Sirtakimusik übertragen werden.
Information: Der Sirtaki ist ein traditioneller beliebter griechischer Volkstanz, der in der Originalversion als Kreistanz im Gehen ausgeführt wird. Mit Senioren läßt er sich sehr gut in etwas abgeänderter Form im Sitzen tanzen. Die Musik „Boot auf dem Meer" von Mikis Theodorakis wurde von Christiane Knauf und Fredrik Vahle für das bekannte Kinderlied „Der Hase Augustin" verwendet.

Aufbau:

Formteile	Vorspiel	A	B	C	A	B	C	A	B	C
Takte	2	16	16	16	16	16	16	16	16	16

So entspricht der Formteil B: „Es war einmal ein Hase, der hieß Augustin ..."
und der Formteil C: „Seht mal, wer da rennt, seht mal, wer da rennt ..."

Tanzbeschreibung:

Teil A:
Die Hände klopfen über Kreuz auf die Oberschenkel, rechts und links im Wechsel zum Rhythmus.
Insgesamt 16mal.

Teil B:
Jeweils abwechselnd in die Hände klatschen (über dem Kopf oder vor dem Oberkörper) und Arme seitlich ausbreiten.
Insgesamt jedes 8mal.

Teil C:
Hände umeinander rollen, achtmal vor- und achtmal zurück.

(7) Marsch im Sitzen „Ein Freund, ein guter Freund..."

Quelle: Commedian Harmonists, Imperial, EMI 220 131909 4 Dolby

Schwierigkeitsgrad: Mittelschwer
Aufstellung: Sitzkreis, nicht zu weit auseinander, so daß man den Nachbarn gut anfassen kann.
Bemerkung: Hüfte, Beine und Arme müssen bewegungsfähig sein.
Information: Der Schlager wurde von Heinz Rühmann, Willy Fritsch und Oskar Karlweiss in dem Kinofilm „*Die drei von der Tankstelle*" (1930) gesungen und wurde sehr populär. Dieser Kinofilm wurde der erfolgreichste deutsche Film der Spielzeit 1930/31. Doch wurde er während des Nationalsozialismus am 1.10.1937 von der Filmprüfstelle verboten.

Aufbau:

Formteile	Vorspiel	A	B	A	C	B	A
Takte	6	16	8	16	4	8	16

Tanzbeschreibung:

Kurzes Vorspiel mit Gesang Zuhören

Teil A (Refrain)

„*Ein Freund*"	Winken mit rechter Hand.
„*Ein guter Freund*"	Winken mit linker Hand.
„*Das ist das Beste was ...*"	Abwechselnd rechtes und linkes Bein ausstrecken.
	Wiederholung!
„*Drum sei*"	Winken mit rechter Hand.
„*doch nicht betrübt*"	Winken mit linker Hand.
„*Wenn Dein Schatz ...*"	Abwechselnd rechtes und linkes Bein ausstrecken.
„*Ein Freund*"	s.o.
„*Ein guter Freund*"	s.o.
„*Das ist der größte Schatz ...*"	s.o.

Teil B

„*Sonniger Tag, wonniger Tag ...*"	Füße marschieren auf der Stelle und angewinkelte Arme führen dazu Wanderbewegung aus.

Teil C

„*da, da, da ...*"	Arme vor Körper umeinander rollen.

Teil A (zum Abschluß): Zum Kreis durchfassen und im Rhythmus schunkeln, dabei rechten und linken Fuß im Wechsel anheben.

(8) Sitzrumba: „Der Tag vergeht"

Quelle: Seniorentänze, Fidula Fon, 1265

Schwierigkeitsgrad: Leichte Bewegung, doch schwieriger Rhythmus
Aufstellung: Sitzkreis
Bemerkung: Hände, Beine und Hüfte müssen bewegungsfähig sein.
Information: Die Rumba ist ursprünglich eine Sammelbezeichnung für afrokubanische Tänze, aus denen sich ab etwa 1914 zunächst in den USA, seit etwas 1930 auch in Deutschland ein sehr populärer Gesellschaftstanz entwickelte. Die Rumba wird meist als offener Paartanz mit ausgeprägten Hüftbewegungen durchgeführt. Der dabei typische Rumbarhythmus (lang, kurz, kurz) läßt sich in vereinfachter Form auch sehr gut im Sitzen tanzen.

Aufbau:

Formteile	Vorspiel	A	A	B	A	C	C'	A	A	B	A
Takte	4	8	8	8	8	8	8	8	8	8	8

Tanzbeschreibung:

Vorspiel: Zuhören
Teil A
1. Teil (8 Takte):

Gesangsteil: „Ein kleines Lied erklingt ganz sacht...."

In die Hände klatschen (lang)
und zunächst auf den rechten Oberschenkel klopfen (kurz)
und dann auf den linken Oberschenkel klopfen (kurz).

2. Teil (nur wenn A wiederholt wird):
Rumbakarree,
d.h. rechten Fuß vorsetzen (lang),
linken Fuß hüftbreit danebensetzen (kurz)
und rechten Fuß heranziehen (kurz).
Linken Fuß zurücksetzen (lang),
rechten danebensetzen (kurz)
und linken heranziehen (kurz) ... usw.

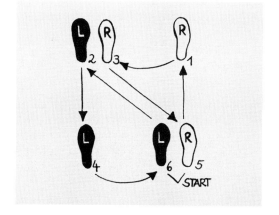

Teil B
Instrumentalteil mit Chorgesang auf Silbe „Ah"
Versetzte Streichbewegungen (vor und zurück)
der Hände auf Oberschenkel im Rumbarhythmus
(lang, kurz, kurz …).
Rechte Hand beginnt dabei am rechten Knie, linke Hand
am linken Oberschenkel.

Teile C und C′
Instrumentalteil ohne Gesang,
wie Teil B, oder die Gruppe erfindet eine dritte Bewegung.

Vorschlag von Edith Borgmann, Lehrgangsleiterin des Bundesverbandes Seniorentanz e.V.

Teil C
Beide Zeigefinger gleichzeitig auf die Daumen tippen und zweimal nachtippen (–..)
nacheinander Mittel-, Ring- und kleine Finger in gleicher Weise auf den Daumen tippen
in gleicher Weise zurücktippen (die kleinen Finger beginen).

Teil C′
rechten Fuß vorsetzen, linken Fuß Schritt auf dem Platz,
rechten Fuß neben den linken Fuß zurücksetzen (–..)
links gegengleich
dreimalige Wiederholung von Takt 1–2

(9) „Und die Musik spielt dazu"

Sitztanzvorschlag von Edith Borgmann, Lehrgangsleiterin des Bundesverbandes Seniorentanz e.V.

Schwierigkeitsgrad: Mittelschwer

Aufstellung: Sitzkreis

Aufbau:

	Instrumental					Gesang						Instrumental			
Formteile	Vorspiel	A	A	B	B	C	C	C'	A'	A'	B	B	A'	A'	B	B
Takte	4	8	8	8	8	8	8	8	8	8	8	8	8	8	8	8

Tanzbeschreibung:

Teil A
Takte
- 1 rechte Ferse vorsetzen und zurück
- 2 Wiederholung von Takt 1
- 3–4 gegengleich
- 5–8 Wiederholung von Takt 1–4
- 9 rechte Ferse vorsetzen und zurück
- 10 linke Ferse vorsetzen und zurück
- 11–14 zweimalige Wiederholung von Takt 9–10
- 15–16 zweimal Fersen nach außen drehen und zurück (Chaplin-Bewegung)

Teil B
Takte
- 1–4 Hände umeinanderrollen, erst aufwärts, dann wieder abwärts
- 5 rechte Hand zur Seite führen (Handfläche ist dabei nach oben gerichtet)
- 6 gegengleich
- 7–8 zweimal beide Hände nach vorn strecken und zurücknehmen (Handflächen sind dabei nach oben gerichtet)
- 9–16 Widerholung von Takt 1–8

Teil C
Takte (Gesangsteil: *„Ma Chérie..."*)
- 1–4 rechte Hand tippt 4mal im Wechsel auf das linke und das rechte Knie
- 5–8 rechte Hand wird 4mal zur Seite gedreht, so daß die Handfläche nach oben gerichtet wird, und zurück
- 9–16 wie Takt 1–8 gegengleich
- 17–20 4mal im Wechsel tippen beide Hände gekreuzt auf die Knie und wieder zurück

21 rechte Hand an Oberkörper legen
22 linke Hand dito
23–24 beide Hände gleichzeitig nach vorn öffnen (Handflächen nach oben)

Zusatz: Am Schluß Hände umeinanderrollen

(10) „Annenpolka" vom J. Strauß (Sohn)

Sitztanz von Marianne Nagel

Schwierigkeitsgrad: Leicht bis mittelschwer

Aufstellung: Sitzkreis

Medien: Bunte Tücher aus Nylon, Chiffon oder Seide

Bemerkunng: Die Arme müssen beweglich sein. Auf S. 124 f. wird ein Musiziersatz zur Musik vorgestellt. Siehe auch S. 244 Information zu J. Strauß

Aufbau:

Formteile	Vorspiel	A	A	B	B	Zw.	A	A	C	C	D	D	Zw.	A	A	Schluß
Takte	4	8	8	8	8	4	8	8	8	8	8	8	4	8	7	5

Tanzbeschreibung:

Vorspiel: Tuch in Ausgangsposition nehmen (diagonal falten und an der oberen Kante fassen, wenn dies nicht möglich ist das Tuch an 2 Ecken fassen)

Teil A
Mit dem Tuch im Rhythmus der Musik vor dem Körper Walzer tanzen (rechts in Schulterhöhe beginnend) von rechts nach links und wieder zurück. (4mal)

Wiederholung Teil A
Mit dem Tuch im Walzerrhythmus der Musik vor- und zurückschwingen. (4mal)

Teil B
Tuch nur mit der rechten Hand beliebig fassen und rechts vom Körper vor- und zurückschwingen (Arme zur Entlastung hängen lassen – *Boden wischen* –) (8mal)
linke Hand gegengleich (8mal)

Wiederholung Teil B

Teil C mit Wiederholung
ebenso wie Teil B

Teil D
Tuch mit rechter Hand beliebig fassen und vor dem Körper Kreise ziehen (je nach Teilnehmerfähigkeit können die Kreise von der Mitte immer weiter nach rechts gezogen werden) (4mal)
linke Hand gegengleich (4mal)

Wiederholung Teil D
s. o. rechte Hand (4mal)
s. o. linke Hand (4mal)

Zwischenspiele
Tuch wieder in Ausgangsposition A nehmen

Schluß
Das Tuch zusammenknüllen und in die Luft werfen

Teil D: Musikhören

I. Bedeutung des Musikhörens für alte Menschen

1. Allgemeine Überlegungen

> *„Musik allein ist die Weltsprache und braucht nicht übersetzt zu werden. Da spricht Seele zu Seele"*
> (B. Auerbach)

> *„Wo die Sprache aufhört, fängt die Musik an."*
> (E. T. A. Hoffmann)

> *„Musik wird oft nicht schön gefunden, weil sie mit Geräusch verbunden."*
> (W. Busch)

Die Zitate lassen erkennen, daß Musik nicht der Sprache bedarf, sondern **emotional** erlebt wird. Dabei hängt die Art des Erlebens jedoch sehr vom **Musikgeschmack** ab. Nur die Musik, die einem gefällt, kann angenehme Gefühle auslösen und einen ästhetischen Genuß darstellen.

Manchmal erlebe ich, daß Pflegekräfte zur eigenen Unterhaltung bei der Arbeit ihren Lieblingssender laut durch die Flure des Pflegeheims erschallen lassen. Nicht selten stehen dabei die Türen der Heimbewohner offen. Manche jüngeren Pflegekräfte vergessen oder wollen nicht einsehen, daß sich viele ältere Menschen durch „ihre Lieblingsmusik" sehr gestört fühlen.

> *Ein Altenpflegeschüler sagte einmal voller Überzeugung zu mir, es sei sein Recht, die Hälfte seiner Arbeitszeit im Heim „seine" Musik laut zu hören (es handelte sich dabei um Hard Rock), da er ja die übrige Zeit das Gedudel der alten Leute ertragen müsse.*

Der Schüler hat dabei jedoch nicht bedacht, daß das Pflegeheim für ihn die Arbeitsstelle und für die alten Menschen das Zuhause ist. Er würde in seiner Wohnung auch nicht gerne mit Musik belästigt werden, die er nicht mag.

Aus wissenschaftlichen Untersuchungen ist bekannt, daß Musik therapeutische Wirkung haben kann. Doch ist die Musik unerwünscht und weicht sie zu sehr von den Hörgewohnheiten ab, kann das genaue Gegenteil eintreten. Nicht nur Unwohlsein, sondern auch Herzjagen, Schweißausbrüche, gesteigertes Schmerzempfinden und Aggressionen können die Folge sein. Es ist deshalb sehr bedenklich, alte Menschen auf Pflegestationen mit unerwünschter Radiomusik zu berieseln. Vor unangenehmen Eindrücken kann man zwar die Augen, nicht aber die Ohren verschließen.

In der Musikaktivierung geht es deshalb darum, **gezielt ausgewählte Musik bewußt zu hören** und sich darüber in der Gruppe auszutauschen. Vielleicht wird mancher Leser hier der Ansicht sein, angeleitetes Musikhören mit alten, pflegebedürftigen Menschen in Gruppen, von denen sicher einige noch schwerhörig sind, lohne sich nicht. Jeder habe sowieso seinen eigenen Geschmack, so daß es genüge, auf den Zimmern den richtigen Sender im Radio einzustellen. Unterhaltung aus dem Radio oder Fernsehen ist für viele Heimbewohner vielleicht angenehm, doch allzu oft die einzige Abwechselung im Tagesablauf. Wirkungsvoller und kommunikativer ist das Musikhören dann, wenn ein Rahmen geschaffen wird, in dem ausgewählte Musik z.B. zu einem bestimmten Thema oder Anlaß gemeinsam mit anderen gehört werden kann. Hier besteht die Möglichkeit, ein intensiveres Hörerlebnis zu schaffen und sich mit anderen anschließend darüber auszutauschen.

2. Wie wirkt bewußtes Musikhören auf alte Menschen?

a) Psychische Wirkungen

Wie bereits erwähnt, ist die psychische Wirkung von Musik nicht vom Alter abhängig, sondern von der individuellen Musikerfahrung und von dem momentanen seelischen Zustand.

Musik, die vom Menschen angenommen wird, löst **Wohlbehagen** aus, man sagt auch „die Musik geht unter die Haut". Besonders stimmungsvolle Musikbeispiele können starke Emotionen auslösen:

> So war z.B. die Musikgruppe ganz besonders angetan von dem „Gefangenenchor" aus „Nabucco" von G. Verdi. Die Teilnehmer summten spontan die Melodie mit, bewegten die Oberkörper im Rhythmus und einige hatten Tränen der Rührung in den Augen.

Wirkungen (Musikhören)

Große Bedeutung hat der Bekanntheitsgrad der Musik. Melodien, die in der Kindheit, Jugend und in der Heimat gehört wurden, lösen häufig starke Gefühle aus.

Musik kann **ausgleichende Wirkung** haben. So nutzen viele Menschen die Möglichkeit, ihre Stimmung durch Klänge, Rhythmen oder Melodien zu verändern. Musik kann anregen, fröhlich stimmen, aber auch entspannend und beruhigend wirken. Viele Menschen spüren oft intuitiv, welche Musik ihnen in welchen Situationen guttut. So können sich z.B. manche Menschen nach einem anstrengenden Arbeitstag erst durch ruhige Musik langsam entspannen, anderen wiederum geht die tägliche Hausarbeit mit flotter Musik leichter von der Hand. Auch wird Musik verwendet, um sich z.B. in depressiven Phasen aufzuheitern.

Doch nicht jeder hat die Kraft, sich aus depressiver Verstimmung[1], Trauer und Angst alleine zu befreien. Solche Menschen benötigen Hilfe von außen. Dies können sein: Aktivierungsangebote, Zuwendung durch Pflegekräfte oder Mitbewohner und positive Erlebnisse jeder Art, die das Lebensgefühl steigern.

> *Ein Beispiel dafür ist Frau B., eine ehemalige Schauspielerin. Sie mußte – bedingt durch einen Schlaganfall – ihr selbständiges Leben in ihrer Wohnung aufgeben und in ein Heim einziehen. Durch den Schlaganfall war nicht nur eine Körperseite gelähmt, sondern auch ihre Sprache so eingeschränkt, daß sie sich kaum noch verständigen konnte. Rehabilitative Maßnahmen hatten wenig Erfolg. Dies wirkte sich sehr auf ihre Stimmung aus. Im Heim zeigte sie kein Interesse an ihrer Umgebung und war häufig depressiv gestimmt. Gespräche vermied sie aus verständlichen Gründen, und so hatte sie auch keinerlei soziale Kontakte. Einer Altenpflegerin gelang es, sie für die Musikstunde zu motivieren. Nach einigen Stunden, an denen sie eher passiv und mißmutig teilnahm, taute sie plötzlich auf, als Melodien aus der Operette „Dreimäderlhaus" nach F. Schubert eingespielt wurden. Diese Musik, die sie von früher her kannte, ergriff sie so, daß sie ihre momentane Situation in diesem Augenblick völlig vergaß und laut mitsang. Ich plante fortan mehr Musikhören ein, insbesondere bekannte klassische Musikbeispiele. Frau B. genießt dies jedesmal sichtlich. Sie hat ihre depressiven Verstimmungen inzwischen überwunden, kommt regelmäßig zur Musikaktivierung und nimmt auch aktiv daran teil. Sie hat jetzt keine Hemmungen mehr, sich auch verbal in der Gruppe zu äußern. Insbesondere beim Hören klassischer Musik oder beim Operettenquiz weiß sie viel beizutragen.*

---

[1] Die depressive Verstimmung ist von einer Depression zu unterscheiden. Letztere ist als psychische Krankheit zu verstehen, die einer besonderen psychotherapeutischen und/oder psychiatrischen Behandlung bedarf.

Wirkungen (Musikhören)

Von der Stimmung, Atmosphäre, die von einer bestimmten Melodie ausgeht, **können auch bildliche Vorstellungen, Phantasien und Wunschträume angeregt werden.**

> *So schilderte z. B. eine alte Frau sehr detailliert, was sie während des Hörens der „Morgenstimmung" (von E. Grieg) „gesehen" hat. Sie habe sich vorgestellt, in einem kleinen Holzboot zu sitzen und über einen See zu treiben: Die Tautropfen in den herunterhängenden Zweigen glitzerten in den immer stärker werdenden Sonnenstrahlen. Um sich herum hörte und sah sie das lebendige Treiben der Vögel und beobachtete auch grasende Rehe in der Ferne. Sie betonte, wie sehr sie dieses langsame Erwachen der Natur liebe, und wie sehr sie deshalb die Musik genossen habe.*

Dieses Beispiel zeigt, daß das Hören von Musik alten Menschen die Möglichkeit bieten kann, sich für kurze Zeit in eine andere Welt hineinzuversetzen. Gerade für alte Menschen ist dies von großer Bedeutung, da sie aufgrund ihrer häufig vorhandenen Einschränkungen das Heim kaum noch verlassen, geschweige denn reisen können.

b) Geistige und soziale Wirkungen

Häufig werden durch das Hören bekannter Melodien viele **Erinnerungen** an die Kindheit und Jugend wieder **wach**, und es entsteht der Wunsch, sich darüber auszutauschen.

> *Als der „Hochzeitsmarsch" aus „Sommernachtstraum" von F. Mendelsohn Bartholdy vorgespielt wurde, entstand sofort ein angeregtes Gespräch zum Thema Hochzeit. Viele erinnerten sich an ihre eigene Hochzeit, berichteten, wo und von wem sie getraut wurden und wie man anschließend gefeiert habe. Ein Mann betonte humorvoll, daß ihm „angst und bange" war an diesem Tag, da er sich nicht sicher war, ob es „die Richtige" gewesen sei. Später habe sich aber dann herausgestellt, daß seine Entscheidung gut war.*

Bei solchen Gruppengesprächen geht es glücklicherweise nicht immer ernst zu. Es wird erzählt von früheren Zeiten, nach welcher Musik getanzt wurde, was man gerne hört und was man gar nicht mag. Dies ist allerdings abhängig davon, inwieweit es die Anleiterin versteht, Gespräche anzuregen und sich selbst einzubringen.

Beim Musikhören entsteht darüber hinaus der Wunsch, **mehr über den Komponisten und das Werk zu erfahren**, z.B.:

Wie ist er Musiker geworden? Was wollte der Komponist mit seiner Musik ausdrücken? Wie war seine Lebenssituation, als er sie schrieb? War er arm oder reich? War er verheiratet? Hatte er Kinder? Welche Krankheiten/Leiden hatte er?

Solche Fragen interessieren die Hörer, da der Komponist dabei nicht als Künstler, sondern als Mensch erfahrbar wird. Nach den entsprechenden Sachinformationen kann diskutiert werden, etwa über die eigene Berufsfindung und Lebensgeschichte oder über die Perückenmode der Männer zu Lebzeiten z. B. G. F. Händels oder über die damalige Altersversorgung von Künstlern usw., je nach Anregung durch die Information.

II. Auswahl von Hörbeispielen

Die angegebenen Wirkungen können nur dann erreicht werden, wenn bei der Auswahl der Musikstücke der **individuelle Musikgeschmack** berücksichtigt wird.

Der Musikgeschmack wird geprägt durch die musikalischen Erfahrungen, die der Mensch im Laufe seines Lebens gesammelt hat. Dies ist abhängig vom jeweiligen Land, von der Region, Kultur, Gesellschaft und von dem sozialen Umfeld, in dem er bisher lebte.

Entsprechend schwierig ist es, für alle Bewohner von Alten- und Pflegeheimen allgemein gültige Aussagen über ihren Musikgeschmack zu machen. Bei der Auswahl von Hörbeispielen kann man sich deshalb nur von Vermutungen leiten lassen.

Es ist jedoch zu beobachten, daß im Bereich der **Unterhaltungsmusik** der Musikgeschmack der älteren Generation recht ähnlich ist. So ist erfahrungsgemäß **Volks- und Marschmusik** bei alten Menschen sehr beliebt. Bei jedem Volksfest, jeder Parade, jedem Umzug wurden früher u.a. Märsche gespielt. Allerdings sind regionale Besonderheiten zu beachten. Zum Beispiel läßt der Marsch „*Gruß an Kiel*" vor allem norddeutsche Herzen höher schlagen, während der Marsch „*Holzhackerbuam*" besonders die Bayern begeistern wird. Allerdings sind durch die Verbreitung von Radio und Fernsehen inzwischen die regionalen Unterschiede nicht mehr so groß wie früher. Volksmusiksendungen sind bei alten Menschen sehr beliebt und fördern die Bekanntheit vieler Melodien.

Schlager und Tanzmusik aus der Jugendzeit der jetzt alten Menschen werden auch von vielen Teilnehmern gerne gehört und bieten reichlichen Gesprächsstoff. Die Texte alter Schlager waren zum Teil recht witzig, wie „*Wo sind Deine Haare August*", „*Wenn die Elisabeth nicht so schöne Beine hätt*", „*Was machst du mit dem Knie lieber Hans*" oder „*Was macht der Meier am Himalaja*". Mancher Teilnehmer singt bei diesen alten Schlagern spontan mit und erinnert sich noch an einen zusätzlich bekannten, derben Text, der früher verbreitet war, wie „*Warte warte nur ein Weilchen, dann kommt Hamann auch zu dir, mit dem kleinen Hackebeilchen macht er Leberwurst aus dir*"[2] auf den Schlager „Warte warte nur ein Weilchen, dann kommt die Liebe auch zu dir".

Ebenfalls beliebt bei den jetzt im Alten- und Pflegebereich lebenden Personen sind **Schlager aus** den **alten UFA-Filmen**, insbesondere aus der Zeit zwischen 1930 bis 1944. Die Erfindung des Tonfilms war nach der Stummfilmzeit sensationell und Kinobesuche waren in allen sozialen Schichten beliebt. Stars wie Lilian Harvey und Willy Fritsch, Heinz Rühmann, Marlene Dietrich und Zarah Leander agierten nicht nur als Schauspieler auf der Leinwand, sondern sangen sich auch in die Herzen der Kinobesu-

---

[2] Der Massenmörder Hamann setzte in den 20er Jahren, als auch der Schlager verbreitet war, die Bevölkerung in Angst und Schrecken.

Auswahl (Hörbeispiele)

cher. Unvergeßliche, beliebte „Filmhits" wurden geschaffen, z.B.: *„Ich weiß, es wird einmal ein Wunder geschehn"* (aus *Die große Liebe*), *„Ein Freund, ein guter Freund"* (aus *Die drei von der Tankstelle*), siehe S. 193 und *„Auf der Reeperbahn nachts um halb eins"* (aus *Große Freiheit Nummer 7*).

Im Bereich der **„Klassischen Musik"**³ gibt es weniger Gemeinsamkeiten, da nur ein Teil der jetzigen Alten- und Pflegeheimbewohner früher Zugang zu dieser Musik hatte. Soziale Herkunft und gesellschaftlicher Stand spielten früher eine weitaus größere Rolle als heute. Berührung mit klassischer Musik in Form von Konzertbesuchen, „klassischen" Hausmusikabenden und durch das Erlernen eines Instrumentes hatten vorwiegend Personen der gehobeneren Gesellschaftsschicht. Dennoch sind viele klassische Musikstücke durch die Verbreitung von Radio und Fernsehen so populär geworden, daß ihre allgemeine Bekanntheit vorausgesetzt werden kann. Hierzu zählen unter anderem der *„Gefangenenchor"* (aus *Nabucco* von Verdi), die *„Moldau"* von Smetana und der *„Holzschuhtanz"* (aus *Zar und Zimmermann* von Lortzing). Man kann deshalb auch nicht behaupten, klassische Musik sei alten Menschen bis auf wenige Ausnahmen in der Regel unbekannt. Auch wenn nicht eindeutig geklärt werden kann, ob das eine oder andere Musikstück allen Teilnehmern bekannt ist, sollte keineswegs die Schlußfolgerung gezogen werden, ganz auf Hörbeispiele aus dem klassischen Bereich zu verzichten. Viele alte Menschen lassen sich auch auf Neues und Unbekanntes ein, wenn man es versteht, ihr Interesse zu wecken und wenn das Musikstück nicht zu sehr vom Bekannten abweicht. Es gibt eine Vielzahl von eingängigen, melodischen Musikbeispielen, die – obwohl zunächst unbekannt – gerne gehört werden. Bekannte Rhythmen und Harmonien, vertraute Instrumentenklänge, angemessene Lautstärke sowie gemäßigte Klanghöhen und -tiefen erleichtern das Zuhören. Durch geschickte methodische Hinführung und wiederholtes Vorspielen des Musikstückes kann auch bisher fremde Musik emotional positiv erlebt werden (siehe auch S. 207 ff.).

Stärker von der individuellen Vorliebe oder Abneigung abhängig ist die **Oper** aufgrund der häufig dramatischen Inhalte und des anspruchsvollen Gesanges.

Mit Ausnahme weniger sehr bekannter Opernmelodien, wie z.B. *„Ach wie so trügerisch"* (aus *Rigoletto* von Verdi) oder *„Ein Mädchen oder Weibchen"* (aus der *Zauberflöte* von Mozart), wird eine Gruppe, die bisher keinen Zugang zu dieser Musikart hatte, der Oper vielleicht zunächst eher ablehnend gegenüberstehen.

Anders ist dies bei der **Operette**. Sie zählt zur „leichteren Muse" mit ihrem oft humorvollen Inhalt, prickelnden Rhythmen und eingängigen Melodien. Der allgemeine Bekanntheitsgrad ist recht hoch. Bis zum 2. Weltkrieg wurden viele Operetten komponiert und häufig in Theatern aufgeführt. Auch Personen, die sonst keinen Zugang zur klassischen Musik hatten, besuchten gerne Operettenvorstellungen. In den 60er und 70er Jahren hat das Fernsehen für die weitere Verbreitung der Operetten gesorgt. Beliebte

---

³ Der Begriff „Klassische Musik" wird hier abgrenzend zur Unterhaltungsmusik verwendet und beinhaltet die sogenannte „Ernste Musik".

Auswahl (Hörbeispiele)

Sänger wie Rudolf Schock, Margit Schramm und Anneliese Rothenberger traten in vielen Operetten auf.

Viele der jetzigen Alten- und Pflegeheimbewohner kennen deshalb die bekanntesten Operetten, wie *Der Zigeunerbaron* von J. Strauß, *Der Vogelhändler* von C. Zeller, *Der Bettelstudent* von C. Millöcker, *Die lustige Witwe* und den *Zarewitsch* von Fr. Lehár, und können von Theaterbesuchen berichten.

In Alten- und Pflegeheimen trifft man immer mal wieder auf **Musikliebhaber** einer besonderen Musikrichtung, entweder aus dem Bereich der klassischen Musik oder aus der Unterhaltungsmusik. Diese Musikfreunde können oft erstaunlich viel über ihre Lieblingsmusik, ihren Lieblingskomponisten oder über ein Instrument berichten und bereichern die Gruppe durch ihr Wissen.

Abschließend ist zu bemerken, daß sich in einigen Jahren der Musikgeschmack der Bewohner in Alten- und Pflegeheimen im Bereich der Unterhaltungsmusik deutlich gewandelt haben wird. Man bedenke, daß die jetzt 50jährigen die Rock 'n Roll-Zeit und den Aufstieg der Beatles aktiv erlebt haben. Die Jugend der 50er und 60er Jahre war durch Einflüsse aus Amerika mit der englischen Sprache und entsprechender Musik vertrauter. Volksmusik wird dann kaum noch beliebt sein, eher deutschsprachige und englische Schlager aus dieser Zeit. Ebenso wird das Interesse an Operettenmelodien zugunsten Musicalhits sinken. In 30 Jahren wird auch die Rockmusik die Alten- und Pflegeheime erreicht haben. Vielleicht werden dann Bewegungsübungen und Ratespiele zur Musik von Deep Purple, Udo Lindenberg usw. erfolgen. Solche Veränderungen im Musikgeschmack der zukünftigen alten Menschen müssen berücksichtigt werden. Im Bereich der klassischen Musik wird sich der Musikgeschmack zunächst nicht so gravierend ändern, da diese Musik durch ihre Qualität zeitlos ist. Sie ist nicht so sehr kurzzeitigen Geschmacksänderungen unterworfen, wie die Hits der Unterhaltungsmusik.

Wichtig für bewußtes Musikhören mit alten Menschen ist, die **Musikwünsche** kennenzulernen und darauf einzugehen, denn mit dem Musikgeschmack der Teilnehmer steht und fällt eine erfolgreiche Musikaktivierung.

III. Allgemeine Grundsätze des Leiterinnenverhaltens beim Musikhören

1. Lautstärke auf Teilnehmer abstimmen

Wichtige Voraussetzung für das Musikhören ist die Hörfähigkeit der Teilnehmer. Selbst leichte Schwerhörigkeit, die im Alter häufig auftritt, beeinflußt die Hörqualität. Extreme Lautstärke ist jedoch nicht ratsam. Besser sind **Einspielungen bei mittlerer Lautstärke**. Die Zuhörenden sollten dabei immer gefragt werden und selbst entscheiden, ob ihnen die Lautstärke angenehm ist. In der Gruppe können die Schlechterhörenden näher an der Geräuschquelle sitzen. Wichtig ist auch, eventuell die Hörgeräte entsprechend einzustellen.

Beim Musikhören sollte, sofern ein konzentriertes Zuhören gewünscht ist, jede andere Geräuschquelle ausgeschlossen werden. Ein geschlossener Raum ist deshalb empfehlenswert.

2. Kurze Ausschnitte vorspielen und diese häufiger wiederholen

Um alte Menschen nicht zu überfordern und die Aufmerksamkeit zu erhalten, sollten – vor allem bei unbekannten Musikstücken – nur **zwei- bis dreimütige Ausschnitte** vorgespielt werden. Sich längere Zeit zu konzentrieren, ist bei vielen Teilnehmern nicht mehr möglich, so daß sie frühzeitig abschalten und Langeweile aufkommt. Wichtig ist, daß die Anleiterin die jeweilige Gruppe genau beobachtet und die Länge des Vorspiels von der Aufmerksamkeit und dem Interesse der Teilnehmer abhängig macht. So kann es vorkommen, daß die Teilnehmer selbst den Wunsch äußern, das Werk einmal ganz zu hören. Bei hörgewohnten und entsprechend interessierten Gruppen spricht nichts dagegen, auch längere Musikstücke gemeinsam zu hören und zu genießen. Allerdings bilden solche Gruppen in Alten- und Pflegeheimen eher die Ausnahme.

Manche Anleiterin wird vielleicht Hemmungen haben, ein eindrucksvolles Gesamtwerk – z. B. „*Die Moldau*" von Smetana (Dauer ca. 15 Min.) – zu kürzen. Doch ist es sicherlich sinnvoller, mit einem kurzen Ausschnitt bei hörungewohnten Personen zunächst einmal Interesse an der Musik zu wecken, als sie mit der unbekannten Musikvielfalt zu überfordern und spätestens nach fünf bis zehn Minuten zu langweilen.

Besser ist es, die kurzen Musikausschnitte **öfter** zu **wiederholen**, da so die Musik den Zuhörern zunehmend vertrauter wird und „wohlig unter die Haut" geht. Auch sollte man nach längerer Zeit das bereits gehörte Musikstück immer wieder einspielen, da dann durch Wiedererkennen der Musik auch ein Erfolgserlebnis ermöglicht wird.

3. Kleine Höraufgaben stellen

Beim Hören von Musikstücken, besonders aus dem klassischen Bereich, sollten den Teilnehmern möglichst kleine Höraufgaben gestellt werden, um die Spannung zu erhöhen und ein konzentriertes Zuhören zu erleichtern. Dies ist insbesondere bei solchen Personen wichtig, die nicht vertraut sind mit klassischer Musik. Mit **gezielten Höraufgaben** wird die Aufmerksamkeit des Hörers zunächst nur auf einen Aspekt gelenkt, und die Hörer werden nicht so leicht von der vielleicht ungewohnten Klangvielfalt abgeschreckt. Außerdem sind die Teilnehmer beim ersten Hören nicht gleich versucht, für sich zu entscheiden, ob die Musik gefällt oder nicht. Manche Musik wird auf den ersten Eindruck hin abgelehnt, jedoch nach mehrmaligem Hören als angenehm empfunden. Je nach dem Bekanntheitsgrad der Musik sollten die Höraufgaben unterschiedlich sein.

Höraufgaben bei bekannten Musikstücken könnten sein:
- *Haben Sie folgende Musik schon einmal gehört?*
- *Kennen Sie den Komponisten?*
- *Kennen Sie den Titel des Musikstücks?*
- *In welcher Oper/Operette kommt folgendes Musikstück vor?*

Höraufgaben bei unbekannten Musikstücken könnten sein:
- *Welches Instrument hören Sie heraus?*
- *Woran denken Sie, was empfinden Sie, wenn Sie diese Musik hören? – Welche Bilder/Vorstellungen werden in Ihnen wach?*
- *Versuchen Sie, den Musikrhythmus mitzuklopfen bzw. mit Rhythmusinstrumenten zu begleiten.*
- *Versuchen Sie, die Melodie mitzusummen.*

4. Wünsche der Teilnehmer berücksichtigen

Wichtig ist, daß die Anleiterin die Musikwünsche der Teilnehmer kennt und diese bei der Auswahl der Hörbeispiele berücksichtigt. Sie kann entsprechend vorsorgen und mehrere beliebte Musikstücke griffbereit haben. Am Ende einer Aktivierungsstunde kann dann ein Wunschkonzert erfolgen. Auch bei einer Festgestaltung sollten die Teilnehmer mitbestimmen dürfen, z.B. welche Musikart als Hintergrundmusik zur Untermalung des gemeinsamen Kaffeetrinkens ausgewählt wird.

Leiterinnenverhalten (Musikhören)

5. Hintergrundmusik auf Teilnehmer und Anlaß abstimmen

Bei Veranstaltungen und Festen im Alten- und Pflegeheim erschallt oft mehr oder weniger leise Hintergrundmusik durch Räume und Flure. Entweder erklingt die Musik aus einer Anlage oder eine Musikgruppe hat die Aufgabe, die Gäste zu unterhalten und sie in Feierstimmung zu versetzen.

Dient die Musik lediglich der Untermalung anderer Programmpunkte, wie z.B. Kaffeetrinken, muß die Lautstärke so reguliert sein, daß die Musik nicht eine mögliche Unterhaltung mit dem Tischnachbarn stört. Wichtig ist auch, die Musik auf den Festanlaß (z.B. Weihnachtsmusik an Weihnachten) und den Geschmack der Teilnehmer abzustimmen. So wäre derzeit eine noch so gute Rockband in einem Alten- und Pflegeheim fehl am Platze.

Da Musik die Stimmung des Menschen beeinflussen kann, ist bei der Auswahl geeigneter Hintergrundmusik auch zu überlegen, welche Stimmung erzeugt werden soll. Deshalb paßt zu einer Faschingsveranstaltung nicht gerade besinnliche Orchestermusik.

Wird die Musik zu Unterhaltungszwecken eingesetzt, sollte sie von der Lautstärke, vom Tempo und von der Tonlage her so ausgewählt werden, daß die Teilnehmer der Veranstaltung mitsingen können. Wird ein Chor eingeladen, so ist zu berücksichtigen, daß alte Menschen nicht nur passive Zuhörer sind. Sofern ihnen die Lieder vertraut sind, sollte ihnen die Möglichkeit eingeräumt werden, auch aktiv mitzusingen.

IV. Einführung und Anleitung zum Musikhören

1. Unterhaltungsmusik

Unterhaltungsmusik ist auf vielfältige Weise zur Aktivierung alter Menschen einsetzbar. Sie kann einmal verwendet werden, um Körperbewegung auszulösen und zu unterstützen, z.B. bei Gymnastik und Tanz (siehe Teil C), oder zum spontanen Mitmusizieren (siehe Teil B). Andererseits kann sie auch als Hintergrundmusik zur Einstimmung auf die Musikstunde oder zur Unterhaltung in Getränkepausen eingespielt werden.

Doch ganz besonders gut eignen sich bekannte Musikstücke aus der Unterhaltungsmusik als Grundlage für ein **Ratespiel**. Da sich Melodien sehr gut ins Gedächtnis einprägen, ist der Erinnerungseffekt beim Hören bekannter Melodien groß und die Teilnehmer haben Spaß daran, den Musiktitel herauszufinden. Dabei kommt oft richtiger Wetteifer untereinander auf. Es ist erstaunlich, an welche Zusammenhänge sich die Teilnehmer plötzlich wieder erinnern. So bietet ein solches Musikquiz die Möglichkeit, noch vorhandenes Wissen einzubringen und zu überprüfen. Wichtig ist jedoch, darauf zu achten, daß nicht immer nur bestimmte Personen ganz schnell die Antwort geben und andere, die etwas länger Zeit zum Raten brauchen, zu kurz kommen. Die Anleiterin sollte deshalb die Schnelldenker zum Abwarten auffordern und zurückhaltende Teilnehmer evtl. persönlich ansprechen. Auch demente Personen können sich beteiligen und ein Erfolgserlebnis haben, wenn Wissen aus dem Langzeitgedächtnis angesprochen wird, da dieses am längsten erhalten bleibt, z.B. bekannte Melodien aus der Kindheit und Jugendzeit.

Es gibt viele Möglichkeiten, für eine gemischte Gruppe ein Musikquiz zusammenzustellen.

Mögliche Themen wären:
- **Märsche aus verschiedenen Gegenden** („*Gruß aus Kiel*", „*Bayerischer Defiliermarsch*", „*Petersburger Marsch*" 🎵, „*Preußens Gloria*" u.a.)
- **Tanzmusik** (Wiener Walzer, langsamer Walzer, Foxtrott, Tango, Rumba u.a.)
- **Filmmusik** (Musiktitel aus alten UFA-Filmen, gesungen von Zarah Leander, Johannes Heesters, Hans Albers u.a.)
- **Volksmusik** („*Amboßpolka*" 🎵, „*Blau blüht der Enzian*", „*Friesenlied*", „*La Montanara*", „*Schneewalzer*" 🎵, „*Auf der Alm, da gibt's koa Sünd*" u.a.)
- **alte Schlager** („*Puppchen, du bist mein Augenstern*", „*Die Männer sind alle Verbrecher*", „*Salome*", „*In einer kleinen Konditorei*" 🎵 u.a.)
- **Volksmusik aus verschiedenen Ländern** (Russische Balalaikamusik, Irischer Jig, Griechischer Sirtaki, Österreichische Schrammelmusik u.a.)

Anleitung (Unterhaltungsmusik)

Die Teilnehmerin hat gerade einen Musiktitel erraten.

Wichtig ist, daß die Anleiterin sich bei der Auswahl der Musik genau überlegt, ob die Teilnehmer das Musikstück kennen könnten:
- Schlager von 1911 werden vielleicht nicht von Personen erkannt, die damals noch gar nicht geboren waren.
- Norddeutsche Volksmusik kennen vielleicht Personen aus Süddeutschland nicht.
- Moderne Schlager kennen alte Menschen wahrscheinlich nicht, weil sie im Radio entsprechende Sender gar nicht einschalten.

Die Anleiterin sollte das Quiz auf **Alter, Erfahrung** und **Interesse** der Teilnehmer abstimmen. Dennoch kann sie nicht genau vorhersehen, welche Quizfrage beantwortet werden kann und welche nicht.

In jedem Fall ist es wichtig,
- den Teilnehmern Zeit zum Überlegen zu geben,
- nicht zu schnell das Ergebnis bekanntzugeben, damit mehrere Teilnehmer sich äußern können und
- ein paar ganz bekannte Musikstücke in Reserve zu haben.

Anleitung (Klassische Musik)

Manchmal finden die Teilnehmer nicht gleich die richtige Antwort. Hier kann der Gruppe mit **kleinen Tips** geholfen werden, z. B.:

— *„Amboßpolka"*: Es handelt sich um eine Polka, bei der ein wichtiges Werkzeug des Schmieds eine Rolle spielt."
— *„Ein Freund, ein guter Freund"* (Musiktitel), aus *„Die drei von der Tankstelle"* (Filmtitel). „In dem Film aus dem Jahre 1930, zu dem die eben gehörte Melodie gehört, spielten Heinz Rühmann, Willy Fritsch und Lilian Harvey mit" und „Die drei sind gute Freunde" (eine weitere Information könnte sein: „Im Mittelpunkt des Films steht eine Tankstelle"). Auf S. 193 wird ein Sitztanz zu dieser Musik vorgestellt.

Ratespiele sollten nur so lange durchgeführt werden, wie es den Teilnehmern Freude bereitet und sie sich konzentrieren können. Günstig sind ca. **zehn bis fünfzehn Minuten**. Soll eine ganze Stunde mit Ratespielen geplant werden, müssen verschiedene Sinne angesprochen werden, **Pausen** eingeplant und vor allem **abwechslungsreiche Quizarten** zusammengestellt werden. Möglich wären hierbei neben einem reinen Musikquiz z. B. auch:

— Liederraten mit anschließendem Singen der Lieder (siehe „Liederliste" S. 15 ff.),
— Bewegungsketten gemeinsam erfinden und durchführen,
— Sprichwörter-, Märchen- und Kochrezeptequiz,
— Riechquiz, Fühlquiz usw.

2. Klassische Musik

Ratespiele sind in diesem Musikbereich weniger sinnvoll. Lediglich sehr bekannte Musikstücke aus Opern, Orchesterwerken und Kirchenmusik können für ein Quiz verwendet werden. Doch selbst das ist eher für eine Gruppe geeignet, die vertraut ist mit klassischer Musik. Lediglich Melodien aus Operetten sind im allgemeinen recht bekannt und populär. Die Anleitung von Ratespielen mit Musik ist im vorangegangenen Kapitel genauer beschrieben.

Viele klassischen Musikstücke eignen sich gut zum **bewußten Musikhören**. Wie bereits erläutert, haben in der Regel nur wenige Bewohner von Alten- und Pflegeheimen früher häufig klassische Musik gehört. Doch habe ich die Erfahrung gemacht, daß alte Menschen sich auf Neues einlassen und Gefallen daran finden können. Es kommt allerdings darauf an, wie man das „Neue" präsentiert und wie sehr das zunächst Unbekannte vom bisher Bekannten abweicht. Für hörungewohnte Gruppen sollten möglichst bekannte, eingängige Hörbeispiele ausgewählt werden. Dabei ist es notwendig, den Teilnehmern die Musik schrittweise näherzubringen und **Neugierde zu wecken**. Am besten ist dies möglich, wenn vorweg entweder etwas Interessantes zum Musikstück berichtet oder etwas aus dem Leben des Komponisten erzählt wird. Die „fremde" Musik rückt den Hörern näher, wenn sie **Informationen** zu Werk und/oder Komponisten erhalten.

Anleitung (Klassische Musik)

Dies können sein:
- Geschichten aus dem Leben des Komponisten,
- Hinweise zur Entstehung des Werkes,
- Informationen über Inhalte (Programme[4], z.B. „*Die Moldau*": Musikalische Darstellung des Flußlaufs der Moldau, siehe auch S. 220 f.) und
- Geschichtliche Hintergründe (z.B. Wie lebten die Musiker damals? Wie war ihre finanzielle Situation?).

(In Kap. V ab S. 216 ff. werden mehrere Musikwerke sowie Komponisten vorgestellt und entsprechende Sachinformationen bzw. Geschichten aus deren Leben aufgeführt.)

Die Informationen sollten möglichst **spannend** und **anschaulich** erzählt werden, damit Interesse geweckt wird und Gruppengespräche entstehen können. Es ist wichtig, daß auch die Teilnehmer die Möglichkeit erhalten, vorhandene Kenntnisse beizusteuern. Wenig sinnvoll ist es, diverse Jahreszahlen rund um Komponist und Werk aufzuzählen und verschiedene Kompositionswerke bzw. Kompositionsstile zu benennen, da die Zuhörer damit oft wenig anfangen können. Der Komponist kann Personen, die unerfahren mit klassischer Musik sind, nur nahegebracht werden, wenn er **als Mensch** erfahrbar wird und nicht nur als großartiger Künstler. Kleine Anekdoten und Geschehnisse aus dem Leben des Komponisten wecken die Neugierde an seiner Musik.

Die Anleiterin sollte nicht den Anspruch an sich stellen, alle eventuellen Fragen der Teilnehmer beantworten zu können. Auch wenn sie nur über wenig fachliches Hintergrundwissen verfügt, sollte dies kein Grund sein, ganz auf das Musikhören zu verzichten. Sie kann ruhig zugeben, keine Musikfachfrau zu sein. Auftretende Fragen können auch gemeinsam gelöst werden, z.B. mit einem Musiklexikon (siehe „Literaturliste"). Außerdem hat so der eine oder andere Teilnehmer auch die Möglichkeit, sein Wissen einzubringen.

– *Methodische Anleitung*

Um die angegebenen Wirkungen beim Musikhören zu erzielen, ist es wichtig, sich die methodische Anleitung gut zu überlegen. Je nachdem, ob die Musik bekannt ist oder nicht, sollte eine andere Form der Einführung gewählt werden. Im folgenden sind deshalb zwei unterschiedliche methodische Anleitungsformen zum bewußten Musikhören angegeben:

Einführung und Anleitung bekannter Musikstücke

1. Schritt: Frage: „Kennen Sie dieses Musikstück?"
Die Teilnehmer sollen mit dieser Frage neugierig gemacht werden. Diese Quizfrage ist allerdings nur dann sinnvoll, wenn anzunehmen ist, daß die meisten Teilnehmer die Musik kennen.

---

[4] „Programmusik" – als Gegensatz zur „Absoluten Musik" – beschreibt ein außermusikalisches Ereignis, z.B. ein Bild, eine Dichtung, eine Szene etc.

Anleitung (Klassische Musik)

2. Schritt: Ausschnitt aus dem Musikstück vorspielen

Es sollte ein bekannter Ausschnitt der Gesamtmusik ausgewählt werden, damit möglichst viele Teilnehmer die Musik wiedererkennen. Die Anleiterin muß die Lautstärke regulieren und sich vergewissern, daß alle Teilnehmer die Musik gut hören können. (Überprüfen, ob alle Hörgeräte eingeschaltet sind).

3. Schritt: Spontane Reaktionen der Teilnehmer abwarten und zulassen

Die Anleiterin sollte möglichst viele Teilnehmer zu Wort kommen lassen, bevor sie das richtige Ergebnis bekannt gibt. Sie wartet ab, auch wenn der Titel sofort geraten wurde. Haben die Teilnehmer Schwierigkeiten, sollte sie mit kleinen Tips weiterhelfen.

4. Schritt: Kenntnisse über Musikstück und Komponist zusammentragen

Es sollten zunächst die Teilnehmer ihr Wissen einbringen können. Die Anleiterin kann dann – falls nötig und gewünscht – weitere Sachinformationen geben (siehe Sachinformation zu jedem praktischen Vorschlag).

5. Schritt: Höraufgabe stellen (siehe auch S. 208)

Höraufgaben müssen sinnvoll sein und zum Musikstück passen. Deshalb sollte sich die Anleiterin die Frage möglichst schon vorher überlegen. Sie sollte auf klare und konkrete Formulierungen achten und sich vergewissern, ob sie von allen Teilnehmern verstanden wird. Auf keinen Fall sollten zwei Höraufgaben gleichzeitig gestellt werden.

6. Schritt: Musik vorspielen

Jetzt wird das ganze Musikstück oder ein ausgewählter Ausschnitt den Teilnehmern vorgespielt. (siehe auch 2. Schritt, oben).

7. Schritt: Ergebnisse zusammentragen

Je nach Höraufgabe werden die Ergebnisse zusammengetragen oder es wird über persönliche Empfindungen und Erinnerungen beim Hören der Musik gesprochen. Die Anleiterin sollte darauf achten, daß möglichst viele Teilnehmer sich an diesem Gespräch beteiligen. Gegebenenfalls sollte sie einige Teilnehmer persönlich ansprechen und um ihre Meinung bitten.

Einführung und Anleitung <u>unbekannter</u> Musikstücke

1. Schritt: Bild des Komponisten zeigen und aus seinem Leben erzählen

Die Anleiterin zeigt allen Teilnehmern ein Bild des Komponisten (entweder mit Namensnennung oder ohne). Das Bild sollte für alle Teilnehmer gut sichtbar sein – am besten wird es herumgereicht. Während die Teilnehmer das Bild betrachten, berichtet die Anleiterin möglichst anschaulich aus dem Leben des Komponisten (siehe Information und Anekdoten zu verschiedenen Komponisten ab S. 227 ff.). Ist davon auszugehen, daß der Name des Komponisten vielen Teilnehmern bekannt ist, kann die Information zur Person auch ohne Namensnennung erfolgen und die Quizfrage gestellt werden: „Um welchen Komponisten handelt es sich?"

Anleitung (Klassische Musik)

2. Schritt: Spontane Bemerkungen der Teilnehmer aufgreifen

Die Anleiterin sollte, während sie über den Komponisten berichtet, unbedingt auf Zwischenfragen oder Bemerkungen der Teilnehmer eingehen. Es ist wichtiger, den Teilnehmern ein persönliches Einbringen bzw. ein Gruppengespräch zu ermöglichen, als ihnen möglichst viel Wissen zu vermitteln.

3. Schritt: Sachinformation zum Werk geben

An dieser Stelle muß die Anleiterin abwägen, ob die Gruppe überhaupt genügend Interesse daran hat, weitere Informationen aufzunehmen oder nicht. Gegebenenfalls sollte sie diesen Schritt zunächst zurückstellen und sofort das Musikstück vorstellen (siehe *4. und 5. Schritt*).

4. Schritt: Höraufgabe stellen

(siehe 5. Schritt S. 214)

5. Schritt: Musik vorspielen

(siehe 6. Schritt S. 214)

6. Schritt: Ergebnisse zusammentragen

(siehe 7. Schritt S. 214)

7. Schritt: Das Musikstück nochmals hören

Nach einem Gruppengespräch über die gehörte Musik ist es oft sinnvoll, die Musik abschließend nochmals einzuspielen. Manche Äußerung oder Empfindung will überprüft werden, oder die Musik ist für die Teilnehmer nun so interessant, daß der Wunsch besteht, sie noch einmal zu hören. Dabei ist es nicht unbedingt erforderlich, eine weitere Höraufgabe zu stellen. Es genügt die Aufforderung, die nun schon bekannte Musik genau anzuhören, vielleicht die Augen zu schließen und die Stimmung der Musik nachzuempfinden.

Wird eine richtige Höraufgabe gestellt, z.B. „Wie oft erklingt die Trompete?", müssen nach dem Musikhören zunächst wieder von der Gruppe die Ergebnisse zusammengetragen werden.

V. Praktische Vorschläge zu ausgewählten Hörbeispielen

1. Hörbeispiele

a) Hinweise zur Anwendung

Bei den praktischen Vorschlägen für Musikhören beschränken wir uns ganz auf den Bereich der klassischen Musik, da die Unterhaltungsmusik bereits in Teil B „Musizieren" und Teil C „Musik und Bewegung" recht häufig Verwendung findet.

Zu den klassischen Hörbeispielen sind jeweils **Sachinformationen** angegeben, da hier kaum Kenntnisse der Anleiterinnen vorausgesetzt werden können. Die mit „eventuell" angegebenen Vorschläge müssen nicht zwingend durchgeführt werden. Die Anleiterin sollte dies aber jeweils vom Interesse und von den Vorkenntnissen der Gruppenmitglieder abhängig machen. Zu manchen Hörbeispielen werden zwei Anleitungsvorschläge aufgeführt, unter denen sich die Anleiterin wahlweise einen aussuchen kann.

Die mit 🎞️ gekennzeichneten Musikstücke sind auf der buchbegleitenden Musikkassette zu finden. Bei allen übrigen Hörbeispielen ist eine Quellenangabe vermerkt.

b) Vorschläge

(1) „Der fröhliche Landmann" von Robert Schumann 🎞️

Sachinformation zum Musikstück

Im Jahre 1848 schrieb Schumann mehrere Klavierstücke für Kinder, so auch den „*Fröhlichen Landmann*". Im „Album für die Jugend" zusammengefaßt schenkte er diese Kompositionen seinen Kindern zu Weihnachten. Schumann beschreibt in dem Klavierstück „*Der fröhliche Landmann*" die Stimmung eines vom Feld zurückkehrenden Landmannes.

Hinweis: Dieses Klavierstück ist Personen bekannt, die häufig klassische Musik hören.

Anleitungsvorschlag
- Bild des Komponisten zeigen und aus Schumanns Leben erzählen, Namensnennung
- Evtl. Begriffsklärung: „Landmann" = Bauer.
  L erklärt, daß Schumann eine Musik zu einem Landmann komponiert hat.
- Höraufgabe: „In welcher Stimmung kommt der Landmann von der Arbeit auf dem Feld nach Hause? Ist er traurig? Ist er fröhlich? Ist er wütend?
- Musik vorspielen.

Praktische Vorschläge (Hören)

- Ergebnisse zusammentragen.
- L nennt vollständigen Titel der Musik.
- Höraufgabe: „Hören Sie sich die Musik noch einmal genau an und versuchen Sie sich den fröhlichen Landmann vorzustellen."
- Musik vorspielen.
- Evtl.: Gespräch über Empfindungen beim Musikhören.

(2) „Gefangenenchor" aus der Oper „Nabucco" von Guiseppe Verdi

Sachinformation zum Musikstück

Verdi schrieb *Nabucco*, ein frühes Werk, 1842. Es machte ihn in ganz Italien berühmt. Die Oper beschreibt das Schicksal der Juden während der babylonischen Gefangenschaft.

Am bekanntesten wurde der Gefangenenchor mit dem Lied „Flieg Gedanke auf goldenen Schwingen", der von den Italienern als Freiheitshymne aufgefaßt wurde.

Hinweis: Diese Musik ist vielen alten Menschen bekannt.

Anleitungsvorschlag A

Sinnvoll bei Teilnehmern, die mit klassischer Musik vertraut sind.

- Quizfrage: „Kennen Sie dieses Musikstück?" Evtl. Zusatzinformation: „Es ist aus einer bekannten Oper."
- Ausschnitt des Musikstücks vorspielen.
- Kenntnisse zusammentragen und ergänzen; siehe „Sachinformation".
- Höraufgabe stellen: „Lassen Sie die Musik auf sich wirken".
- Musik vorspielen.
- Gespräch über Empfindungen und Erinnerungen beim Hören der Musik, L sollte auch eigene Empfindungen einbringen.

Anleitungsvorschlag B

Sinnvoll bei Teilnehmern, die mit klassischer Musik nicht vertraut sind. Hier ist die Hinführung zur Musik über den Komponisten günstig.

- Bild des Komponisten zeigen und aus Verdis Leben erzählen, Namensnennung.
- Quizfrage: „Kennen Sie folgende Musik Verdis?"
- Musik vorspielen.
- Ergebnisse zusammentragen, Gelegenheit zum Gespräch über die gehörte Musik geben.

Praktische Vorschläge (Hören)

(3) „Triumphmarsch" (Trompetensolo) aus **„Aida"** von Guiseppe Verdi

Sachinformation zum Musikstück
Verdi schrieb diese Oper 1871 für das zu den Eröffnungsfeierlichkeiten des Sueskanals erbaute italienische Theater in Kairo.

Inhalt der Oper:
Der ägyptische Feldherr Radames soll als Lohn für seinen Sieg die Königstochter Amneris zur Frau nehmen. Er liebt jedoch Aida, die als Sklavin gehaltene Tocher des feindlichen Königs. Radames läßt sich ein militärisches Geheimnis entlocken und wird verurteilt, lebendig begraben zu werden. In der unterirdischen Grabkammer hat sich Aida verborgen und geht so mit dem Geliebten in den Tod.

Besonders bekannt wurde das Trompetensolo des *„Triumphmarsches"*, unter dessen Klängen die siegreichen ägyptischen Krieger an ihrem König vorüberziehen.

Hinweis: Das Trompetensolo aus dem *„Triumphmarsch"* ist im allgemeinen bekannt und eignet sich besonders gut zur rhythmischen Begleitung. Wird dieses Musikstück vorgespielt, ist häufig zu beobachten, daß die Zuhörer spontan im Takt mitklopfen oder rhythmische Bewegungen ausführen.
Der Einstieg kann unterschiedlich erfolgen:

Anleitungsvorschlag A
– Bild des Komponisten zeigen und aus Verdis Leben erzählen, Namensnennung.
– Quizfrage: „Kennen Sie diese Musik?" (Titel, Name der Oper).
– Musik vorspielen.
– Ergebnisse zusammentragen, Gelegenheit zum Gespräch über die Musik geben.
– Nach Wunsch Rhythmusinstrumente verteilen.
– Freie rhythmische Begleitung zur Musik.

Anleitungsvorschlag B
– Quizfrage: „Kennen Sie diese Musik?" Evtl. Zusatzinformation: Die Musik stammt aus einer bekannten Oper.
– Ausschnitt des Musikstücks vorspielen.
– Ergebnisse zusammentragen, Gelegenheit zum Gespräch über die Musik geben.
– Evtl. Sachinformation zur Oper geben, falls die Teilnehmer daran interessiert sind.
– Höraufgaben zur Auswahl:
  1.) „Schließen Sie die Augen und stellen Sie sich den Triumphzug vor."
  2.) „Welches Signalinstrument hören sie deutlich?" (Trompete).
– Musik vorspielen und genau zuhören.
  Gegebenenfalls ist auch an dieser Stelle eine freie Begleitung der Musik mit Körper- oder Rhythmusinstrumenten möglich.

(4) „Brandenburgisches Konzert Nr. 2, Satz 3" von Johann Sebastian Bach

Sachinformation zum Musikstück
Johann Sebastian Bach komponierte sechs *Brandenburgische Konzerte*, benannt nach dem Markgrafen Christian Ludwig von Brandenburg. Der Markgraf war ein großer Musikliebhaber und verfügte sogar über ein eigenes Orchester. Bach lernte ihn in Berlin kennen, als er dort persönlich ein neues Cembalo abholte. Die vom Markgrafen in Auftrag gegebenen *Brandenburgischen Konzerte* galten damals als höfische Unterhaltungsmusik.
Im 2. *Brandenburgischen Konzert* läßt Bach den Trompeter seine ganze Kunstfertigkeit beweisen.

Methodische Vorschläge zur Anleitung
Das „2. Brandenburgische Konzert" ist unter Liebhabern der klassischen Musik ein Begriff, wird aber im Alten- und Pflegeheim nur musikalisch vorgebildeten Teilnehmern bekannt sein. Wichtig ist deshalb, Interesse zu wecken an der „unbekannten" Musik.

Anleitungsvorschlag A
– Bild des Komponisten zeigen und aus Bachs Leben erzählen, Namensnennung.
– Höraufgabe stellen: „Welches Instrument ist deutlich zu hören?" (Trompete).
– Musik vorspielen.
– Ergebnisse zusammentragen, Gelegenheit zum Gespräch über die Musik geben.
– Nochmaliges Hören der Musik, jedoch ohne Höraufgabe.

Anleitungsvorschlag B
– Gemeinsam Choral aus der Matthäus-Passion von J. S. Bach „*O Haupt voll Blut und Wunden*" (nach einer Weise von H. L. Haßler) singen (oder L summt nur die Melodie vor).
– Quizfrage: „Wer hat dieses Kirchenlied komponiert?"
– Ergebnisse zusammengetragen.
– Gegebenenfalls zeigt L das Bild des Komponisten und berichtet aus Bachs Leben. L berichtet, daß J. S. Bach neben Kirchenmusik für damaliges Verständnis auch höfische Unterhaltungsmusik komponiert hat.
– Gespräch über heutige Unterhaltungsmusik bzw. solche, die die TN aus ihrer Jugend kennen (Komponistennamen: Peter Kreuder, Robert Stolz).
– Sachinformation zum Werk geben.
– Musik vorspielen, ohne Höraufgabe.
– Evtl. Gespräch über damalige Unterhaltungsmusik, z. B. „Wer konnte überhaupt Orchestermusik hören?"

Praktische Vorschläge (Hören)

(5) „Die Moldau" aus dem Zyklus „Mein Vaterland" von Friedrich Smetana

Sachinformation zum Musikstück

Die *„Moldau"* ist ein Teil der Sinfonischen Dichtung „Mein Vaterland" von Friedrich Smetana. Es handelt sich um eine musikalische Darstellung des langsam wachsenden Stroms der Moldau, der von ihm durchflossenen Landschaft (Tschechien) und deren Bewohnern bis zu den Mauern der Stadt Prag.

Der **programmatische Ablauf** ist:

1.) *Zwei Quellen entspringen und verbinden sich zum Fluß „Moldau"*
2.) *Jagdgesellschaft*
3.) *Bauernhochzeit*
4.) *Abendstimmung*
5.) *St. Johannen Stromschnellen*
6.) *Begrüßung Prags*

Hinweis: Die Musik ist relativ bekannt, doch sollte man zu Beginn nicht die gesamte „Moldau" vorspielen, sondern nur einzelne Szenen, da vor allem eine hörungewohnte Gruppe sonst leicht ermüdet. Die Musik Smetanas bietet viele verschiedene methodische Anleitungsmöglichkeiten. Deshalb ist nur ein konkreter Anleitungsvorschlag **A** genau aufgeführt. Unter **B** werden mehrere Möglichkeiten angegeben, unter denen die Anleiterin – je nachdem, wo sie den Schwerpunkt setzen möchte – auswählen kann.

Anleitungsvorschlag A

– Bild des Komponisten zeigen und aus Smetanas Leben erzählen, Namensnennung.
– Sachinformation zur Musik geben.
– Quiz: Vorbereitete Bilder zeigen, die die einzelnen Szenen der Musik darstellen (siehe Skizze).

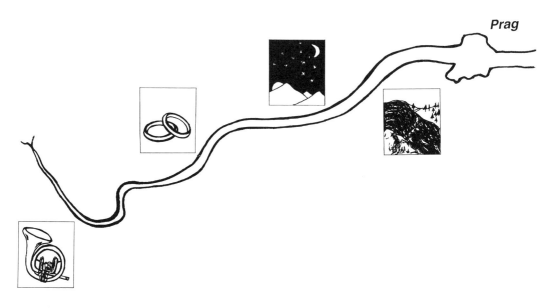

Praktische Vorschläge (Hören)

- Zwei bis drei Musikausschnitte vorspielen.
- TN die Musikausschnitte den Bildern zuordnen lassen.
- Plakat mit Fluß Moldau (Landkarte) vorzeigen (falls vorhanden).
- Gespräch über Fluß und Landschaft (Die Moldau entspringt im Böhmerwald und mündet in der Elbe).

Anleitungsvorschlag B

- **Lieder zum Thema „Fluß" sammeln** (z.B. „Bald gras ich am Neckar", „An der Saale hellem Strande", „Einmal am Rhein").
- oder **zu einzelnen Themenausschnitten** der „Moldau"

    z.B. **Jagdgesellschaft**   Jagdlieder („Ein Jäger aus Kurpfalz", „Auf, auf zum fröhlichen Jagen")

    z.B. **Abendstimmung**   Abendlieder („Nun ade zur guten Nacht", „Abendstille überall")

    z.B. **Bauernhochzeit**   Tanzlieder/Liebeslieder („Heißa Kathreinerle", „Zum Tanze da geht ein Mädel", „Du, du liegst mir im Herzen")

- **Verschiedene Ausschnitte der Musik vorspielen mit entsprechender Höraufgabe** (z.B. „Woran ist in dieser Musik die Jagdgesellschaft zu erkennen?" Antwort: „An den Blasinstrumenten.")

- **Gruppengespräch über über das ausgewählte Thema:**

    z.B. **Jagdgesellschaft**   Blasinstrumente (Signalwirkung) und deren Einsatz früher (Post, Jagd, Krieg)

    z.B. **Abendstimmung**   Unterschied Abend- und Morgenstimmung. Wie unterscheiden sich Abendlieder von Morgenliedern („Bruder Jakob", „Im Frühtau zu Berge", „Jeden Morgen geht die Sonne auf")

    Evtl. auch Vergleich zur Musik „Morgenstimmung" von Edvard Grieg.

    z.B. **Bauernhochzeit**   Wie waren früher Bauernhochzeiten? Wer hat schon einmal an einer Bauernhochzeit teilgenommen?

Praktische Vorschläge (Hören)

(6) „Feuerwerksmusik" (Rejouissance) von Georg Friedrich Händel

Sachinformation zum Musikstück

Georg Friedrich Händel wurde von dem englischen König Georg gebeten, für ein großes Feuerwerk im Green Park (London) ein klangmächtiges Konzert zur Untermalung zu komponieren. Durch eine technische Panne konnte das Feuerwerk dann nicht stattfinden und so wurde nur Händels Musik aufgeführt. Die Musik war so eindrucksvoll, daß die Besucher das Feuerwerk nicht vermißten.

Hinweis: Diese eindrucksvolle Musik Händels ist in der Regel nur Personen bekannt, die häufig klassische Musik hören. Den Musiktitel nach dem Hören der Musik raten zu lassen, dürfte nur in einem entsprechend vorgebildeten Personenkreis sinnvoll sein.

Ebenfalls schwierig ist es, den Inhalt (Programm = Feuerwerk) nur aufgrund der Musik zu erkennen. Zu Händels Zeiten waren die Möglichkeiten, außermusikalische Geschehnisse mit musikalischen Mitteln auszudrücken, noch recht dürftig. Die Musik Händels ist feierlich, spritzig und sehr klangstark (durch großes Aufgebot an Bläsern).

Wenn der Titel bekannt ist, läßt sich ein Feuerwerk zur Musik leicht vorstellen.

Anleitungsvorschlag A
– Bild des Komponisten zeigen und aus Händels Leben erzählen, Namensnennung.
– Sachinformation zur Entstehung und Aufführung der „Feuerwerksmusik" geben.
– Höraufgabe stellen: „Schließen Sie die Augen und versuchen Sie, sich ein Feuerwerk vorzustellen."
– Gelegenheit zum Gespräch über die Musik geben.
– Evtl. kann eine aktive Gruppe mit Hilfe verschiedener Instrumente ein „eigenes" Feuerwerk gestalten. Geeignete Instrumente sind z.B. Becken, Triangel, Glöckchen, Metallophon und Trommeln. Das Klangergebnis kann dann auf Tonband aufgenommen und anschließend vorgespielt werden.

Anleitungsvorschlag B
– Einstieg wie bei Anleitungsvorschlag A.
– Nach Wunsch Rhythmusinstrumente verteilen.
– Freie rhythmische Begleitung zur Musik oder nach Einsatzgabe der L. Durch Hinzunahme von immer mehr Instrumenten kann das Klangvolumen gesteigert werden (siehe Musiziersatz *„Portsmouth"*, S. 112).

Praktische Vorschläge (Hören)

(7) „Deutscher Tanz" von Franz Schubert und „Was schön'res könnt sein als ein Wienerlied" aus der Operette „Dreimäderlhaus" nach Franz Schubert von Heinrich Berté

Sachinformation zu den Musikstücken

a) *„Deutscher Tanz, op. 33, 7"*: Dieses Klavierwerk ist eines von mehreren *Deutschen Tänzen*, die Schubert in seinen letzten Lebensjahren komponiert hat.

b) *„Was schön'res könnt sein als ein Wienerlied"* aus der Operette *„Dreimäderlhaus"* von Heinrich Berté.
Der erfolglose Operettenkomponist Heinrich Berté setzte aus Melodien Schuberts die Operette *„Dreimäderlhaus"* zusammen und wurde damit vorübergehend berühmt. Der Inhalt der Operette rankt sich um die unglückliche Liebe Schuberts zur Tochter seines Arbeitgebers.

Hinweis: Die Melodie ist vielen alten Menschen bekannt, ebenso das Lied *„Was schön'res..."* aus dem *„Dreimäderlhaus"*. Der *„Deutsche Tanz"* von Franz Schubert wird eher nicht bekannt sein.

Anleitungsvorschlag A
- Bild des Komponisten zeigen und aus Schuberts Leben erzählen, Namensnennung.
- L nennt den Titel („Deutscher Tanz").
- Höraufgabe: „Kommt Ihnen die Musik bekannt vor?"
- Musik („Deutscher Tanz") vorspielen.
- Spontane Reaktionen der TN abwarten und zulassen.
- Musik („Was schön'res könnt sein"...) vorspielen, ohne nähere Information.
- Spontane Reaktionen der TN abwarten und zulassen.
- Sachinformation geben zu Heinrich Berté und „Dreimäderlhaus".
- TN wählen aus, welche Musik sie noch einmal hören möchten.
- Gewünschte Musik vorspielen.

Anleitungsvorschlag B
siehe Stundenentwurf „Franz Schubert und seine Lieder" Teil E, S. 278 f.

Praktische Vorschläge (Hören)

(8) „Streichquartett opus 76, Nr. 3" von Josef Haydn

Quelle: Haydn String Quartets Op. 76, Naxos, CD, DDD 8.550314

Sachinformation zum Musikstück

Josef Haydn war sehr beeindruckt von der englischen Hymne „*God save the Queen*" und wollte für sein vom Krieg bedrohtes österreichisches Volk auch eine Hymne schaffen (in den Jahren 1796/1797 bedrohte Napoleons Heer das österreichische Kaiserreich). Haydn komponierte die Melodie zu „*Gott erhalte Franz den Kaiser*" rechtzeitig zum Geburtstag des damaligen Kaisers Franz von Österreich am 12. Febr. 1797. Der Kaiser wollte an diesem Tage eine Opernaufführung des Wiener Burgtheaters besuchen. Für alle Theatergäste wurden Handzettel mit der Hymne verteilt. Doch da Kaiser Franz öffentliche Huldigungen nicht schätzte, kam er viel später ins Theater; die Vorstellung hatte längst begonnen. Doch als der Kaiser seine Loge betrat, wurde die Oper unterbrochen und alle Zuschauer sangen Haydns Lied „*Gott erhalte Franz den Kaiser*". Haydn war selbst so von der einfachen Melodie entzückt, daß er sie in seinem letzten Streichquartett wieder verwendete.

Im Jahre 1853 erhielt die Melodie einen neuen Text – „*Gott erhalte, Gott beschütze unsern Kaiser*" und wurde zur Nationalhymne. Im Jahre 1922 erklärte der deutsche Reichspräsident Friedrich Ebert die Melodie Haydns zusammen mit dem Text von Hoffmann von Fallersleben „*Deutschlandlied*" zur deutschen Nationalhymne. Nach dem 2. Weltkrieg und der Gebietsteilung sollten beide Teile Deutschlands jeweils eine neue Hymne erhalten. Die DDR wählte für sich „*Auferstanden aus Ruinen*" aus. 1952 wurde die Melodie Haydns mit der dritten Strophe des „*Deutschlandliedes*" als Hymne in der BRD wieder eingeführt.

Einigkeit und Recht und Freiheit für das deutsche Vaterland!
Danach laßt uns alle streben brüderlich mit Herz und Hand!
Einigkeit und Recht und Freiheit sind des Glückes Unterpfand.
Blüh' im Glanze dieses Glückes, blühe, deutsches Vaterland!

Methodische Vorschläge zur Anleitung

Anleitungsvorschlag A
– Bild des Komponisten zeigen und aus Haydns Leben erzählen, Namensnennung.
– Höraufgabe: „Sie alle haben eine Melodie, die J. Haydn vor ca. 200 Jahren komponiert hat schon einmal gehört und gesungen. An welches Lied erinnert Sie die Musik?"
– Musik vorspielen.
– Ergebnisse zusammentragen.
– L ergänzt mit Sachinformation.
– Musik vorspielen, ohne Höraufgabe, da die TN sehr viel Sachinformation über die Musik erfahren haben, die sie beim wiederholten Hören verarbeiten können.

Praktische Vorschläge (Hören)

Anleitungsvorschlag B

Dieser Anleitungsvorschlag eignet sich besonders für Gruppen mit sportinteressierten Teilnehmern.

- L zeigt ein Plakat der deutschen Fußballnationalmannschaft oder zeigt einen Fußball und lenkt das Gespräch auf die deutsche Fußballnationalmannschaft.
- Gruppengespräch, Thema: Interesse an Sport, aktive Teilnahme am Fußballspiel früher und Fernsehübertragungen von Fußballspielen der deutschen Nationalmannschaft.
- L-Frage: „Welche Musik erklingt immer bei Auslandsspielen, wenn die deutschen Spieler auf das Spielfeld kommen?"
- Ergebnisse zusammentragen.
- Höraufgabe: „Erkennen Sie diese Melodie?"
- Ausschnitt des Musikstücks vorspielen.
- Ergebnisse zusammentragen, Gespräch über die deutsche Nationalhymne.
- L-Frage: „Was schätzen Sie, wie alt die Melodie der Nationalhymne ist?"
- TN stellen Vermutungen an.
- Sachinformation geben.
- Evtl. gemeinsames Singen der 3. Strophe der deutschen Nationalhymne.

Praktische Vorschläge (Hören)

(9) „Holzschuhtanz" aus „Zar und Zimmermann" von Albert Lortzing

Sachinformation zum Musikstück

Albert Lortzing schrieb diese Oper 1837. In dieser Verwechslungskomödie spielt der russische Zar Peter der Große den Zimmermann Peter Michailow auf einer holländischen Werft. Ebenfalls auf der Werft versteckt hält sich der russische Deserteur Peter Ivanov, der die Nichte des Bürgermeisters liebt. Ausgerechnet dem verkleideten Zaren vertraut er sich an. Bald wird vermutet, daß sich der Zar auf der Werft versteckt hält, aber alle glauben zunächst, daß es Peter Ivanow sei. Nach einigen komischen Verwechslungen und Mißverständnissen gibt sich der Zar zu erkennen und kehrt mit einem Schiff nach Rußland zurück. Vorher aber ernennt er Peter Ivanow zum kaiserlichen Oberaufseher und gibt ihm die Erlaubnis, die Nichte des Bürgermeisters zu heiraten.

Mit viel Humor und volkstümlicher Musik hat Lortzing seine Oper ausgestattet. Besonders gelungen ist ihm die Paraderolle des aufgeblasenen Bürgermeisters van Bett. Neben anderen Melodien wurde vor allem der *„Holzschuhtanz"* bekannt.

Hinweis: Die Musik ist vielen alten Menschen bekannt.

Anleitungsvorschlag

– Bild des Komponisten zeigen und aus Lortzings Leben erzählen, Namensnennung.
– Höraufgabe: „Kennen Sie diese Musik?"
– Musik vorspielen.
– Ergebnisse zusammentragen, gegebenenfalls nennt L den Titel.
– Nach Wunsch Rhythmusinstrumente verteilen.
– Freie rhythmische Begleitung zur Musik.

Praktische Vorschläge (Hören)

(10) „Die Musikalische Schlittenfahrt" von Leopold Mozart

Quelle: „Musik für Kinder", Deutsche Grammophon, MC, 437 303–4
Bemerkung: Da dieser Titel nicht auf der buchbegleitenden Musikkassette aufgeführt ist, muß die Anleiterin selbst einen geeigneten Ausschnitt der Musik auswählen. Günstig ist die Hauptmelodie, wo Schellen und Pferdegetrappel zu hören sind.

Sachinformation zum Musikstück

Genau 14 Tage bevor sein Sohn Wolfgang Amadeus geboren wurde, schrieb Leopold Mozart als eines seiner bekanntesten Werke *„Die Musikalische Schlittenfahrt für Orchester und Schlittengeläute"*. Freunde von ihm aus Augsburg hatten die Musik bei Mozart bestellt, um sie anläßlich einer Faschingsfeier in einem Gasthaus aufzuführen. Mozart beschreibt damit musikalisch eine Schlittenfahrt zu einem Festball und kleine Begebenheiten auf dem Fest (z. B. eine vor Kälte zitternde Frau, die zu dünn bekleidet ist).

Hinweis: Diese eingängige Musik Mozarts ist sicher vielen Alten- und Pflegeheimbewohnern unbekannt. Der Musiktitel ist dennoch leicht zu erraten, da die Schlittenglöckchen und das Knallen der Pferdepeitsche sehr gut herauszuhören sind.

In einer Aktivierungsstunde könnte man außer der *„Musikalischen Schlittenfahrt"* auch das amerikanische Weihnachtslied *„Jingle Bells"* hören, da auch hier durch eine entsprechende Instrumentation eine Pferdeschlittenfahrt dargestellt wird.

Zu *„Jingle Bells"* wird ein Sitztanz (S. 186) und ein Musiziersatz (S. 113) vorgestellt.

Anleitungsvorschlag A
– Bild des Komponisten zeigen und über Leopold Mozarts Leben erzählen, Namensnennung.
– Höraufgabe: „Leopold Mozart schrieb die Musik, die ich Ihnen vorspielen werde, im Winter. Hören Sie bitte genau zu und sagen Sie mir danach, woran Sie die Musik erinnert."
– Ausschnitt des Musikstücks vorspielen.
– Ergebnisse zusammentragen, Gespräch über Eindrücke und Assoziationen der TN.
– L nennt den Titel und erzählt über die Musik; siehe Sachinformation.
– Musik vorspielen: Ohne Höraufgabe TN Gelegenheit geben, sich die Schlittenfahrt durch eine schöne Winterlandschaft vorzustellen.

Anleitungsvorschlag B
– Höraufgabe: „Woran erinnert Sie folgende Musik? Der Komponist hat diese Musik im Winter geschrieben."
– Musik vorspielen.
– Ergebnisse zusammentragen, Gespräch über Eindrücke und Assoziationen der TN.
– L nennt den Titel und erzählt über die Musik; siehe Sachinformation.
– L-Aufgabe: „Mit welchen Instrumenten könnten wir die Musik begleiten?"
– TN suchen passende Rhythmusinstrumente aus: Schellen, Glöckchen.
– Freie rhythmische Begleitung zur Musik.

(11) „Marsch" aus dem Ballett „Der Nußknacker", von Peter Tschaikowsky

Bemerkung: Auf S. 92 ff. ist ein Musiziersatz zur Musik angegeben

Sachinformation zum Musikstück

Das Märchen handelt von einem Nußknacker, den die Kinder Franz und Klara zum Weihnachtsfest geschenkt bekommen. Franz zerbricht den Nußknacker, als er eine besonders große Nuß zu knacken versucht. Nachts träumt Klara, daß der zerbrochene Nußknacker lebendig wird. Er kämpft mit einer Schar Zinnsoldaten gegen eine Horde Mäuse und ihren König. Doch die Mäuse scheinen stärker zu sein. Klara wirft kurzerhand ihren Schuh gegen den Mäusekönig, wodurch dieser stirbt. Der Nußknacker verwandelt sich anschließend in einen Prinzen und führt Klara ins Reich der Süßigkeiten. Dort werden sie zu einem Fest der Zuckerfee eingeladen. Hier treten verschiedene Zauberwesen auf, die ihren Tanz vorführen.

Der obige Marsch stammt aus der ersten Szene des Balletts, als Klara, Franz und die Eltern scherzhaft und gespannt um den Weihnachtsbaum marschieren.

Hinweis: Die Musik Tschaikowskys ist in der Regel nur Personen bekannt, die häufig klassische Musik hören.

Anleitungsvorschlag A

— Bild des Komponisten zeigen und aus Tschaikowskys Leben erzählen, Namensnennung.
— Spontane Bemerkungen der Teilnehmer aufgreifen (Gespräch über Tschaikowsky).
— Höraufgabe stellen: „Was hören Sie: einen Walzer, einen Marsch oder eine Polka?"
— Musik vorspielen.
— Ergebnisse zusammentragen.
— Sachinformation zum Werk geben.
— Das Musikstück nochmals vorspielen.

Anleitungsvorschlag B

— Bild des Komponisten zeigen und aus Tschaikowskys Leben erzählen, Namensnennung.
— Musikausschnitt vorspielen.
— Rhythmusinstrumente verteilen, siehe Musiziersatz S. 93.
— Verschiedene Einsätze der Instrumentengruppen üben.
— Durchführung des Musiziersatzes.
— Sachinformation zum Werk geben.
— Auf Wunsch der Teilnehmer Wiederholung des Musiziersatzes.

Informationen (Komponisten)

2. Informationen und Anekdoten zu verschiedenen Komponisten

a) Hinweise zur Anwendung

In folgenden Ausführungen wurden gezielt lebensnahe Geschichten und Anekdoten über verschiedene Komponisten zusammengestellt, ohne Anspruch auf Vollständigkeit. Sicher werden diese kurzen Informationen keineswegs den Musikern völlig gerecht, doch wecken sie bei Personen, die weder die Komponisten noch ihr Werk kennen, Neugierde und Lust, sich auf die Musik einzulassen. Der Komponist wird als **Mensch** dargestellt, der Schwächen und Stärken hatte und der unter mehr oder weniger glücklichen Umständen gelebt hat. Die Anleiterin sollte allerdings bei jedem Komponisten auswählen, welche Informationen sie den Teilnehmern gibt. Es ist davon abzuraten, jeweils den ganzen Text vorzutragen bzw. vorzulesen, da dies auf die Zuhörer ermüdend wirken kann. Eine zu große Fülle verschiedenster Informationen erschwert auch das anschließende Gruppengespräch. Die Anleiterin sucht deshalb nach eigenem Ermessen die Informationen aus und macht vom Interesse der Gruppe abhängig, wieviel sie erzählt. Die ausgelassenen Informationen können Inhalt einer weiteren Aktivierungsstunde sein.

In den Kurzbiographien der Komponisten wurden bewußt solche Themen und Inhalte ausgesucht, zu denen auch alte Menschen **Erfahrungen** beitragen können, z.B. Krankheit, Kindererziehung, soziale Herkunft, wirtschaftliche Situation. Die Fotographien der Komponisten dienen der weiteren Veranschaulichung und fördern das Interesse an der Person und seiner Musik.

> *Als ich in der Gruppe den Komponisten G.F. Händel vorstellte und sein Bild zeigte, richtete sich das Interesse der Teilnehmer voll und ganz auf die eindrucksvolle Perücke des Musikers. Es wurden mitleidige Äußerungen darüber gemacht, „wie heiß und unbequem" solch eine Perücke wohl gewesen war und es wurden Überlegungen dahingehend angestellt, daß sich so auch leicht Kopfläuse bilden konnten. Nach diesem Gespräch war die Gruppe sehr neugierig auf die Musik des Komponisten. Die „Feuerwerksmusik" und die dazugehörige Sachinformation hat die Teilnehmer sehr beeindruckt (siehe auch S. 222 und S. 230).*

Informationen (Komponisten)

b) Vorschläge

(1) Georg Friedrich Händel (1685–1759)

Georg Friedrich war Sohn eines Hörchirurgen und spielte seit seinem **sechsten Lebensjahr** Orgel und Klavier. Auf Wunsch seines Vaters studierte er zunächst **Rechtswissenschaften**, doch nach dessen Tod lebte er als Musiker und Komponist.

Als 18jähriger zog er nach Hamburg und komponierte dort seine ersten **Opern**. In den folgenden Jahren unternahm er mehrere Reisen nach Italien, da ihn die italienische Oper interessierte. Später ging er nach London, wo er bis zu seinem Tode als Konzert- und Opernpianist gewirkt hat.

Der junge Händel versuchte sich auch mit der Komposition von **Oratorien**, mit denen er zunächst wenig Erfolg hatte. Die Leute liefen z. T. während der Aufführungen weg, weil sie für die damalige Zeit zu aufwendig und zu lang waren. Seine schlechte Laune darüber versuchte er häufig im Gasthaus zu vertreiben, indem er viel aß und viel trank. Einmal hat er sogar vier Menüs für sich allein bestellt. Auf die Frage eines besorgten Kellners, ob das für den Komponisten nicht zu viel sei, soll Händel geantwortet haben: *„Was bleibt mir anderes übrig? Ich habe die drei Zuhörer einladen lassen, die bis zum Schluß des Oratoriums geblieben sind, aber sie sind wohl noch nicht wieder aufgewacht*[5]*."*

Man nannte Händel den *„großen Bären"*, denn er war für die damalige Zeit außergewöhnlich groß und überragte die meisten seiner Zeitgenossen. Außerdem war er sehr beleibt, hatte große Hände und Füße. Im Alter war er so dick, daß er kaum noch gehen konnte und sich selbst kurze Wege fahren ließ. Trotz seiner „abschreckenden" Erscheinung war er **in der Gesellschaft sehr beliebt**, denn er verstand es, humorvoll zu plaudern.

Händel unterstützte mit Wohltätigkeitskonzerten Krankenhäuser, Armenhospitale und ganz besonders Findlingsheime. Kurz vor seinem Tod übernahm er sogar die Vaterschaft für ein Findelkind.

Händel lebte viele Jahre in London, so daß die Engländer ihn auch als „ihren" Komponisten bezeichnen. Er starb erblindet im Alter von 74 Jahren.

Wichtige Werke:
Etwa 40 Opern, Chorwerke (z. B. *„Messias"*), Instrumentalwerke (z. B. *„Wassermusik"*, *„Feuerwerksmusik"*)

---

[5] „Kleine Bettlektüre für wahre Musikfreunde", S. 92 f.

G. F. Händel

Informationen (Komponisten)

(2) Johann Sebastian Bach (1685–1750)

Johann Sebastian Bach wurde in Eisenach geboren und **verlor** bereits im Alter von zehn Jahren seine Eltern. Sein älterer Bruder Johann Christoph kümmerte sich um ihn, erzog ihn streng, aber förderte auch seine musikalische Begabung.

Mit 19 Jahren bekam er seine erste Organistenstelle. Mit 38 Jahren wurde er Thomaskantor in Leipzig.

Nach dem Tode seiner ersten Frau heiratete er Anna Magdalena Wülkens. Aus beiden Ehen hatte er **insgesamt 20 Kinder**.

Zu Bachs Lebzeiten kamen die Leute weniger wegen seiner Kompositionen in die Kirche, sondern um sein **Orgelspiel** zu bewundern. Es wird berichtet, daß ein ausländischer Orgelmeister, der mit Bach einen Wettstreit in Dresden ausfechten sollte, sofort wieder abreiste, nachdem er Bach heimlich beim Üben belauscht hatte.

Ein Bewunderer lobte Bach einmal nach dem Gottesdienst in der Thomaskirche und meinte: *„Im ganzen Land gibt es keinen Zweiten, der die Orgel beherrscht wie Sie. Offenbar haben Sie dafür ein wunderbares Geheimrezept."* Bach soll daraufhin bescheiden geantwortet haben: *„Ach, es ist gar nichts Besonderes dran. Man muß nur zur rechten Zeit die rechten Tasten mit der rechten Stärke drücken, und schon läßt die Orgel die schönste Musik ertönen*[6]*."*

Von einer ganz anderen Seite zeigte sich Bach, als er **Streit** mit dem Musikdirektor und Organisten Gottlieb Görner hatte. Einmal wollte Bach in der Thomaskirche eine Kantate einüben, doch Görner begleitete den Gesang immer wieder falsch auf der Orgel. Bach soll plötzlich derart die Wut gepackt haben, daß er sich seine Perücke vom Kopf gerissen und sie hin zu Görner geschleudert haben soll. Barhäuptig soll er vor seinen Sängern gestanden und zu Görner geschrien haben, daß dieser wohl besser Schuster als Musiker geworden wäre.

Bach hatte im Alter Augenprobleme und wurde zweimal erfolglos am Star operiert. Er starb wahrscheinlich an den Folgen eines Schlaganfalls mit 65 Jahren in Leipzig. Seine zweite Frau starb zehn Jahre später in einem Armenhaus, obwohl sich vier Söhne in gesicherten Stellungen befanden.

Wichtige Werke:
„Matthäuspassion", „Weihnachtsoratorium", mehr als 200 *Kantaten* für alle Sonn- und Feiertage, *6 Brandenburgische Konzerte*

---

[6] „Kleine Bettlektüre für wahre Musikfreunde", S. 91 f.

(3) Leopold Mozart (1719–1787)

Leopold Mozart wurde als **Sohn eines armen Buchbinders** in Augsburg geboren. Seine Familie wollte, daß er Geistlicher werden sollte. Doch nach dem Tode des Vaters ging er nach Salzburg, schlug sich als Kammerdiener durch und erwarb sich eine vielseitige Bildung. Mit 24 Jahren trat er als 4. Violinist in die erzbischöfliche Hofkapelle ein. Im Laufe der Jahre rückte er bis zum Hofkompositeur und Vizekapellmeister auf. Neben beeindruckenden Kompositionen von Sinfonien und humoristischen Charakterstücken verfaßte er auch ein bedeutendes Lehrbuch zum Violinunterricht.

Mit 28 Jahren heiratete er Anna Maria Pertl, eine lebensfrohe Salzburgerin. Von den sieben Kindern dieser Ehe starben bereits fünf im ersten Lebensjahr, nur Maria-Anna – genannt Nannerl – und Wolfgang Amadeus – genannt Wolferl – überlebten den Vater. *Leopold* unterichtete seine Kinder nicht nur im Klavier- und Violinspiel sondern auch in Mathematik, Geschichte und Geographie.

Schon bald erkannte Leopold, daß sein Sohn Wolfgang musikalisch ganz außergewöhnlich begabt war. Fortan stellte er sein eigenes berufliches Weiterkommen zurück und widmete sich voll und ganz der Ausbildung seines Sohnes. Er sorgte dafür, daß dieser als Wunderkind überall bekannt und gefeiert wurde. Telefon und Fernschreiber gab es damals nicht, deshalb war Leopold auf gute Mundpropaganda und entsprechende Einladungen zu adeligen Familien angewiesen. *Er arrangierte mit beiden Kindern mehrere Konzertreisen* ins In- und Ausland. Einmal besuchten sie sogar den kaiserlichen Hof in Wien. Hier soll Wolfgang zutraulich der Kaiserin Maria-Theresia auf den Schoß geklettert sein. Die vielen Konzertreisen waren für die Kinder auch sehr anstrengend. Manchmal mußten sie an einem Abend in drei verschiedenen Häusern vorspielen und am nächsten Tag ging es in der ungefederten Postkutsche weiter zur nächsten Stadt mit weiteren Konzerten. Mehr als einmal erkrankte Wolfgang Amadeus auf diesen Reisen schwer, einmal erhielten sogar beide Kinder die Sterbesakramente.

Viele Kritiker behaupteten, daß die anstrengende Kindheit – verursacht durch den überehrgeizigen Vater – bei Wolfgang Amadeus zu einem schlechten Gesundheitszustand und seinem frühen Tod führte. Doch wird Leopold in vielen Büchern auch als besonders guter Familienvater beschrieben. Es ist im nachhinein sicher schwer festzustellen, ob das, was Leopold als das Beste für seinen Sohn ansah, für diesen gut war oder ihm schadete.

Leopold Mozart starb vier Jahre vor dem Tod seines Sohnes Wolfgang Amadeus.

Bedeutende Werke:
„Die Musikalische Schlittenfahrt", „Kindersymphonie"

(4) Pjotr (Peter) Iljitsch Tschaikowsky (1840–1893)

Peter Tschaikowsky entstammte einer angesehenen Bürgerfamilie, sein Vater war Bergwerksinspektor. Schon als Kind war er **sehr sensibel, leicht reizbar** und kränkelte viel. Er zeigte früh Interesse an Musik aller Art, doch seine Eltern zögerten zunächst, ihn musikalisch ausbilden zu lassen. Als er vierzehn Jahre alt war, starb seine Mutter an Cholera.

Nach der Schulzeit studierte Tschaikowsky **Rechtswissenschaften** und schlug die Beamtenlaufbahn ein, für die er aber ganz ungeeignet war. Mit **22 Jahren** begann er unter erheblichen finanziellen Schwierigkeiten, am Petersburger Konservatorium **Musik zu studieren**. Nach dreijährigem Studium nahm Tschaikowsky eine schlechtbezahlte Stelle als Musiklehrer an. Er verabscheute diese Tätigkeit, doch sicherte sie einigermaßen sein Leben, und er konnte nebenbei komponieren.

Im Jahre 1876 – Tschaikowsky war 36 Jahre alt – begann für ihn eine ganz **ungewöhnliche Freundschaft mit Wadesha von Meck**. Sie war eine reiche Witwe und Mutter von 11 Kindern. Ihre Liebe zur Musik veranlaßte sie, Tschaikowsky eine jährliche Dauerrente zu verschaffen, die es ihm ermöglichte, endlich als **freischaffender Künstler** zu leben. Merkwürdig an der Beziehung der beiden war, daß sie nur miteinander innige Briefe austauschten oder sich lediglich aus der Ferne sahen. Wenn sie sich zufällig auf der Straße begegneten, gingen sie grußlos aneinander vorüber. Die ungewöhnliche Liebesbeziehung zwischen beiden hielt 14 Jahre an. Tschaikowsky heiratete trotz der platonischen Liebesbeziehung zu Frau von Meck im Jahre 1877 aus einer Laune heraus eine 28jährige Konservatoriumsschülerin. Doch bereits nach 3 Tagen konnte er sie nicht mehr ertragen und flüchtete immer wieder zu Freunden und Verwandten. Er entwarf einen äußerst **merkwürdigen Selbstmordplan**, um sich aus dieser unerträglichen Ehe endgültig zu lösen: An einem kalten Tag watete er bauchtief in eisigem Flußwasser, um sich eine lebensgefährliche Erkältung zuzuziehen. Doch war sein Gesundheitszustand zu diesem Zeitpunkt offenbar so stabil, daß er von dieser Aktion nicht einmal einen Schnupfen bekam.

Tschaikowsky litt Zeit seines Lebens unter nervösen Zuständen und Magenproblemen. Er starb mit 53 Jahren an Cholera, wie 25 Jahre zuvor seine Mutter. Es wird angenommen, daß er sich **absichtlich mit Cholera infiziert hat**, denn er hat in einem Restaurant auf ein Glas Wasser aus dem Fluß Newa bestanden, obwohl damals allgemein bekannt war, daß das Newawasser choleraverseucht war.

Wichtige Werke:
Nußknacker (Ballett) (Ausschnitt), *Dornröschen* (Ballett), *Eugen Onegin* (Oper).

P. I. Tschaikowsky

Informationen (Komponisten)

(5) Guiseppe Verdi (1813–1901)

Guiseppe Verdi wuchs auf dem Land bei **Parma (Italien)** auf. Sein Vater, Besitzer einer Herberge, schickte den Sohn ins Nachbardorf zu dem einflußreichen Kaufmann Barezzi in die Lehre. Dieser war ein großer Musikfreund und **Verdi machte mehr Fortschritte in der Tonkunst als in der Kaufmannslehre**.

Barezzi – Verdis späterer Schwiegervater – verschaffte ihm sogar ein Stipendium und drängte ihn zum Musikstudium. Obwohl er zunächst als „unmusikalisch" abgelehnt wurde, begann er, Opern zu komponieren.

Während er seine einzige komische Oper, „Un Giorno die Regno", 1840 schrieb, **starben seine Frau und seine beiden Kinder**. Er schwor, nie wieder eine komische Oper zu schreiben, was er auch bis zu seinem Tode einhielt.

Mit seiner ernsten Oper „Nabucco" wurde er berühmt, und viele weitere erfolgreiche Opern folgten.

Bei den Proben zu seiner Oper „Aida" lernte er die Sängerin Guiseppina Strepponi kennen und lieben. Beide lebten unverheiratet 48 Jahre glücklich zusammen.

Mit 82 Jahren **gründete er ein Altersheim für Musiker** in Mailand.

Er starb im Alter von 88 Jahren.

In Verdis Nachlaß fand sich ein merkwürdiger Briefaustausch mit einem unzufriedenen Opernbesucher. Dieser Opernbesucher hatte, nachdem er eine Aufführung der Oper „Aida" angesehen hatte, die ihm nicht gefiel, Verdi eine Rechnung über Reisekosten, Kosten für die Eintrittskarte und für ein Abendessen geschickt. In einem Begleitschreiben betonte er, daß die Ausgaben unnötig waren, da die Opernaufführung sehr zu wünschen übrig ließe.

Verdi **hatte offenbar Humor** und zahlte alles, ausgenommen das Abendessen, das seiner Meinung nach überflüssig war. Allerdings ließ sich Verdi von dem Fremden quittieren, daß dieser keine weitere Verdi-Aufführung mehr besuche.

Wichtige Werke:
Viele Opern, z. B. „Aida", „Nabucco", „La Traviata", „Rigoletto", „Don Carlos", „Othello".

(6) Robert Schumann (1810–1856)

Robert Schumann wurde in Zwickau geboren und war der Sohn eines musikliebenden Buchhändlers und Schriftstellers.
Nach dem Tod des Vaters studierte er auf Wunsch der Mutter zunächst **Rechtswissenschaften**. Nach zwei Jahren entschloß er sich jedoch, Musik zu studieren und kehrte nach Leipzig zurück. Der Klavierpädagoge Friedrich Wieck unterstützte ihn und bildete ihn aus. Schumann war sehr **ehrgeizig**, zweifelte aber immer wieder an seinen eigenen Fähigkeiten.
Da der vierte Finger von seiner Beschaffenheit her beim Klavierspiel häufig Probleme bereitet, erfand Schumann einen Apparat zur Schulung dieses schwachen Fingers. Leider mißlang seine Idee und führte zur Erschlaffung der Sehnen, wodurch seine Pianistenlaufbahn ein frühes Ende fand. Er konzentrierte sich daraufhin auf das Komponieren.

Schumann verliebte sich in die Tochter seines Lehrers, Clara Wieck. Sie war damals bereits eine bekannte Konzertpianistin. Friedrich Wieck aber fürchtete um die Laufbahn seiner Tochter und lehnte den Heiratsantrag Schumanns ab. Ein **vierjähriger harter Kampf um Clara** begann und endete schließlich mit einem Gerichtsverfahren. Das Gericht verurteilte Friedrich Wieck sogar zu sechzehn Tagen Gefängnis wegen Ehrverletzung. Mit 30 Jahren durfte Robert Schumann endlich seine um neun Jahre jüngere Clara heiraten. Sie bekamen zusammen acht Kinder und ihre Ehe galt als harmonisch. Schumann komponierte viel und Clara sorgte, insbesondere durch ihr Klavierspiel auf Konzertreisen, für die Verbreitung seiner Werke.

Schumann war nacheinander Lehrer am Leipziger Konservatorium, Chorleiter in Dresden und Musikdirektor in Düsseldorf.

Er galt als ausgesprochen wortkarg. Einmal traf Schumann den Komponisten Richard Wagner und sie unterhielten sich eine Weile miteinander. Schumann meinte nach dieser Begegnung: „*Wagner hat mir gut gefallen, nur redet er ununterbrochen.*" Auch Wagner kommentierte anschließend sein Gespräch mit Schumann: „*Ein netter Mensch, nur schweigt er in einem fort[7].*"

Immer häufiger litt Schumann unter einem **Nervenleiden, Unwohlsein, Halluzinationen** und Gemütsschwankungen. Er unternahm mehrere Kuren, die aber nur vorübergehende Besserung brachten und mußte schließlich 1853 seine Anstellung aufgeben, da er nicht mehr in der Lage war zu komponieren. 1854 **sprang er in den Rhein**, doch Fischer retteten ihn. Wenig später wurde er dann in die Nervenheilanstalt Bonn eingewiesen, wo er nach zwei Jahren starb.

Wichtige Werke:
4 Sinfonien, Lieder mit Klavier, Klavierwerke: z. B. „*Träumerei*", „*Der fröhliche Landmann*".

---

[7] „Kleine Bettlektüre für wahre Musikfreunde", S. 93.

(7) Franz Schubert (1797–1828)

Franz Schubert wurde als **zwölftes von insgesamt 19 Kindern** eines **Vorstadtlehrers** in Wien geboren. Von seinem Vater erhielt er ab seinem achten Lebensjahr Geigenunterricht, später auch von seinem Bruder Ignaz Klavierunterricht. Bald sang er auch als Sopranist im Kirchenchor. Sein Chorleiter war sehr beeindruckt von Schuberts Musikalität, unterrichtete ihn zusätzlich im Orgelspiel und brachte ihm Musiktheorie bei. Als Elfjähriger bestand er die **Aufnahmeprüfung zum Sängerknaben** der Wiener Hofkapelle und begann daraufhin am Konservatorium Musik zu studieren. Allerdings gefiel ihm der strenge Unterricht gar nicht. Er schwänzte oft und komponierte viel. Als sein Vater davon erfuhr, gab es schlimme Auseinandersetzungen, denn dieser wollte, daß Franz auch Lehrer würde. Der Streit zwischen Vater und Sohn wurde erst beendet, als Schuberts Mutter 1812 plötzlich starb. Bis zu diesem Zeitpunkt hatte Franz Schubert schon viel komponiert.

Als er mit 16 Jahren in den Stimmbruch kam, mußte er die Wiener Hofkapelle wieder verlassen. Zwei Jahre lang arbeitete er als Hilfslehrer an der Schule seines Vaters. **Die Lehrtätigkeit machte ihm aber gar keinen Spaß.** Häufig setzte er den Rohrstock ein, um während der Schulstunden Ruhe zum Komponieren zu haben. 1816 gab er die leidige Stelle endgültig auf und lebte fortan bei verschiedenen Freunden, denn der Vater hatte wieder geheiratet. Seinen Lebensunterhalt versuchte er durch Kompositionsaufträge zu bestreiten, was ihm nicht immer gut gelang. Finanziell einigermaßen gesichert war sein Leben nur während der Sommermonate weniger Jahre, als er als Hauslehrer auf dem Schloß des Fürsten Esterhazy angestellt war.

Selbst als Schubert schon berühmt war, ging es ihm wirtschaftlich immer schlechter. Einmal sagte er zu einem Freund, als er vergeblich nach einem Paar ganzer Strümpfe suchte: *„Jetzt glaub' ich wirklich, es werden keine ganzen Socken mehr gestrickt*[8]*"*. Schubert verstand es nicht zu wirtschaften und hat in einem unbedachten Moment sogar alle Rechte an seinen sämtlichen bisherigen Werken an einen Verleger verkauft.

Er ist nie eine richtige Bindung zu einer Frau eingegangen, er liebte seine Unabhängigkeit und hatte mehrere Dienstmädchenaffären. Allerdings wird von einer Romanze zur Komtesse Caroline, der Tochter seines Arbeitgebers, des Grafen von Esterhazy berichtet. Eine Verbindung aber konnte durch den Standesunterschied nie entstehen.

Schubert hat in seinem kurzen Leben (er starb mit 31 Jahren wahrscheinlich an Typhus) über 600 Lieder komponiert, z. B. *„Sah ein Knab ein Röslein stehn"*, *„Am Brunnen vor dem Tore"*.

Wichtige Werke:
9 Sinfonien, Liederzyklus *„Die Winterreise"*.

---

[8] „Brevier für Musikfreunde", S. 105.

Fr. Schubert

(8) Albert Lortzing (1801–1851)

Albert Lortzing wurde in **Berlin** als Sohn eines Lederhändlers und Laienschauspielers geboren. Auch seine Mutter liebte das Theaterspiel. Während seiner Kindheit hatten die Eltern mehrmals Engagements an kleineren Theatern in Deutschland. Er war es daher gewohnt, immer wieder für eine Saison in einer anderen Stadt zu leben. Das Bühnenleben war ihm seit frühester Kindheit vertraut, ab und zu stand er sogar selbst in Kinderrollen auf der Bühne. Er bekam nur wenig Musikunterricht, spielte aber mehrere Instrumente, konnte singen und begann bald zu dichten und zu komponieren. Mit 23 Jahren wurde seine erste Oper in Köln uraufgeführt.

Als Kind des Theaters verstand er es, Akte und Szenen seiner Opern großartig darzubieten. Obwohl seine Opern erfolgreich waren und überall gespielt wurden, brachten sie ihm keine geregelten Einnahmen. So war er immer wieder gezwungen, Gelegenheitsarbeiten zu übernehmen, um sich und seine kinderreiche Familie halbwegs zu ernähren. Nebenbei komponierte er.

Aus **Geldnot** mußte er häufig untergeordnete Stellen an kleinen Theatern annehmen und Unterhaltungsmusik der damaligen Zeit aufführen, da das Personal nicht ausreichte, um seine eigenen Opern darzubieten. Trotz seiner schwierigen Lebenssituation ist seine Musik heiter und humorvoll. Albert Lortzing hatte ein ausgeglichenes, fröhliches Wesen, galt als hilfsbereit und war ein guter Familienvater.

Während seines Lebens war er als Sänger, Schauspieler, Dichter, Spielleiter, Dirigent und auch Orchestermusiker tätig. Auf allen Gebieten zeigte er großes Talent. Zum Teil spielte er selbst die Hauptrollen in seinen Opern. So auch einmal den Zar Peter in der Oper „Zar und Zimmermann".

Die letzen Lebensjahre waren überschattet von **Krankheit und Nahrungssorgen**. An der Uraufführung seiner letzten Oper („*Opernprobe*") in Frankfurt konnte er nicht teilnehmen, da er das Reisegeld nicht bezahlen konnte. Er soll an jenem Aufführungsabend mit der Uhr in der Hand still zu Hause gesessen und sich in seiner Phantasie jede Einzelheit der Oper vorgestellt haben. Ohne jede Unterstützung starb Albert Lortzing im Alter von 50 Jahren völlig verarmt in Berlin. Unverständlicherweise arrangierte die Stadt dann eine pompöse Beerdigung.

Wichtige Werke:
Insgesamt 31 Opern, darunter: „Zar und Zimmermann" , „Der Waffenschmied" und „Der Wildschütz".

Informationen (Komponisten)

(9) Johann Strauß 1805–1849) (Vater), 1825–1899 (Sohn, siehe Abb.).

Der Vater von Johann Strauß (Sohn) hatte den gleichen Namen, deshalb die Unterscheidung „Vater" und „Sohn".

Strauß (Vater) war zunächst **Mitglied der Kapelle von Josef Lanner**[9], eines Komponistenkollegen, und später dessen größter Konkurrent. Lanner soll angeblich eine Komposition von Strauß unter seinem eigenen Namen veröffentlicht haben. Der Streit der beiden ehemaligen Freunde spaltete Wien in zwei Parteien, in die „Lannerianer" und in die „Straußianer" und währte bis zum frühen Tod von Lanner. Strauß (Vater) war verheiratet mit der Gastwirtstocher Anna Streim. Doch die Ehe der beiden war sehr schlecht. Als er nach 19 Jahren Ehe die Familie verließ, hatte er mit einer anderen Frau bereits fünf uneheliche Kinder. Strauß (Vater) war Musiker mit Leib und Seele, wollte aber nicht, daß sein begabter Sohn auch die Musikerlaufbahn einschlug. Doch Johann, genannt Schani, nahm, unterstützt durch die Mutter, heimlich Musikunterricht und gründete bereits mit 19 Jahren seine eigene Kapelle. Wie zu erwarten, folgten schwere **Auseinandersetzungen mit dem Vater**. Ein regelrechter Wettstreit um die Gunst des Publikums entstand zwischen Vater und Sohn. Schani sagte einmal über seinen Vater: *„Mein Vater hat meine musikalische Karriere nicht gefördert, wie man annehmen könnte, sondern eigensinnig verhindert. Ich sollte der Musik fern bleiben."*[10]

Erst nach drei Jahren **fanden Vater und Sohn wieder zueinander**, als Schani seinem Vater mit seiner Kapelle ein Geburtstagsständchen brachte, worüber dieser zu Tränen gerührt war. Zwei Jahre später infizierte sich der Vater bei einem seiner Kinder mit Scharlach und starb mit 45 Jahren. Sohn Schani verband beide Orchester, sein eigenes und das seines Vaters, miteinander und begann eine ruhmvolle Karriere im In- und Ausland. Seine Walzer wurden weltberühmt und er erhielt sogar Einladungen nach Amerika.

Mit 74 Jahren starb Johann Strauß (Sohn) als Millionär. Als Komponist unzähliger Walzer bekam er den Zusatztitel **„Walzerkönig"**.

Wichtige Werke (Vater):
„Radetzkymarsch", viele Polkas, Galopps und Walzer.

Wichtige Werke (Sohn):
„Kaiserwalzer", „Die Fledermaus" (Operette), „Der Zigeunerbaron" (Operette), „Wiener Blut" (Operette), „An der schönen blauen Donau" (Walzer), „Annenpolka".

---

[9] Lanner und Strauß (Vater) galten damals als die größten und bekanntesten Komponisten der Wiener Tanzmusik.
[10] Norbert Linke, „Johann Strauß", S. 26.

Informationen (Komponisten)

(10) Friedrich Smetana (1824–1884)

Friedrich Smetana wurde als elftes von insgesamt achtzehn Kinden in einem Dorf 100 km östlich von Prag geboren. Sein Vater war **Braumeister** und Pächter in der Brauerei des Grafen Waldstein. In der Familie Smetana wurde sehr viel musiziert und Friedrich lernte schnell das **Geigen- und Klavierspiel**. Bereits mit acht Jahren begann er zu komponieren. Seine schulischen Leistungen waren dagegen schlecht, und nur mit Mühe schaffte er den Schulabschluß. Sein Vater drängte ihn zum Musikstudium, doch wurde er am Prager Konservatorium zunächst nicht aufgenommen. Mit **Klavierstunden** versuchte er seinen Lebensunterhalt zu bestreiten und erst nach Monaten gelang es ihm, sich auf Anleihe überhaupt ein Klavier zu leisten.

Mit 24 Jahren **gründete** er eine **Musikschule in Prag**, die seine Existenz in den folgenden Jahren sicherte, und konnte dadurch seine Jugendliebe, die Pianistin Katerina Kolarova, heiraten. Wenige Jahre später übersiedelte er mit seiner Familie nach Göteborg (Schweden), wo er eine gute Stellung als Dirigent bekam. Seine Frau erkrankte dort an Lungentuberkulose und starb nach zehnjähriger Ehe. Von seinen vier Kindern überlebte nur eines den Vater. Smetana lernte bald darauf seine zweite Ehefrau kennen, mit der er die letzten Jahre in Göteborg verbrachte. Mit 37 Jahren kehrte er nach Prag zurück, hatte großen Erfolg mit seiner ersten Oper „Die Brandenburger in Böhmen" und erhielt die langersehnte Stelle als **Kapellmeister am Prager Nationaltheater**.

Doch konnte er diese Anstellung nicht lange genießen. Smetana litt mehr und mehr an **Hörhalluzinationen, Taubheit** und **allgemeiner Überempfindlichkeit der Ohren**. Durch diese Erkrankung mußte er seine Stellung wieder aufgeben. Trotz ständiger Hörgeräusche wie Pfeifen und Rauschen und zunehmender Taubheit komponierte er weiter. So entstand in dieser Zeit auch „Die Moldau". Zur Aufführung seiner Oper *Libuse* mußte er eine Festrede halten: *„Meine Herren, ich soll Ihnen für all das danken und muß Ihnen bekennen, daß ich zittere, denn nichts ist mir so beschwerlich, als zusammenhängend zu sprechen. Kaum spreche ich einen Satz aus, so weiß ich im nächsten Augenblick nicht, was ich eben erst gedacht habe, weil ich mich nicht höre."*[11]

Smetana galt als **Schöpfer der Tschechischen Nationalmusik**. Er starb mit 60 Jahren in der Landesirrenanstalt in Prag.

Wichtige Werke:
Komische Oper „*Die verkaufte Braut*", Sinfonische Dichtung „*Mein Vaterland*" (u. a.: „*Die Moldau*").

---

[11] Gerhard Böhme, „Medizinische Portraits berühmter Komponisten", Bd. 2, S. 132.

Informationen (Komponisten)

(11) Joseph Haydn (1732 – 1809)

Joseph Haydn war das zweite von 12 Kindern und hatte keine geborgene Kindheit. Sein Vater war Bauer und Wagner. Dieser gab ihn im Alter von 6 Jahren einem Vetter in die Obhut, von dem er Instrumental- und Gesangsunterricht erhielt. Mit 8 Jahren kam er als **Chorknabe an den Wiener Stephansdom.** Dies galt als besondere Auszeichnung. Doch das Leben als Chorknabe war nicht leicht. Er bekam wenig zu essen und auch sehr wenig Unterricht.

Nachdem er von einer Friseurstochter, in die er sich verliebt hatte, zurückgewiesen wurde, **heiratete** er deren ältere Schwester, **Aloysia Keller**. Die Ehe war jedoch schlecht, denn Aloysia, eine streitsüchtige Frau, hatte kein Verständnis für Haydns Kompositionen. Er tröstete sich mit anderen Frauen. Als 47jähriger begann er ein Verhältnis mit einer 19jährigen verheirateten Sängerin, mit der er einen unehelichen Sohn hatte. Die Beziehung dauerte elf Jahre.

Haydn leitete jahrzentelang die **Kapelle des Fürsten Esterházy**. Bei seinen Musikern war er sehr beliebt und wurde von ihnen „Papa Haydn" genannt. Folgende Geschichte hat sich während dieser Anstellungszeit zugetragen:
Auf Schloß Esterházy war es mit all den Musikern und ihren Familien viel zu eng und eines Tages ordnete der Fürst an, daß die Frauen und Kinder in Zukunft nicht mehr mit auf dem Schloß wohnen dürften. So fieberten die Musiker jeder Abwesenheit des Fürsten entgegen, um zu ihren Familien nach Eisenstadt fahren zu können. In einem Jahr blieb der Fürst ungewöhnlich lange auf Schloß Esterházy, und die Musiker baten Haydn, etwas zu unternehmen. Dieser komponierte die berühmte „Abschiedssinfonie" und vereinbarte mit den Musikern, sobald ihr Part beendet sei, jeweils die Bühne nacheinander zu verlassen. So verließen bei der Aufführung tatsächlich nach und nach alle Musiker die Bühne, bis auf Haydn selbst. Der Fürst hatte verstanden und sagte: *„Ich habe ihre Absicht wohl durchschaut, die Musiker sehnen sich nach Hause – nun gut – morgen packen wir ein.*[12]"

Haydns Äußeres war nicht sehr ansprechend. Er hatte eine übergroße Nase und ein blatternnarbiges Gesicht.

Durch die Lebensnot in seiner Jugend war er stark geprägt. Mit Geld ging er äußerst sorgsam um und arbeitete nach einem festen Tagesplan. Bereits um 7 Uhr am Morgen empfing er die ersten Schüler und arbeitete bis spät abends. Erst im Alter gönnte er sich ein Mittagsschläfchen.

Wichtige Werke:
– *104 Sinfonien, „Die Schöpfung" (Oratorium).*

---

[12] Gerhard Böhme, „Medizinische Portraits berühmter Komponisten", Bd. 2, S. 32.

Teil E: Stundenbilder

I. Planung und Vorbereitung von Gruppenstunden mit Musik

Die Durchführung von Gruppenstunden erfordert sorgfältige Planung und Vorbereitung. Davon hängt es ab, ob die Gruppenteilnehmer auch über längere Zeit dabei bleiben und positive Auswirkungen auf alle Beteiligten zu erkennen sind. Die in den einzelnen Kapiteln beschriebenen Ziele und Wirkungen können nur dann zur vollen Entfaltung kommen, wenn folgende Punkte berücksichtigt werden:

– Zielplanung
– Absprachen und institutionelle Absicherung
– Organisatorische Rahmenbedingungen
– Programmplanung

Die Gruppenleiterin sollte sich darum nicht erst kurz vor der ersten Stunde, sondern möglichst frühzeitig, d.h. lange vor Beginn der eigentlichen Gruppenarbeit bemühen.

1. Zielplanung

Als erstes sollte sich die Anleiterin über die Zielsetzung der geplanten Gruppenarbeit klar werden. Diese richtet sich danach, in welcher Lebenssituation sich die möglichen Gruppenteilnehmer befinden: Welche Interessen, Bedürfnisse und gegebenenfalls welche Probleme liegen vor?

Diese sind bei alten Menschen im Heim oft anders gelagert als bei Personen, die noch ihre eigene Wohnung haben und z.B. einmal die Woche eine Altentagesstätte besuchen. Aber auch innerhalb eines Heimes können die Bedürfnisse je nach Bezugsgruppe unterschiedlich sein. So sind z.B. bei dementen Personen eher psychosoziale Ziele zu verfolgen, während körperlich eingeschränkte, aber geistig aktive Personen für eine gezielte Verbesserung der Beweglichkeit motiviert werden sollten.

Die neuere gerontologische Forschung hat gezeigt, daß viele Menschen trotz altersbedingter Einschränkungen nicht krank werden müssen und ein ausgefülltes, zufriedenes Leben führen können. Viele psychische und körperliche Erkrankungen im Alter sind daher nicht zwangsläufig Folge des Alterns an sich, sondern Reaktionen auf schlechte psychosoziale Bedingungen, wie mangelnde Anregung, Überversorgung, mangelnde Betätigung, Isolation und Vereinsamung.

Deshalb sind im folgenden nochmals die wichtigsten übergreifenden Ziele für musikalische Gruppenstunden mit körperlich und geistig eingeschränkten alten Menschen im Heim aufgeführt:

– Geselligkeit, Freude und Spaß haben, Ablenkung von Sorgen und Nöten,
– Abwechselung zum eintönigen Alltag,
– Aktivität statt Passivität,
– Steigerung des Selbstwertgefühls, Aufbau eines positiven Selbstbildes,
– Förderung/Erhaltung vorhandener und neuer Fähigkeiten und Interessen und
– Ermöglichung von Gemeinschaft und Kommunikation.

Diese Ziele sind natürlich nicht alle auf einmal zu verwirklichen. Im weiteren Verlauf der Planung sollten deshalb die Ziele noch konkretisiert und begrenzt werden. So sollten für vereinsamte Menschen Kontakte und Anregungen vermittelt, für körperlich eingeschränkte alte Menschen Bewegungsmöglichkeiten geschaffen werden usw.

Diese Zielplanung sollte sich an den Bedürfnissen, Wünschen und Interessen der Teilnehmer orientieren. Diese sind vor allem bei dementen Personen nicht immer leicht herauszufinden, so daß hier biographische Nachforschungen (wenn möglich) sowie ein vorsichtiges Ausprobieren notwendig sind.

2. Absprachen

Wenn die Gruppenarbeit neu eingeführt werden soll, ist es unerläßlich, die Vorgesetzten sowie die Kollegen oder Kolleginnen über die angestrebte Gruppenarbeit zu informieren, mit dem Ziel, ihre Zustimmung und so weit wie möglich auch ihre Unterstützung zu erlangen.

> *So habe ich die musikalische Aktivierung immer zusammen mit einer Altenpflegerin durchgeführt, die über die körperlichen und psychischen Probleme der Teilnehmer sehr gut Bescheid wußte. Auch andere Pfleger und Pflegerinnen haben uns unterstützt, indem sie die Teilnehmer rechtzeitig in den Gruppenraum brachten und auch wieder abholten.*

Mein Rollstuhl kann auch anders genutzt werden.

Diese sehr günstigen Bedingungen sind jedoch nicht überall gleich zu Beginn anzutreffen. Oft muß die Anleiterin zunächst viel von sich aus investieren, bis die Zusammenarbeit gelingt. Dazu gehört vor allem die Einbeziehung und regelmäßige Kontaktaufnahme mit dem zuständigen Pflegepersonal.

Die Anleiterin spricht die Auswahl der Teilnehmer, den Zeitpunkt, sowie die Räumlichkeiten mit den Kollegen ab, informiert diese über die laufende Arbeit in der Gruppe und erfragt ihrerseits wichtige Informationen über Teilnehmer, die bei der Planung hilfreich sein können. Nur eine gute Zusammenarbeit kann ermöglichen, daß die Gruppenstunden zum integrierten Bestandteil der Betreuung werden und keine Widersprüche auftreten, die die alten Menschen verwirren.

3. Organisatorische Rahmenbedingungen

Auch die Rahmenbedingungen sind für die Entwicklung und die Arbeit in der Gruppe von entscheidender Bedeutung und müssen deshalb gut vorbereitet werden. Hierzu müssen folgende Punkte überlegt werden:

a) Gruppenform/Gruppengröße/Teilnehmerzusammensetzung

Zunächst ist zu entscheiden, ob ein offenes oder ein geschlossenes Gruppenangebot gemacht werden soll. In einer **offenen** Gruppe können grundsätzlich alle Personen mitmachen, die Freude an der musikalischen Aktivierung haben und die an dem betreffenden Tag dazu in der Lage sind. Meist besteht sie aus einer festen Kerngruppe und einer kleineren Zahl wechselnder Teilnehmer. Diese Form ist die im Heim am häufigsten anzutreffende. Der Vorteil besteht darin, daß viele Teilnehmer erreicht werden und die Gruppe immer eine ausreichende Größe hat. Allerdings ist die Fixierung auf die Anleiterin in solchen Gruppen oft sehr groß, da die Kontakte untereinander durch den häufigen Wechsel eher unverbindlich bleiben. Ein weiterer Nachteil eines solchen Angebotes besteht darin, daß Personen mit ganz unterschiedlichen Fähigkeiten und Einschränkungen zusammenkommen und die Anleiterin sehr flexibel und spontan sein muß, um die Inhalte in etwa auf die jeweilige Gruppe abzustimmen.

Bei **geschlossenen oder halboffenen Gruppen** nehmen immer nur bestimmte Personen teil, die vorher festgelegt werden und bei denen nur dann jemand hinzukommt, wenn ein anderer ausscheidet. Bei der Gruppenzusammenstellung kann darauf geachtet werden, daß die Unterschiede bzgl. geistiger und körperlicher Fähigkeiten nicht zu groß sind. In einer solchen Gruppe entwickeln sich intensivere Kontakte auch untereinander, und die Anleiterin kann individueller auf die Teilnehmer eingehen.

Bei der musikalischen Gruppenarbeit bietet sich zu Beginn die offene Gruppe an, um erst einmal allen interessierten Personen Gelegenheit zum Kennenlernen der musikalischen Aktivierung zu geben. Da es beim Musikmachen relativ leicht möglich ist, viele unterschiedliche Teilnehmer sinnvoll einzubeziehen, sind die Nachteile hier nicht so gravierend.

Dennoch sollte die Gruppe nicht zu groß und zu stark wechselnd sein, damit keine anonyme Unverbindlichkeit entsteht und ein Entwicklungsprozeß ermöglicht wird.

Ebenso ist eine regelmäßige Teilnahme über eine längere Zeit notwendig, um die genannten körperlichen, sozialen und psychischen Wirkungen zu erreichen.

Die ideale **Gruppengröße** richtet sich nach der Selbständigkeit der Teilnehmer und kann bei der musikalischen Aktivierung zwischen **8 und 16 Teilnehmern** liegen. Sie sollte auf keinen Fall mehr als 20 Teilnehmer überschreiten.

Besteht bei einigen Teilnehmern ein besonders großes Interesse an der einen oder anderen Musikart, kann sich nach einer gewissen Zeit eine feste, geschlossene Gruppe zusätzlich treffen, z.B. als Chor- oder Sitztanzgruppe.

b) Zeitplanung

Gesamtdauer: Da es bei Gruppen mit älteren Menschen oft länger dauert, bis Entwicklungen in einem Gruppenprozeß in Gang kommen, sollte die musikalische Gruppenarbeit für mindestens ein Jahr angesetzt werden. Die Anleiterin sollte sich vor zu hohen Erwartungen und zu großem Erfolgsdruck schützen, jedoch bei Fehlschlägen bzw. Ausbleiben von Veränderungen ihre Vorgehensweise überprüfen. Auf keinen Fall sollte sie zu schnell aufgeben.

Dauer und Häufigkeit: Bei Personen mit starken körperlichen und geistigen Einschränkungen sollte die Musikaktivierung nicht länger als eine Stunde dauern. Je nach Thema, Übungen und Tagesverfassung kann sie zwischen einer ¾ Stunde und 1 ½ Stunden schwanken.

Wochentag/Tageszeit: Die Zeitplanung sollte unbedingt mit den Mitarbeitern abgestimmt werden, um zu verhindern, daß die Musikaktivierung mit anderen wichtigen Terminen (z.B. Besuche von Angehörigen, Mahlzeiten, andere Gruppenangebote) zusammenfällt. Wichtig ist, daß die Gruppenaktivität regelmäßig immer am gleichen Wochentag und zur gleichen Tageszeit beginnt, damit sich die Teilnehmer darauf einstellen können. Die Gruppenleiterin sollte die Musikstunde nur im Ausnahmefall ausfallen lassen, damit die Teilnehmer nicht das Interesse verlieren oder enttäuscht werden.

So wartet z.B. Frau D. immer schon eine viertel Stunde vor der Aktivierung am Fahrstuhl, damit sie auch pünktlich zur Musikstunde gebracht werden kann.

Als günstige Tageszeit kommt der späte Vormittag oder der frühe Nachmittag in Frage, da dann erfahrungsgemäß die Teilnehmer am wenigsten müde sind.

c) Gruppenraum

Die Musikaktivierung sollte – wenn möglich – in einem separaten Raum stattfinden, der über die gesamte Dauer der Gruppenarbeit regelmäßig zur Verfügung steht. Bei der Ausstattung des Gruppenraumes sollte auf gute Beleuchtung und bequeme, aber nicht zu niedrige Stühle oder Sessel geachtet werden. Der Raum sollte groß genug sein und eine Toilette in der Nähe haben. Ist ein solcher Raum nicht vorhanden, so muß in Räume ausgewichen werden, die sonst einem anderen Zweck dienen, z.B. in den Eßraum, den Aufenthaltsraum oder in die Flurecke. Hier kann ein entsprechendes Schild „Bitte nicht stören" sowie eine Trennwand helfen, Störungen zu vermeiden.

Vor jeder Gruppenarbeit sollte der Raum entsprechend den Übungen und Inhalten der Stunde vorbereitet und hergerichtet werden. Dazu gehört das richtige Aufstellen der Stühle, entsprechende Materialien bereitstellen sowie das Durchlüften und das Schaffen einer angenehmen Raumtemperatur.

d) Medien

Die Anleiterin vergewissert sich bereits vor der eigentlichen Programmplanung, welche Medien ihr von seiten des Hauses zur Verfügung stehen. Um die Übungen, die in den vorher genannten Kapiteln aufgeführt sind, durchführen zu können, benötigt sie folgende Medien: Instrumente; Liederbücher in Großdruck; Tonträger; Geräte, wie Tücher, Ball u. ä.; Plakate, Bilder, Stifte und Gegenstände als Veranschaulichungsmaterial.

In kaum einem Heim wird gleich alles von Anfang an zur Verfügung stehen. Auch wird nicht genügend Geld vorhanden sein, um alle Materialien auf einmal anzuschaffen. Hier sollte die Anleiterin nach Alternativen suchen. So kann vieles, wie z. B. Instrumente, selbst hergestellt werden. Oder sie kann öffentliche Einrichtungen wie Kindergärten oder Musikschulen aufsuchen und fragen, ob sie sich die Instrumente zu bestimmten Terminen ausleihen kann. Bilder kann sie aus Katalogen entnehmen und auch Gegenstände selbst basteln. Kommt die Musikaktivierung gut bei den Heimbewohnern an, wird vielleicht eher die Bereitschaft entstehen, nach und nach auch einiges vom Heim aus anzuschaffen.

4. Verlaufsplanung

Die schwierigste Aufgabe der Anleiterin besteht darin, das Stundenprogramm so zu gestalten, daß folgende Ziele erreicht werden:

- Optimale und individuelle Förderung, d.h. Vermeidung von Unter- und Überforderung,
- Ausrichtung auf Bedürfnisse, Wünsche und Interessen der Teilnehmer,
- Erfahrung weitestgehender Selbständigkeit und Kompetenz.

Bei allen Überlegungen zur Programmplanung ist zu bedenken, daß es nicht darauf ankommt, möglichst viele und interessante Aktivitäten durchzuführen und „großartige" Ergebnisse vorzuzeigen. Viel wichtiger ist es, daß die alten Menschen in den Beziehungsprozeß der Gruppe einbezogen sind und die Erfahrung machen, daß sie dort akzeptiert und wichtig sind und selbst etwas zur Arbeit der Gruppe beitragen können.

Dies ist nur möglich, wenn folgende **Planungspunkte** berücksichtigt werden:

a) Einholen von Informationen über die Teilnehmer

Die Zufriedenheit der Teilnehmer ist wesentlich ausschlaggebend für ihre anhaltende Motivation. Je mehr Informationen der Anleiterin hinsichtlich der körperlichen und geistigen Fähigkeiten, Wünsche und Neigungen zur Verfügung stehen, desto eher kann sie bei der Planung den Ansprüchen und Anforderungen gerecht werden. Deshalb ist das Einholen der Informationen eine wichtige Vorbedingung für die gesamte weitere inhaltliche und methodische Planung. Dabei ist es nicht notwendig, gleich zu Beginn der Gruppenarbeit alle Informationen zur Verfügung zu haben. Die Anleiterin ist schnell überfordert, wenn sie sich bei einer großen Gruppe zu sehr in Einzelschicksale verstrickt. Sie sollte sich daher zunächst auf folgende Informationen beschränken:

- Name, Alter,
- Körperliche und geistige Einschränkungen, insbesondere in Hinblick auf die Anforderungen während der geplanten Stunde (z.B. Schwerhörigkeit, rechtseitige Lähmung nach Apoplex, bestimmte geistige Einschränkungen infolge Demenz usw.),
- Wichtige Vorerfahrungen mit einzelnen Teilnehmern (z.B. zurückhaltend in der Gruppe, ermüdet leicht, ist oft depressiv verstimmt u.ä.),
- Kenntnisse, Vorerfahrungen, Neigungen der Teilnehmer bzgl. Musik, sofern bekannt (z.B. hat früher im Chor gesungen, hört gern Musik u.ä.).

b) Überlegung der Stundenziele

Die Planung muß zielgerichtet sein. Das heißt erst wenn klar ist, was erreicht werden soll, kann darüber entschieden werden, durch welche Inhalte, Methoden und Mittel die Ziele zu erreichen sind.

Die übergreifenden Ziele wurden bereits unter Punkt I.1. benannt und spielen aber auch bei der konkreten Stundenplanung eine Rolle.

Die Anleiterin sollte jedoch für die jeweilige Stunde **Schwerpunkte** setzen und einige klar umrissene, **konkrete Ziele** überlegen, die möglichst bis Stundenende erreicht werden können. Diese Ziele richten sich nach dem jeweiligen Entwicklungsprozeß in der Gruppe. So werden in der **Anfangsphase** eher Ziele wie:

- Interesse am Thema der Stunde wecken,
- Hemmungen abbauen,
- Freude am eigenen Ausdruck ermöglichen, sowie
- Erleben von Selbstbestätigung durch Erkennen vorhandener Fähigkeiten im Vordergrund stehen.

Im **weiteren Verlauf** werden insbesondere folgende Ziele angestrebt:
- Verbessern von Fähigkeitkeiten und Fertigkeiten,
- Wecken neuer Interessen und
- Förderung von Selbständigkeit und Kreativität

Die Förderung der Kommunikation und Erleben von Gemeinschaft sollten von Anfang an schrittweise aufgebaut werden, da die Isolation und Vereinzelung ein großes Problem in fast allen Heimen und Stationen darstellt.

Die Anleiterin beobachtet und reflektiert den Gruppenprozeß kontinuierlich und leitet daraus ihre nächsten Stundenziele ab. Nicht sie, sondern die Gruppe bestimmt das Tempo. Die Ziele sollten am Anfang daher nicht so hoch gesteckt sein, um sich und die Teilnehmer nicht unter Druck zu setzen. In ihre Reflexionen (Nachbesinnung) bezieht die Anleiterin möglichst auch die Beobachtungen des Pflegepersonals bzgl. möglicher Auswirkungen/Veränderungen der Heimbewohner durch die Musikaktivierung mit ein.

c) Überlegung des Stundenthemas

Grundsätzlich steht die gesamte Themensammlung zur Verfügung. Die konkrete Auswahl für eine Stunde erfolgt sowohl im Hinblick auf die (geäußerten) Bedürfnisse der Teilnehmer sowie auf die (von der Anleiterin) beobachtete Notwendigkeit, bestimmte Bereiche besonders zu fördern. Es ist dabei auf Ausgewogenheit und Abwechslung der Themen zu achten. Günstig ist es, jahreszeitliche Besonderheiten sowie aktuelle Ereignisse im Leben der Bewohner, wie z.B. Geburtstag und ähnliches, zu berücksichtigen.

d) Auswahl und Zusammenstellung der Inhalte

Folgende **Prinzipien** sollten dabei berücksichtigt werden:

(1) Abwechselungsreiche Auswahl von Übungen

In jeder Gruppenstunde sollten mindestens zwei verschiedene Musikbereiche (z.B. Singen, Bewegen) vertreten sein. Die Schwerpunkte können dabei unterschiedlich sein und sollten aus den angestrebten Stundenzielen abgeleitet werden.

(2) Berücksichtigung von Erfahrungen und Interessen der Teilnehmer

Das Interesse der Teilnehmer sollte oberstes Gebot bei der Auswahl von Themen und Inhalten sein. Jedoch können alte Menschen ihre Interessen nicht immer selbst äußern, so daß auf biographische Erfahrungen zurückgegriffen werden muß. Hier gibt es Ähnlichkeiten aber auch Unterschiede. So ist beispielsweise bei manchen Themen, wie z.B. „Die Oper" anzunehmen, daß nur wenige alte Menschen entsprechende Erfahrungswerte besitzen. Ebenso können religiöse Themen nicht unbedingt alle Teilnehmer ansprechen.

Das Interesse an einer Musik hängt aber nicht nur von den Erfahrungen ab, sondern auch vom individuellen Geschmack und der momentanen Stimmung des Einzelnen. In Gruppen, in denen unterschiedliche Erfahrungen und Interessen vorliegen, bzw. in Gruppen, in denen sich die Teilnehmer nicht entsprechend mitteilen können, z.B. bei vorliegender Demenz, sollten weitgefaßte Themen und abwechslungsreiche Aktivierungsprogramme ausgewählt werden.

(3) Berücksichtigung von Fähigkeiten der Teilnehmer

Grundsätzlich sollten die Inhalte der Aktivierungsstunde den möglichen Fähigkeiten der Teilnehmer entsprechen. Eine Überforderung der Teilnehmer führt zur Frustration und Schwächung des Selbstwertgefühls, ständige Unterforderung läßt Langeweile aufkommen. In beiden Fällen verlieren die Teilnehmer schnell die Lust an der Musikaktivierung. Außerdem können Ziele zur Erhaltung von Ressourcen, bzw. Förderung und Verbesserung von Fähigkeiten nicht erreicht werden.

Es ist jedoch nicht immer einfach allen Teilnehmern mit ihren unterschiedlichen Voraussetzungen und Fähigkeiten gleichmäßig gerecht zu werden. Es sollte daher versucht werden nicht nur durch geschickte Inhaltsauswahl, sondern auch durch gezielte individuelle Hilfestellung mögliche Über- oder Unterforderung abzuschwächen. So kann eine weitgehende Einbeziehung aller Teilnehmer erreicht werden.

(4) Vom Bekannten zum Unbekannten

Es sollte zunächst mit solchen Musikbereichen, Übungen, Musikstücken, Bewegungen oder Liedern begonnen werden, die alten Menschen bekannt sind, d. h. ihren Erfahrungen entsprechen. Dies gilt für den Ablauf einer Stunde genauso wie für die Planung der Musikaktivierung insgesamt. So ist es sinnvoll, zunächst mit dem Singen anzufangen, da alte Menschen in diesem Bereich die größten Erfahrungen haben. Zur Abwechslung können dann auch schon Bewegungen zu bekannten Liedern (siehe „Bewegungslieder", Kap. A.V.2.) durchgeführt werden. Haben die Teilnehmer daran Freude, ist der Schritt zu Sitztänzen nicht mehr weit. Auch das Musizieren kann über die rhythmische Begleitung zu Liedern erreicht werden (siehe Kap. A.IV.4.). Wichtig ist es, dabei nicht zu viel Neues auf einmal zu bringen und den Teilnehmern Zeit zu geben, sich langsam an unbekannte Medien und Musikstücke zu gewöhnen.

(5) Vom Leichten zum Schweren

Übungen, die wenig Erklärungen und Einarbeitungszeit benötigen und bei denen jeder gleich mitmachen kann, sollten am Anfang der Stunde stehen. Darauf aufbauend können dann schwierigere Übungen durchgeführt werden. Auch zu Beginn der Gruppenarbeit sollte es die Anleiterin unbedingt vermeiden, Experimente mit den Teilnehmern durchzuführen. Wichtig ist es, zunächst nur solche Übungen auszuwählen, von denen sie annimmt, daß sie von den Teilnehmern sicher beherrscht werden können. Werden die Gruppenmitglieder gleich zu Beginn frustriert und überfordert, verlieren sie schnell das Vertrauen zur Anleiterin und die Lust an der Aktivierung. Erst später können dann auch größere Anforderungen gestellt und neue, unbekannte Übungsformen probeweise durchgeführt werden.

(6) Dreiteilung der Stunde: Einleitung, Hauptteil, Schluß

Dies ist ein Grundschema, das sich auch bei anderen Aktivierungsangeboten, wie z.B. Gymnastik oder Gedächtnistraining, bewährt hat.

(6.1) Einleitung:

Der einleitende Stundenteil soll einstimmen, aufwärmen, motivieren, mögliche Hemmungen abbauen und lockern. Die Dauer beträgt 5–10 Minuten und kann wahlweise aus folgenden Inhalten bestehen:
● Kurzer Ausblick auf den Verlauf der Stunde, ● Gespräch über das gewählte Thema soweit möglich (Demenz und Sprachbehinderung beachten), ● Bekanntes Lied singen, ● Lockerungsübungen zur Musik, ● Einfache Tanzformen durchführen, ● Musikalisches Spiel, z.B. Quiz, ● Wiederholung eines bereits gelernten Liedes, Musikstückes, Sitztanzes, ● Improvisation, frei oder gebunden.

(6.2) Hauptteil:

Im Hauptteil geht es um das Einführen, Erarbeiten, Üben, Festigen und Spielen. Die Teilnehmer sollten in dieser Phase körperlich und geistig wirklich gefordert werden. Anstrengendere Übungen, die eine längere Erarbeitungszeit benötigen, sollten im ersten Abschnitt des Hauptteils liegen.

Planung Stundenbilder

Der Hauptteil besteht aus einer oder mehreren Erarbeitungs- und Übungsphasen aus den Bereichen Singen, Musizieren, Bewegen und Hören. Diese sollten aus den aufgestellten Stundenzielen abgeleitet und auf das Thema der Stunde bezogen werden. Der Hauptteil dauert idR 30–40 Minuten und kann aus folgenden Übungen bestehen:

- Einführung von Instrumenten, ● Erarbeitung eines Sitztanzes, ● Erarbeitung eines Musiziersatzes, ● Erarbeitung einer musikalischen Illustration (z.B. Geschichte, Gedicht), ● Erarbeitung eines Liedes, ●Gymnastik zur Musik, ● Musikalische Spiele und Rhythmusübungen.

Es sollten jedoch nicht zu viele neue Übungen in eine Stunde eingebracht werden. Ein neuer Sitztanz bzw. Musiziersatz pro Stunde reicht in der Regel aus, da die Aufnahme- und Konzentrationsfähigkeit bei alten Menschen begrenzt sein kann. Die anderen Übungen, die im Hauptteil durchgeführt werden, sollten daher bekannte Sitztänze, Lieder oder andere Musizierformen sein, bei denen es um das Festigen von Fähigkeiten und das Erlangen von Sicherheit geht. Erst wenn ein Sitztanz oder ein Lied sicher beherrscht wird, ist das Erfolgserlebnis vollkommen und bereitet Freude. Die Anleiterin sollte daher keine Angst vor Wiederholungen haben.

Solche bekannten Übungen, die jeder ohne viel Anstrengung beherrscht, stellen wichtige Erholungs- bzw. Entspannungsphasen während der Stunde dar und schützen die oft stark eingeschränkten Teilnehmer vor zu großen Anforderungen. Der Wunsch der Teilnehmer ist immer oberstes Gebot, nach dem sich die Anleiterin richten sollte. Sie sollte daher eigene Ansprüche an Abwechslung und Kreativität zurückstellen können.

(6.3) Schluß:

Der Schluß soll fröhlich sein, entspannen und ausgleichen. Es ist wichtig, die Stunde nicht einfach auslaufen zu lassen oder mittendrin abzubrechen, sondern einen deutlichen Schlußpunkt zu setzen. Die Teilnehmer sollten in einer ausgeglichenen Stimmung die Gruppe verlassen und nicht mit einem Gefühl der Anstrengung und des Erfolgsdrucks. Davon hängt entscheidend der weitere Verlauf des Tages ab, sowie die Motivation für die nächste Stunde. Die Anleiterin sollte deshalb lieber auf einen Programmpunkt im Hauptteil verzichten, und auch ein Lied oder einen Sitztanz halbfertig stehen lassen können, wenn sie in Zeitnot gerät, als auf den Schluß zu verzichten.

Der Programmpunkt für den Schlußteil sollte so gewählt werden, daß jeder – ohne viel Erklärungen – leicht mitmachen kann und ein Gemeinschaftsgefühl entsteht. Der Schluß dauert in der Regel fünf bis acht Minuten.

Vorschläge für den Schlußteil sind:

- Abschlußlied, ● Singen nach Wahl, ● Musikalisches Spiel, ● Freies Musizieren nach vorgegebener Musik, ● Wiederholung eines gelernten Liedes, Musizierstückes usw. ● Gesprächsrunde und Ausblick auf nächste Stunde (soweit möglich)

In einer Gruppe mit dementen Teilnehmern sollte der Abschluß immer mit einem gleichbleibenden Ritual enden, z.B. immer mit einem bekannten Lied oder immer einer freien musikalischen Begleitung. Dies ermöglicht den Teilnehmern, sich besser zu orientieren und ein Gefühl des Abschlusses zu entwickeln, da es ja nicht möglich ist, ihnen dies kognitiv zu vermitteln.

e) Auswahl der Methoden

Auch **wie** etwas vermittelt wird, sollte gut überlegt sein und richtet sich nach den jeweiligen Zielen und Inhalten.

Es können grundsätzlich **3 Vermittlungsmethoden** unterschieden werden:

Mitmachmethode:
Einfache Übungen, z.B. mit überschaubarer Bewegungs- und/oder Musikstruktur, werden ohne viel Erklärung bzw. durch einfaches Vormachen gleich mitgemacht. Z.B. freies Begleiten auf Rhythmusinstrumenten, Singen von einfachen Liedern, einfache Bewegungsübungen zur Musik, einfacher Sitztanz u.ä.

Teil-Lernmethode:
Bei längeren komplizierteren Übungen ist es notwendig, zunächst Teile herauszugreifen und für sich zu üben. Erst später werden die Teile wieder zusammengesetzt und als Ganzes geübt.
Z.B. Komplexerer Musiziersatz oder Sitztanz bzw. Lied.

Experimentiermethode:
Sollen Ziele erreicht werden wie Selbständigkeit, gegenseitiges Helfen, miteinander arbeiten, Kreativität entfalten, dann bietet es sich an, eine Aufgabe zu stellen, deren Lösung den einzelnen Teilnehmern oder kleineren Gruppen überlassen bleibt. Z.B. Musikalische Improvisation und Illustration u.a.

In einer Stunde sollten unterschiedliche Methoden der Erarbeitung angewendet werden.

Unabhängig von der Vermittlungsmethode ist es wichtig, den **Lernvorgang Schritt für Schritt aufzubauen**, d.h.:

– Die notwenigen Voraussetzungen sind durch **vorbereitende Übungs- und Spielformen** zu schaffen: Z.B. vor dem Einführen eines Sitztanzes kann schon vorweg die eine oder andere Bewegung direkt zur Musik durchgeführt und somit eingeübt werden; oder vor dem Einführen von Musiziersätzen kann der wechselnde Einsatz der Instrumentengruppen durch das „Drei-Ringe-Spiel" siehe S. 103 geübt werden u.ä.
– Die entsprechende Fertigkeit muß durch **zielgerichtete Übungen eingeführt und geübt** werden: Z.B. sollten die verschiedenen Bewegungen, die in einem Sitztanz vorkommen, in der Ausführung und in dem entsprechenden Tempo der Musik beherrscht werden. Dies muß schrittweise, d.h. zunächst ohne Musik, geübt werden. Bewegungsmuster, die bereits bei anderen Tänzen eingeübt wurden, benötigen weniger Übung als Bewegungen, die zum ersten Mal durchgeführt werden. Ähnliches gilt für das Singen und das Musizieren.
– Die erworbene Fertigkeit sollte in verschiedenen Übungen **erprobt und angewendet** werden: Haben die Teilnehmer z.B. neue Bewegungsmuster gelernt bzw. rhythmische Musizierformen eingeübt, sollten diese in verschiedener Weise angewendet werden. Dies wird ermöglicht durch das Wiederholen von Tänzen und/oder Musiziersätzen, oder durch das Anwenden der erlernten Muster bei neuen Musikstücken oder in Form von Spielen.

II. Praktische Vorschläge für Gruppenstunden mit Musik

1. Hinweise zur Anwendung

Im folgenden werden mehrere Stundenbilder für Aktivierung mit Musik vorgestellt. Alle Vorschläge sind in der Praxis mit alten Menschen erprobt, die bezüglich ihrer musikalischen Vorbildung sowie ihren Krankheitsbildern unterschiedliche Voraussetzungen mitbrachten.

Die **Planungen** sind bewußt allgemein abgefaßt, damit sie in verschiedenen Gruppen alter und pflegebedürftiger Menschen durchgeführt werden können. Je nach Bezugsgruppe müssen sie gegebenenfalls abgeändert bzw. ergänzt werden.

Aus diesem Grunde werden auch keine eindeutigen Rahmenbedingungen bezüglich Zeitpunkt, Ort, Raum und Teilnehmer vor jeder Stunde angegeben.

Als **Vorspann** sind lediglich die Aspekte aufgeführt, die direkt die Stunde betreffen. Dies sind:

– **Thema**,
– **Schwerpunktbereiche**, aus denen die Inhalte zusammengesetzt sind,
– **Dauer** der gesamten Stunde,
– **Aufstellung** (Sitzkreis, Gassenform) und
– **Vorbereitung/Medien**, die in der Stunde benötigt werden.

So erhält die Anleiterin eine Orientierungshilfe bei der Auswahl und Vorbereitung der Stunde. Alle in Klammern gesetzen Angaben sind empfehlenswert, aber nicht zwingend notwendig. Ist ein Hörbeispiel angegeben, so sollte die Anleiterin dafür sorgen, daß neben der Musikkassette auch ein funktionsbereiter Kassettenrekorder vorhanden ist. Die Musikkassette sollte schon vorher an die Stelle gespult sein, die später benötigt wird, um ein unnötiges Suchen zu vermeiden.

Die vorgeschlagenen **Inhalte** und **Methoden** sind aus den praktischen Beispielen der verschiedenen Kapitel dieses Buches entnommen. Da alle aufgeführten Vorschläge jeweils sehr ausführlich in den vorangegangenen Kapiteln beschrieben sind, werden sie hier nur kurz und knapp benannt. Mit Hilfe der angegebenen Seitenzahl können weitere Hinweise und Erklärungen schnell nachgeschlagen werden.

Zu jedem Inhalt (Phase) ist in Klammern eine **ungefähre Zeitangabe** vermerkt. Dies hilft der Anleiterin, sich nicht zu verzetteln. Sollte eine Übung jedoch länger dauern als angegeben, kann eventuell eine andere dafür weggelassen werden. Die Wünsche der Teilnehmer haben in jedem Fall Vorrang und nicht die Einhaltung der Stundenplanung.

Hinweise zu Stundenbilder

Jede Musikstunde beginnt mit einer persönlichen Begrüßung.

Für die in den Einleitungen vorgesehene **Begrüßung der Teilnehmer** sind jeweils fünf Minuten angesetzt. Dies ist notwendig, wenn die Anleiterin jeden Teilnehmer persönlich begrüßt und mit ihm ein paar Worte wechselt. Darauf kann sie natürlich verzichten, wenn dies nicht der erste Kontakt mit den Teilnehmern an diesem Tag ist.

In der Spalte **Sinn und Zweck** sind nur die *konkreten Ziele* bezogen auf die Stundeninhalte aufgeführt. Allgemeine Ziele, die in jeder Gruppenstunde verfolgt werden sollten, wie „Freude und Spaß", sind übergeordnete Ziele und werden nicht immer ausdrücklich benannt.

2. Stundenbilder

(1) Stundenplanung: Instrumente

- **I.   Thema:** Instrumente
- **II. Schwerpunktbereiche:** Musizieren (Einführung von Rhythmusinstrumenten)
- **III. Dauer:** 50 Minuten
- **IV. Aufstellung:** Sitzkreis
- **V.   Vorbereitung/Medien:**
  1. möglichst verschiedene Rhythmusinstrumente (u. a. Trommeln, Becken, Hölzer, Rasseln)
  2. Tuch
  3. MC „Tzadik Katamar" (Gewittertanz)
  4. (Plakat zum Musiziersatz „Gewitter")

VI. Stundenverlauf:

Phase/Inhalt Dauer (min)	Methode	Sinn und Zweck	Medien
Einleitung: Begrüßung (5 min)	– L begrüßt jeden TN persönlich	– Einstimmung auf die Stunde – Hemmungen abbauen	
Ratespiel „Unter der Decke" (10 min)	– Instrumente in die Kreismitte legen – Bevor die Instrumente verdeckt werden, hebt L jedes Instrument hoch und benennt es, ohne es aber anzuspielen – Instrumente zudecken – L spielt nacheinander jedes Instrument an und TN raten (weiter siehe Spielanleitung, S. 102)	– Interesse wecken an den Instrumenten – Gruppengespräch anregen – Freude am Raten	verschiedene Rhythmusinstrumente, Tuch
Hauptteil: Ausprobieren der Instrumente (5 min)	– TN probieren gemeinsam die Instrumente aus (laut/leise/lauter oder leiser werden) – TN tauschen die Instrumente untereinander aus	– Vertraut werden mit Instrumenten und deren Klangerzeugung – Erproben von Fähigkeiten und Fertigkeiten	Instrumente

Stundenbilder

Gewitterimprovisation (8 min)	– **L sammelt Instrumente ein und legt sie in die Kreismitte** – Mit TN über Gewitter sprechen – Instrumente passend zum Wettergeschehen aussuchen und verteilen (s. S. 110) – Ablauf festlegen (z.B.: Sonnenschein, Wind, Regen, Blitz, Donner, Regen, Sonnenschein) – Durchführung der Improvisation, – L gibt die Einsätze	– Förderung von: Phantasie, Kreativität und Kommunikation	Instrumente
Musiziersatz „Tzadik Katamar" (Gewitter) (7 min)	– Musik kurz vorstellen – Instrumente verteilen – Einsätze und Wechsel der Instrumentengruppen üben (ohne Musik) – weiter s. S. 110	– Ausprobieren von vorhandenen Fähigkeiten und Fertigkeiten	MC (evt. Plakat zum Musizierablauf)
Schluß: Ausführung des o. g. Musiziersatzes (5 min)	– TN musizieren zur vorgegebenen Musik und L gibt entsprechend die Einsätze – **L sammelt Instrumente ein**	– Erfolgserlebnis – Sich als Teil eines Orchesters fühlen	MC (Plakat)
Verabschiedung der TN (5 min)	– L verabschiedet jeden TN persönlich	– Sich als individuelle Persönlichkeit fühlen	

Anstelle des Musiziersatzes oder zusätzlich kann vor der Verabschiedung der TN folgender Inhalt noch eingefügt werden:

Spiel „Weitergeben" (oder „Versteckspiel") (5–10 min)	– L erklärt den Spielverlauf zu „Weitergeben" s. S. 108). Sind mehrere reaktionseingeschränkte TN in der Gruppe, sollte alternativ das „Versteckspiel" (s. S. 107) durchgeführt werden – Durchführung des Spiels. L muß ggf. einzelnen TN Hilfestellung geben	– Förderung von Konzentration und Reaktion	Instrumente

Stundenbilder

(2) Stundenplanung: Märchen

- I. **Thema:** Märchen
- II. **Schwerpunktbereiche:** Musizieren (Illustration, Musizierspiel)
- III. **Dauer:** 60 Minuten
- IV. **Aufstellung:** Sitzkreis
- V. **Vorbereitung/Medien:**
  1. vorbereitetes Märchenquiz (s. unten)
  2. Gedicht „Die Bremer Stadtmusikanten" (s. S. 132 ff.)
  3. Alle vorhandenen Melodie- und Rhythmusinstrumente
  4. Märchentext (s. S. 104 f.)

VI. Stundenverlauf:

Phase / Inhalt Dauer (min)	Methode	Sinn und Zweck	Medien
Einleitung: Begrüßung	– L begrüßt jeden TN persönlich	– Einstimmung auf die Stunde – Hemmungen abbauen	
Märchenquiz (10 min)	– L liest kurze Szenen aus verschiedenen Märchen vor – TN raten, um welches Märchen es sich handelt	– Einstimmung auf das Thema – Freude am Raten	Märchenquiz
Hauptteil: Illustration der „Bremer Stadtmusikanten" (25 min)	– L-Frage: „In welchem bekannten Märchen kommen ein Hahn, eine Katze, ein Hund und ein Esel vor?" – TN raten – Gemeinsam wird der Inhalt des Märchens zusammengetragen – L liest das Gedicht von M. Hausmann vor (s. S. 132ff.) – L legt die Instrumente für alle TN sichtbar in die Kreismitte – Gemeinsam wird überlegt, welches Instrument zu welcher Rolle am besten paßt und wer welche Rolle übernimmt. (s. S. 132 ff.) (Jeder TN sollte eine Aufgabe erhalten!)	– vorhandenes Wissen einbringen können – Kommunikation – Erinnerungen wecken – Interesse wecken – Förderung von Kreativität und Entscheidungsfähigkeit	Gedicht Instrumente

Stundenbilder

| | – Die TN probieren ihre Instrumente aus
– Stück für Stück liest L das Gedicht vor und die TN musizieren entsprechend ihren Rollen dazu
(L hilft bei den Einsätzen) | – Erproben von Fähigkeiten und Fertigkeiten | |

Falls nötig, wird das Gedicht in dieser Stunde nur zur Hälfte illustriert und in der folgenden Musikstunde zu Ende geführt. L entscheidet dies je nach Zeit und Konzentrationsfähigkeit der TN. L muß sich dann alle ausgewählten Instrumente und die Rollen der TN notieren!

| **Schluß:**
„3-Farben-Spiel"
(10 min) | – Wiederholung der Gedichtillustration
– **L sammelt Instrumente ein** | – Freude an Gruppenaktion
– Erfolgserlebnis | |
| | – L erklärt den TN das Spiel (s. S. 104 f.)
– L stellt den TN Instrumente aus 3 Gruppen zur Verfügung (Rassel, Hölzer, Schellen)
– Spielverlauf
(L sollte Geschichte spannend erzählen) | – Interesse wecken
– Förderung von Konzentration und Reaktion | Märchentext
Instrumente! |

Märchen	**Quiz**
Schneewittchen	„Spieglein, Spieglein an der Wand, wer ist die Schönste im ganzen Land?"
Aschenbrödel	„Ruckedigu, ruckedigu, Blut ist im Schuh, der Schuh ist zu klein, die rechte Braut ist noch daheim."
Rotkäppchen	„Die Schlechten ins Kröpfchen, die Guten ins Töpfchen." „Warum hast Du so große Augen? Damit ich dich besser sehen kann."
Hänsel und Gretel	„Knusper, knusper, knäuschen, wer knuspert an meinem Häuschen?" „Der Wind der Wind, das himmlische Kind."
Rumpelstilzchen	„Heute back ich, morgen brau ich, übermorgen hol ich mir der Königin ihr Kind." „Ach wie gut, daß niemand weiß, daß ich . . ."
Frau Holle	„Da kam sie auf eine große Wiese, auf der stand ein Ofen. Aus dem Ofen rief es: *Laßt mich raus, ich verbrenne.*"
Das tapfere Schneiderlein	Siebene auf einen Streich.
Dornröschen	Welche Prinzessin sticht sich an einer Spindel?

Stundenbilder

(3) Stundenplanung: Märsche

I.	**Thema:**	Märsche
II.	**Schwerpunktbereiche:**	Musizieren (freie Begleitung, Musiziersatz)
		Singen (Wanderlieder, Bewegungslied)
		Musikhören (Marsch aus dem Ballett „Der Nußknacker"* von P. Tschaikowsky)
III.	**Dauer:**	50 Minuten
IV.	**Aufstellung:**	Sitzkreis
V.	**Vorbereitung/Medien:**	1. MC 1: beliebige Marschmusik
		2. MC 2: „Radetzkymarsch"
		3. Bild von Peter Tschaikowsky
		4. MC 3: „Marsch" aus dem Ballett „Der Nußknacker" von P. Tschaikowsky
		5. Rhythmusinstrumente (Becken, Trommel, Triangel, Hölzer, Rasseln, Schellen)
		(6. Musizierplan zum „Marsch" aus dem Ballett „Der Nußknacker")
		(7. Liederbücher im Großdruck)

VI. Stundenverlauf:

Phase/Inhalt Dauer (min)	Methode	Sinn und Zweck	Medien
Einleitung: Begrüßung	Leise Marschmusik im Hintergrund – L begrüßt jeden TN persönlich	– Einstimmung auf das Thema – Hemmungen abbauen	MC 1
Gespräch über Musikart (10 min)	– L leitet Gruppengespräch an über Marschmusik („Welche Musik hören Sie?", „Mögen Sie Märsche?", „Welche Märsche kennen Sie?" ...)	– Erinnerungen wecken – Kommunikation	
Hauptteil: Freie Begleitung Radetzkymarsch (7 min)	– L: „Kennen Sie folgenden Marsch?" – L spielt Radetzkymarsch kurz vor (und fordert TN zum Mitklatschen auf) – TN raten (Titel wird genannt) – Instrumente austeilen (freie Wahl) – Freie Begleitung zur Musik	– Freude am Raten – Freude am Ausdruck – Ausprobieren von Fähigkeiten und Fertigkeiten	MC 2 Instrumente MC 2

270

Stundenbilder

Peter Tschaikowsky (5 min)	– L stellt Komponist Tschaikowsky vor (s. S. 294)	– Interesse wecken an P. Tschaikowsky und seiner Musik	Bild von Tschaikowsky
Musiziersatz zum „Marsch" aus dem Ballett „Der Nußknacker" (10 min)	– L spielt kurzen Musikausschnitt vor – L verteilt Instrumente nach Wunsch und Fähigkeiten der TN – Erarbeitung des Musiziersatzes (s. S. 92f.) – Durchführung des Musiziersatzes	– Förderung von Entscheidungsfähigkeit – Erproben von Fähigkeiten und Fertigkeiten – Förderung von Reaktion und Konzentration – sich als Teil eines Orchesters fühlen	MC 3 Instrumente MC 3
	– **L sammelt Instrumente wieder ein**		
Wanderlieder suchen und singen (8 min)	– L: „Auch bekannte Volkslieder haben einen Marschrhythmus. Kennen Sie Lieder, die man gut beim Marschieren und Wandern singen kann?" – TN machen Liedvorschläge (s. S. 15ff. „Liederliste") – Singen verschiedener Wanderlieder	– Erinnerung wecken – Freude am Ausdruck	(Liederbücher)
Bewegungslied „Das Wandern . . ." (5 min)	– L stellt Bewegungslied „Das Wandern ist des Müllers Lust" vor – Erarbeitung der 1. Strophe des Bewegungsliedes (s. S. 52f.)	– Gemeinschaftserlebnis – Förderung von Konzentration und Koordination	
Schluß: „Das Wandern . . ." (5 min) Verabschiedung der TN	– Durchführung des Bewegungsliedes (1. Strophe) – Verabschiedung der TN	– Freude am Ausdruck	

Anstelle des Musiziersatzes zum „Marsch" aus dem Ballett „Der Nußknacker" kann auch der einfachere Musiziersatz zum „Marsch aus Petersburg" (s. S. 120) erarbeitet werden.

Stundenbilder

(4) Stundenplanung: Winter/Advent

I.	**Thema:**	Winter/Advent
II.	**Schwerpunktbereiche:**	Musizieren (Musiziersatz)
		Musikhören (L. Mozart)
		Singen (Winter- und Weihnachtslieder)
III.	**Dauer:**	45 Minuten
IV.	**Aufstellung:**	Sitzkreis
V.	**Vorbereitung/Medien:**	1. Tannenzweig
		2. MC 1: „Jingle Bells"
		3. Rhythmusinstrumente (Glöckchen/Schellen und Hölzer)
		4. Bild von Leopold Mozart
		5. MC 2: L. Mozart „Musikalische Schlittenfahrt" (Ausschnitt)
		6. Wunderkerzen, Kerze, Streichhölzer
		(7. Liederbücher im Großdruck)

VI. **Stundenverlauf:**

Phase/Inhalt Dauer (min)	Methode	Sinn und Zweck	Medien
Einleitung: Begrüßung Gespräch über Jahreszeit (8 min)	– L begrüßt die TN mit einem Tannenzweig (läßt TN den Zweig berühren und daran riechen): „Woran erinnert Sie ein Tannenzweig?"	– Einstimmung auf das Thema – Kommunikation – Austausch von Erinnerungen	Tannenzweig
Hauptteil: Musiziersatz zu „Jingle Bells" (10 min)	– L: „Kennen Sie die folgende Musik?" – L spielt kleinen Musikausschnitt vor – TN raten	– Erinnerungen wecken	MC 1
	– L teilt Instrumente nach Wunsch aus – Erarbeitung und Durchführung des Musiziersatzes (s. S. 113)	– Förderung von Entscheidungsfähigkeit – Erproben von Fähigkeiten und Fertigkeiten	Instrumente

Stundenbilder

		– sich als Teil eines Orchesters fühlen	
Leopold Mozart „Eine Musikalische Schlittenfahrt" (10 min)	– **L fordert TN auf, Instrumente auf den Schoß zu legen (ggf. sammelt sie Instrumente wieder ein)** – L stellt Komponist L. Mozart vor (s. S. 232) – L gibt Sachinformation zur Musik (s. S. 225) – L stellt Musik vor und stellt TN Höraufgabe (– falls nötig, Instrumente neu verteilen) – TN begleiten mit den Instrumenten die Musik Mozarts – **L sammelt Instrumente wieder ein**	– Interesse wecken an L. Mozart und an seiner Musik	Bild von Mozart MC 2 Instrumente
Singen von Winter- und Weihnachtsliedern (10 min)	– L fordert TN auf, Winter- und Weihnachtslieder zu nennen (L gibt evt. Hilfen, siehe auch „Liederliste" S. 15 ff.) – TN machen Liedvorschläge – Gemeinsames Singen der Lieder	– Erinnerungen wecken – Selbstbestimmung fördern – Gemeinschaftserlebnis – Freude am Ausdruck	(Liederbücher)
Schluß: „Am Weihnachts- baume" Wunderkerzen (7 min)	– Singen des Liedes „Am Weihnachtsbaume" 1. Strophe (– falls möglich Raum abdunkeln) – L verteilt Wunderkerzen und ist beim Anzünden behilflich – Singen des o. g. Liedes, TN bewegen Wunderkerzen nach eigenem rhythmischen Gefühl (L gibt einzelnen TN Hilfestellung) – Einsammeln der Wunderkerzenreste – L verabschiedet TN	s. o. – Spannung erzeugen – Freude am Ausdruck – Weihnachtliche Stimmung erzeugen	Wunderkerzen Kerze Streichhölzer

Anstelle des Hörens der „Musikalischen Schlittenfahrt" von L. Mozart kann auch ein Gespräch angeregt werden über die Adventszeit und wie sie von den TN heute und früher erlebt wurde

Stundenbilder

(5) Stundenplanung: Bewegung mit Musik

- **I. Thema:** Bewegung mit Musik
- **II. Schwerpunktbereiche:** Musik und Bewegung (Sitztango, Luftballonspiele) Singen (Bewegungslied)
- **III. Dauer:** 40 Minuten
- **IV. Aufstellung:** Gassenform
- **V. Vorbereitung/Medien:**
  1. MC 1: „In einer kleinen Konditorei"
  2. Nylontücher
  3. mehrere aufgeblasene Luftballons
  4. MC 2: beliebige schwungvolle Walzermusik, z. B. „Schneewalzer"

VI. Stundenverlauf:

Phase/Inhalt Dauer (min)	Methode	Sinn und Zweck	Medien
Einleitung: Begrüßung „Gymnastiklied" (10 min)	– L begrüßt TN und erklärt die ungewöhnliche Sitzweise (Gassenform) – L leitet Gymnastiklied an (s. 54f.) – L singt Strophen, TN singen Refrainteile	– Verunsicherungen der TN abbauen – Hemmungen abbauen – Freude am Ausdruck	
Hauptteil: Sitztango „In einer kleinen Konditorei" (13 min)	– L spielt Ausschnitt aus der Musik vor – TN raten den Titel – L leitet Sitztanz an: 1. Bewegung zu Gesangsteilen 2. Bewegung zu Instrumentalteilen (s. S. 191) (L gibt TN mit Seitenlähmung entsprechend veränderte Bewegungsvorschläge) – Durchführung des Sitztangos zur Musik	– Interesse wecken an der Musik – Förderung von Körperbeweglichkeit, Konzentration und Koordination	MC 1
Spiel mit Luftballons und Tüchern (12 min)	– L gibt jedem gegenüberliegenden Paar ein Nylontuch – Partner fassen jeweils 2 Zipfel des Tuches		Nylontücher 1 Luftballon

Stundenbilder

	– Aufgabe: 1 Luftballon muß über die Tücher von einer Gassenseite zur anderen befördert werden – 2. Aufgabe: Jedes Paar erhält 1 Luftballon und muß ihn mit dem Tuch nach oben werfen und ebenso wieder auffangen (– Im Hintergrund erklingt Walzermusik) – TN sollen versuchen, im Walzerrhythmus die Luftballons zu bewegen	– Reaktionstraining – Freude am Spiel – soziale Kontakte fördern	mehrere Luftballons MC 2
	– L sammelt Tücher und Luftballons ein		
Schluß: Sitztango „In einer kleinen Konditorei" (5 min)	– Wiederholung des zuvor erarbeiteten Sitztangos – Verabschiedung der TN	– Erfolgserlebnis	MC 1
	*Alternativ kann auch die Einleitung zunächst im Sitzkreis erfolgen: Nach dem „Gymnastiklied" singen die TN „Mus i denn zum Städele hinaus". Dabei kann L, evtl. mit weiteren Hilfskräften, die Gassenform errichten*		
Bewegungslied „Muß i denn"	– Erarbeitung und Durchführung des Bewegungsliedes (s. S. 58f.)	– Spannung erzeugen – Förderung von Konzentration und Koordination	

Stundenbilder

(6) Stundenplanung: Walzer / ¾-Takt

I. Thema: Walzer / ¾-Takt
II. Schwerpunktbereiche: Musik und Bewegung (Tüchertanz, Bewegungslied)
Musikhören (G. Verdi: „Nabucco")
Singen (Bewegungslied)
III. Dauer: 45 Minuten
IV. Aufstellung: Sitzkreis
V. Vorbereitung/Medien:
1. MC 1: beliebige, möglichst bekannte Walzermusik (Walzer von J. Strauß oder „Schneewalzer")
2. bunte Nylontücher
3. MC 2: „Mexikanischer Walzer"
4. Bild von G. Verdi
5. MC 3: „Gefangenenchor" aus „Nabucco" von G. Verdi
(6. Liederbücher im Großdruck)

VI. Stundenverlauf:

Phase / Inhalt Dauer (min)	Methode	Sinn und Zweck	Medien
Einleitung: Begrüßung der Teilnehmer im Walzerrhythmus (10 min)	Hintergrundmusik: Walzer – L begrüßt jeden TN, reicht ihm die Hände und schwingt diese im Walzerrhythmus – L leitet Gruppengespräch über Walzer an	– Persönlichen Kontakt zu L fördern – Einstimmung auf das Thema – Kommunikation	MC 1
Hauptteil: Freie Bewegung mit Tüchern (5 min)	– L teilt bunte Nylontücher aus – TN bewegen die Tücher zur Walzermusik	– Freude am Ausdruck – Freude an der Bewegung	Nylontücher MC 1
Tüchertanz zum „Mexikanischer Walzer" (10 min)	– Ohne Musik wird überlegt, welche Schwingbewegungen mit den Tüchern ausgeführt werden können	– Förderung von Konzentration und Koordination	

276

Stundenbilder

	– Eingung auf 5 verschiedene Bewegungen (für die Teile B1 bis B5, s. S. 187) – L übt mit TN Bewegung A – Durchführung des Tüchertanzes	– Freude am optischen Ergebnis – Gemeinschaftserlebnis	MC 2
	– L sammelt Tücher wieder ein		
G. Verdi und der „Gefangenenchor" aus der Oper „Nabucco" (12 min)	– L stellt Komponist G. Verdi vor – L: „Dieser Komponist hat eine Musik im Walzerrhythmus geschrieben, die Sie alle kennen. Wie heißt sie?" – Hören der Musik – Sprechen über die gehörte Musik	– Interesse wecken an G. Verdi und an seiner Musik – Ästhetischer Genuß	Bild von Verdi MC 3
Schluß: Bewegungslied „Ein kleiner Matrose" (8 min) Verabschiedung der TN	– L stellt Bewegungslied vor – Erarbeitung (s. S. 50f.) – Durchführung des Bewegungsliedes	– Förderung von Konzentration und Reaktion – Freude am Ausdruck – Gemeinsamer Abschluß	

Anstelle des Musikhörens („Gefangenenchor" aus „Nabucco" von G. Verdi) kann auch ein Liederquiz durchgeführt werden:

Liederquiz (12 min)	– L summt verschiedene Lieder im ¾-Takt vor (s. S. 15ff. „Liederliste") – TN raten und singen die Lieder	– Freude am Raten – Freude am Gruppengesang	(Liederbücher)

Stundenbilder

(7) Stundenplanung: Franz Schubert

I.	**Thema:**	Franz Schubert
II.	**Schwerpunktbereiche:**	Musikhören (F. Schubert, H. Berté)
		Singen („Am Brunnen vor dem Tore"), siehe S. 34 f.
		Musizieren (harmonische Begleitung mit drei Tönen)
III.	**Dauer:**	45 Minuten
IV.	**Aufstellung:**	Sitzkreis
V.	**Vorbereitung/Medien:**	1. MC 1: „Was schön'res könnt sein" aus der Operette „Dreimäderlhaus" von Heinrich Berté
		2. Bild von Franz Schubert
		(3. Liederbücher im Großdruck)
		4. Instrumente zur harmonischen Liedbegleitung mit den Tönen D, G und A (Handchimes, Klangbausteine ...)
		5. MC 2: „Deutscher Tanz" von Franz Schubert

VI. **Stundenverlauf:**

Phase/Inhalt Dauer (min)	Methode	Sinn und Zweck	Medien
Einleitung: Begrüßung, „Was schön'res könnt sein" (8 min)	– L begrüßt die TN – L stellt Ausschnitt der Musik vor (Höraufgabe: „Kennen Sie diese Musik?") – TN raten und sprechen über die Musik	– Interesse wecken an der Stunde – Freude am Raten – Erinnerungen wecken – Kommunikation	MC 1
Hauptteil: Franz Schubert (12 min)	– L berichtet, ohne den Namen zu nennen von Fr. Schubert und zeigt sein Bild (s. S. 240) – L: „Dieser Komponist hat viele Lieder geschaffen." – L summt „Am Brunnen vor dem Tore" s. S. 34 f. – TN raten und singen das Lied (1. Strophe) – L nennt Namen des Komponisten, falls TN ihn nicht wissen	– Interesse an der Person wecken – Freude am Raten – Freude am Ausdruck	Bild von Schubert (Liederbücher)

278

Stundenbilder

			Instrumente (D, A, G)
Harmonische Begleitung zum Lied (10 min)	– L verteilt Instrumente an drei aktive TN – L übt mit den Musikern ihre Einsätze – Singen und Musizieren des Liedes (1. Strophe) – **L sammelt Imstrumente wieder ein**	– Erproben von Fähigkeiten und Fertigkeiten – Freude am Gruppengesang	
Operette „Dreimäderlhaus" (10 min)	– L spielt „Deutschen Tanz" von Schubert vor (Höraufgabe: „Kommt Ihnen diese Musik bekannt vor?") – TN äußern sich – L spielt nochmals „Was schön'res ..." vor (Höraufgabe: „Was fällt Ihnen auf?") – TN äußern sich – L berichtet über H. Berté und die Entstehung der Operette (s. S. 221)	– Interesse wecken an der Musik – Konzentrationsförderung – Kommunikation	MC 2 MC 1
Schluß: Musikhören nach Wahl der TN (5 min)	– L läßt TN entscheiden, welches der beiden Musikstücke sie abschließend nochmals hören wollen – Verabschiedung der TN	– Wünsche der TN berücksichtigen – Ästhetischer Genuß	MC 1 oder MC 2

Anstelle der harmonischen Liedbegleitung können auch weitere Schubertlieder vorgestellt und gesungen werden („Heidenröslein", „Forelle", „Erlkönig")

Musikbeispiele auf der buchbegleitenden Kassette

Fettgedruckte Seitenzahlen verweisen auf Lieder, Musiziersätze, Gymnastikvorschläge, Tänze im Sitzen und Hörbeispiele; normalgedruckte auf Nebenhinweise.

1. *Mensch sing mit*, nach C. Bittlinger   **44**
2. *Ja, mein Schatz ist wunderschön*, finn. Volkslied   25, **46**
3. *Ein kleiner Matrose*   37, **50**
4. *Gymnastiklied*, Verfasser unbekannt   **54**
5. *Amboßpolka*, A. Parlow   **76**, **88**, **148**, **162**, **171**, **174**, 210, 212
6. *Paprika Lady*, traditionell   **109**, **143**, 172
7. *„Gewittertanz"* (*Tzadik Katamar*), traditionell   **110**, 158, **160**, 266
8. *Portsmouth*, Mike Oldfield   **112**, 174, **190**
9. *Und die Musik spielt dazu*, F. Raymond   **114**, **184**
10. *In einer Kleinen Konditorei*, F. Raymond   **116**, 158, **191**, 210, 274
11. *Radetzkymarsch*, von J. Strauß (Vater)   88, **118**, **148**, 158, 162, 174, **177**, **246**, 268
12. *Marsch aus Petersburg*, traditionell   88, **120**, **143**, 210, **271**
13. *Good bye my Lady Love*, J. Howard   **122**, **188**
14. *Annenpolka*, von J. Strauß (Sohn)   88, **124**, **246**
15. *Lili Marlen*, N. Schultze   172, **179**
16. *Schneewalzer*, Th. Koschat   151, 172, **180**, 210, 274, **276**
17. *Good bye Jonny*, P. Kreuder   **182**
18. *Mexikanischer Walzer*, traditionell   **187**, 276
19. *Der fröhliche Landmann*, von Robert Schumann   **216**, 240
20. *Gefangenenchor*, aus der Oper Nabucco von G. Verdi (Ausschnitt)   205, **217**, 238, 276

Musikbeispiele auf der buchbegleitenden Kassette

21. *Triumphmarsch*, aus der Oper Aida von G. Verdi (Ausschnitt)   88, **218**, 238

22. *Brandenburgisches Konzert Nr. 2, 1. Satz*, von J. S. Bach (Ausschnitt)   **219**, 232

23. *Feuerwerksmusik*, von G. Fr. Händel (Ausschnitt)   **222**, 230

24. *Die Moldau* von Fr. Smetana   205, 207, 213, **220**, 248
Ausschnitt 1: *Zwei Quellen entspringen und verbinden sich zum Fluß Moldau*
Ausschnitt 2: *Jagdgesellschaft*
Ausschnitt 3: *Bauernhochzeit*
Ausschnitt 4: *Abendstimmung*
Ausschnitt 5: *St. Johannen Stromschnellen*
Ausschnitt 6: *Begrüßung Prags*

25. *Was schön'res könnt sein als ein Wienerlied*, aus der Operette Dreimäderlhaus von H. Berté nach Franz Schubert   **223**, 278

26. *Deutscher Tanz*, von F. Schubert   **223**, 278

27. *Holzschuhtanz* aus der Oper Zar und Zimmermann von Albert Lortzing   88, 205, **226**, 245

28. *Marsch* aus dem Ballett Der Nußknacker von Peter Tschaikowsky   92, **228**, 236, 270

Literaturliste

Bechtler, Hildegard (Hrsg.), Gruppenarbeit mit älteren Menschen, Lambertus Verlag, Freiburg i.B. 1991.
Beyschlag, Renate, Altengymnastik und kleine Spiele, Gustav Fischer Verlag, Stuttgart 1990.
Blanckenburg, Albrecht von, Musiktherapie mit Senioren, Schulz Kirchner-Verlag, Idstein 1988.
Böhme, Gerhard, Medizinische Portraits berühmter Komponisten, Bd. 2, Gustav Fischer Verlag, Stuttgart 1987.
Brevier für Musikfreunde. Heiteres und Besinnliches aus dem Leben und Schaffen großer Komponisten, zusammengestellt von Ulrich Riemerschmidt, Gondrom Verlag, Bayreuth 1981.
Bright, Ruth, Musiktherapie in der Altenhilfe, Praxis der Musiktherapie, Fischer Verlag, Stuttgart 1984.
Bundesverband Seniorentanz e.V., Tänze im Sitzen, Heft 1 und Heft 2, Tanzbeschreibungen, hrsg. v. Bundesverband Seniorentanz e.V. Zu bestellen bei: Bundesverband Seniorentanz e.V., Insterburger Straße 25, 28327 Bremen.
Das Buch der Zitate, Mosaik Nachschlagewerk, 15.000 geflügelte Wörter von A–Z, Mosaik Verlag, München 1981.
Herzfeld, Friedrich, Harfenton und Paukenschlag, Geschichten zur Musikgeschichte, Ullstein Verlag, Frankfurt am Main 1960.
Kein schöner Land, Liederbuch im Großdruck, Bände 1 und 2, Strube Verlag, München 1984.
Kleine Bettlektüre für wahre Musikfreunde, Scherz-Verlag, Bern, München, Wien. 1990.
Knaurs Opernführer, Droemer Knaur Verlag, München 1959.
Latz, Inge, Musik im Leben älterer Menschen, Lehr- und Arbeitsbücher Altenpflege, Dümmler Verlag, Bonn 1989.
Linke, Norbert, Johann Strauß, Rowohlt Verlag, Reinbek bein Hamburg 1982.
Meusel, Waltraut/Mertens, Krista, Allerlei Bewegung, Verlag modernes lernen, Dortmund 1992.
Meyers Handbuch Musik, Meyers Lexikonverlag, Mannheim 1971.
Musikunterricht Grundschule, Lehrerband, Schott Verlag, Mainz 1978.
Neuhäuser, Meinolf, Klangspiele, Diesterweg Verlag, Frankfurt am Main 1979.
Neuhäuser, Meinolf u.a., Musik zum Mitmachen, Spiel-mit-Sätze, Bände 1, 2 und 5, Diesterweg Verlag, Frankfurt am Main 1982.
Philippi-Eisenburger, Marianne, Praxis der Bewegungsarbeit mit Älteren, Hofmann-Verlag, Schorndorf 1991.
Reclams Musicalführer, Reclam Verlag, Stuttgart 1989.
Tutt, Ilse, Seniorentanz, Bundesverband Seniorentanz e.V., hrsg. in Zusammenarbeit mit dem Kuratorium Deutsche Altershilfe. Zu bestellen bei: Bundesverband Seniorentanz e.V., s.o.
Ullstein Lexikon Musik, Ullstein Verlag, Frankfurt 1965.
Wir entdecken Komponisten, W.A. Mozart, MC Deutsche Grammophon Gesellschaft, 3324 101.